PAGODA
TOEFL

70+
Speaking

PAGODA **Books**

PAGODA
TOEFL
70+ Speaking

초판   1쇄 발행 2014년   3월 12일
개정판 1쇄 발행 2022년 11월   4일

지 은 이 | Bobby 안, 파고다교육그룹 언어교육연구소
펴 낸 이 | 박경실
펴 낸 곳 | Wit&Wisdom 도서출판 위트앤위즈덤
임프린트 | **PAGODA Books**
출판등록 | 2005년 5월 27일 제 300-2005-90호
주   소 | 06614 서울특별시 서초구 강남대로 419, 19층(서초동, 파고다타워)
전   화 | (02) 6940-4070
팩   스 | (02) 536-0660
홈페이지 | www.pagodabook.com

저작권자 | ⓒ 2022 Bobby 안, 파고다아카데미

ISBN 978-89-6281-889-5 (14740)

도서출판 위트앤위즈덤   www.pagodabook.com
파고다 어학원   www.pagoda21.com
파고다 인강   www.pagodastar.com
테스트 클리닉   www.testclinic.com

PAGODA Books는 도서출판 Wit&Wisdom의 성인 어학 전문 임프린트입니다.
낙장 및 파본은 구매처에서 교환해 드립니다.

2019년 8월
New iBT TOEFL®의 시작!

2019년 5월 22일, TOEFL 주관사인 미국 ETS(Educational Testing Service)는 iBT TOEFL® 시험 시간이 기존보다 30분 단축되며, 이에 따라 Writing을 제외한 3가지 시험 영역이 다음과 같이 변경된다고 발표했다. 새로 바뀐 iBT TOEFL® 시험은 2019년 8월 3일 정기 시험부터 시행되고 있다.

- 총 시험 시간 기존 약 3시간 30분 ⋯ 약 3시간으로 단축
- 시험 점수는 각 영역당 30점씩 총 120점 만점으로 기존과 변함없음

시험 영역	2019년 8월 1일 이전	2019년 8월 1일 이후
Reading	지문 3~4개 각 지문당 12~14문제 시험 시간 60~80분	지문 3~4개 각 지문당 10문제 시험 시간 54~72분
Listening	대화 2~3개, 각 5문제 강의 4~6개, 각 6문제 시험 시간 60~90분	대화 2~3개, 각 5문제 강의 3~4개, 각 6문제 시험 시간 41~57분
Speaking	6개 과제 독립형 과제 2개 통합형 과제 4개 시험 시간 20분	4개 과제 독립형 과제 1개 통합형 과제 3개 시험 시간 17분
Writing	*변함없음 2개 과제 시험 시간 50분	

목차

이 책의 구성과 특징

›› New TOEFL 변경 사항 및 최신 출제 유형 완벽 반영!

2019년 8월부터 변경된 새로운 토플 시험을 반영, iBT TOEFL® 70점 이상을 목표로 하는 학습자를 위해 최근 iBT TOEFL®의 출제 경향을 완벽하게 반영한 문제와 주제를 골고루 다루고 있습니다.

›› Basic Skills로 시험에 꼭 필요한 기초 다지기!

Reading, Listening, Speaking 세 개의 언어 능력을 종합적으로 평가하는 iBT TOEFL® Speaking에서 말하기 실력을 향상시키기 위해 반드시 알아 두어야 하는 기초 핵심 말하기 테크닉을 정리했습니다.

›› TOEFL Speaking 시험 입문자를 위한 문제 유형별 공략법 및 맞춤 예시 답변 제공!

iBT TOEFL® Speaking의 4가지 문제 유형을 효율적으로 공략하기 위한 파고다 토플 스타 강사 저자의 점진적 단계별 전략과 더불어, 입문자의 눈높이에 맞는 각 유형별 답변 전개 방법 및 예시 답변을 통해 입문자도 목표 점수에 쉽게 도달할 수 있도록 구성했습니다.

›› 2회분의 Actual Test로 실전 완벽 대비!

실제 시험과 동일하게 구성된 2회분의 Actual Test를 수록해 실전에 철저하게 대비할 수 있도록 구성했습니다.

›› 온라인 모의고사 체험 인증번호 제공!

PC에서 실제 시험과 유사한 형태로 모의 테스트를 볼 수 있는 시험 구현 시스템을 제공합니다. 본 교재에 수록되어 있는 Actual Test 2회분(Test 1, 2)과 동일한 내용을 실제 iBT TOEFL® 시험을 보듯 온라인상에서 풀어 보실 수 있습니다.

▶ 온라인 모의고사 체험 인증번호는 앞표지 안쪽에서 확인하세요.

›› 그룹 스터디와 독학에 유용한 단어 시험지 생성기 제공!

자동 단어 시험지 생성기를 통해 교재를 학습하면서 외운 단어 실력을 테스트해 볼 수 있습니다.

▶ 사용 방법: 파고다북스 홈페이지(www.pagodabook.com)에 로그인한 후 상단 메뉴의 [모의테스트] 클릭 > 모의테스트 메뉴에서 [단어 시험] 클릭 > TOEFL - PAGODA TOEFL 70+ Speaking 개정판을 고른 후 원하는 문제 수를 입력하고 문제 유형 선택 > '단어 시험지 생성'을 누르고 별도의 브라우저 창으로 뜬 단어 시험지를 PDF로 내려받거나 인쇄

›› 무료 MP3 다운로드 및 바로듣기 서비스 제공

파고다북스 홈페이지(www.pagodabook.com)에서 교재 MP3 다운로드 및 스트리밍 방식의 바로듣기 서비스를 제공해 드리고 있습니다.

↓ MP3 자료 바로가기

▶ 이용 방법: 파고다북스 홈페이지(www. pagodabook.com)에서 해당 도서 검색 > 도서 상세 페이지의 '도서 자료실' 코너에 등록된 MP3 자료 다운로드 (로그인 필요) 또는 바로듣기

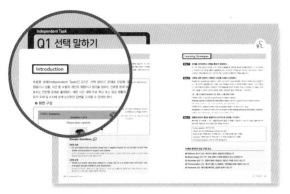

Introduction & Learning Strategies

각각의 문제 유형과 효과적인 정답 및 오답 선택 풀이 과정을 살펴봅니다. 각 Lesson에서는 예시 문제 학습을 통해 하나의 답변을 만들기 위한 노트테이킹부터 답변 작성까지 단계별로 학습합니다.

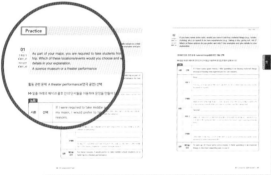

Practice

앞에서 배운 학습 전략을 적용하여, 비교적 쉬운 단계에서 어려운 단계로의 점진적 연습 문제를 풀어 보며 해당 문제 유형을 집중 공략합니다.

Test

실전과 유사한 유형과 난이도로 구성된 연습 문제를 풀며 iBT TOEFL® 실전 감각을 익힙니다.

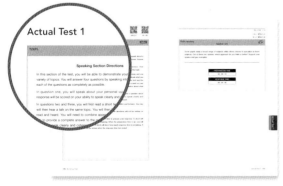

Actual Test

실제 시험과 동일하게 구성된 2회분의 Actual Test를 통해 실전에 대비합니다. 본 교재의 Actual Test는 온라인 모의고사로도 함께 제공되어 iBT TOEFL®과 유사한 환경에서 실제처럼 연습해 볼 수 있습니다.

4주 완성 학습 플랜

DAY 1	DAY 2	DAY 3	DAY 4	DAY 5
I Basic Skills		**II Independent Task - Q1**		
Lesson 01 & Lesson 02 • 말하기 테크닉 • Practice	Lesson 03 & Lesson 04 & Lesson 05 • 말하기 테크닉 • Practice	Lesson 01 답변할 대상 빠르게 선택하기 • 문제 유형 및 전략 • Practice	Lesson 02 선택 뒷받침하기 • 문제 유형 및 전략 • Practice	Lesson 03 답변 완성하기 • 문제 유형 및 전략 • Practice • Test

DAY 6	DAY 7	DAY 8	DAY 9	DAY 10
		III Integrated Task - Q2		
Q1 Review • 문제 & 답변 다시 보기	Lesson 01 읽기 정리 • 문제 유형 및 전략 • Practice	Lesson 02 듣기 정리 • 문제 유형 및 전략 • Practice	Lesson 03 정리해서 말하기 • Practice • Test	Q2 Review • 문제 & 답변 다시 보기

DAY 11	DAY 12	DAY 13	DAY 14	DAY 15
III Integrated Task - Q3				
Lesson 01 읽기 정리 • 문제 유형 및 전략 • Practice	Lesson 02 듣기 정리 • 문제 유형 및 전략 • Practice	Lesson 03 정리해서 말하기 • Practice • Test	Q3 Review • 문제 & 답변 다시 보기	Lesson 01 듣기 정리 • 문제 유형 및 전략 • Practice

DAY 16	DAY 17	DAY 18	DAY 19	DAY 20
III Integrated Task - Q4		**IV Actual Test**		
Lesson 02 정리해서 말하기 • Practice • Test	Q4 Review • 문제 & 답변 다시 보기	Actual Test 1 • 문제 풀이	Actual Test 2 • 문제 풀이	Actual Test Review • 문제 & 답변 다시 보기

iBT TOEFL® 개요

1. iBT TOEFL® 이란?

TOEFL은 영어 사용 국가로 유학을 가고자 하는 외국인들의 영어 능력을 평가하기 위해 개발된 시험이다. TOEFL 시험 출제 기관인 ETS는 이러한 TOEFL 본연의 목적에 맞게 문제의 변별력을 더욱 높이고자 PBT(Paper-Based Test), CBT(Computer-Based Test)에 이어 차세대 시험인 인터넷 기반의 iBT(Internet-Based Test)를 2005년 9월부터 시행하고 있다. ETS에서 연간 30~40회 정도로 지정한 날짜에 등록함으로써 치르게 되는 이 시험은 Reading, Listening, Speaking, Writing 총 4개 영역으로 구성되며 총 시험 시간은 약 3시간이다. 각 영역별 점수는 30점으로 총점 120점을 만점으로 하며 성적은 시험 시행 약 10일 후에 온라인에서 확인할 수 있다.

2. iBT TOEFL®의 특징

1) 영어 사용 국가로 유학 시 필요한 언어 능력을 평가한다.

각 시험 영역은 실제 학업이나 캠퍼스 생활에 반드시 필요한 언어 능력을 측정한다. 평가되는 언어 능력에는 자신의 의견 및 선호도 전달하기, 강의 요약하기, 에세이 작성하기, 학술적인 주제의 글을 읽고 내용 이해하기 등이 포함되며, 각 영역에 걸쳐 고르게 평가된다.

2) Reading, Listening, Speaking, Writing 전 영역의 통합적인 영어 능력(Integrated Skill)을 평가한다.

시험이 4개 영역으로 분류되어 있기는 하지만 Speaking과 Writing 영역에서는 [Listening + Speaking], [Reading + Listening + Speaking], [Reading + Listening + Writing]과 같은 형태로 학습자가 둘 또는 세 개의 언어 영역을 통합해서 사용할 수 있는지를 평가한다.

3) Reading 지문 및 Listening 스크립트가 길다.

Reading 지문은 700단어 내외로 A4용지 약 1.5장 분량이며, Listening은 3~4분가량의 대화와 6~8분가량의 강의로 구성된다.

4) 전 영역에서 노트 필기(Note-taking)를 할 수 있다.

긴 지문을 읽거나 강의를 들으면서 핵심 사항을 간략하게 적어 두었다가 문제를 풀 때 참고할 수 있다. 노트 필기한 종이는 시험 후 수거 및 폐기된다.

5) 선형적(Linear) 방식으로 평가된다.

응시자가 시험을 보는 과정에서 실력에 따라 문제의 난이도가 조정되어 출제되는 CAT(Computer Adaptive Test) 방식이 아니라, 정해진 문제가 모든 응시자에게 동일하게 제시되는 선형적인 방식으로 평가된다.

6) 시험 응시일이 제한된다.

시험은 주로 토요일과 일요일에만 시행되며, 시험에 재응시할 경우, 시험 응시일 3일 후부터 재응시 가능하다.

7) Performance Feedback이 주어진다.

온라인 및 우편으로 발송된 성적표에는 수치화된 점수뿐 아니라 각 영역별로 수험자의 과제 수행 정도를 나타내는 표도 제공된다.

3. iBT TOEFL®의 구성

시험 영역	Reading, Listening, Speaking, Writing
시험 시간	약 3시간
시험 횟수	연 30~40회(날짜는 ETS에서 지정)
총점	0~120점
영역별 점수	각 영역별 0~30점
성적 확인	응시일로부터 10일 후 온라인에서 성적 확인 가능

시험 영역	문제 구성	시간
Reading	● 독해 지문 3~4개, 총 30~40문제가 출제된다. ● 각 지문 길이 700단어 내외, 지문당 10문제로 이루어져 있다. ● 지문 3개가 출제될 경우 54분, 4개가 출제될 경우 72분이 주어진다.	54분~72분
Listening	● 대화(Conversation) 2~3개(각 5문제씩)와 강의(Lecture) 3~4개(각 6문제씩)가 출제된다. ● 듣기 5개가 출제될 경우 41분, 7개가 출제될 경우 57분이 주어진다.	41분~57분
Break		10분
Speaking	● 독립형 과제(Independent Task) 1개, 통합형 과제(Integrated Task) 3개 총 4개 문제가 출제된다.	17분
Writing	● 통합형 과제(Integrated Task) 1개(20분), 독립형 과제(Independent Task) 1개(30분) 총 2개 문제가 출제된다.	50분

4. iBT TOEFL®의 점수

1) 영역별 점수

Reading	0~30	Listening	0~30
Speaking	0~30	Writing	0~30

2) iBT, CBT, PBT 간 점수 비교

iBT	CBT	PBT	iBT	CBT	PBT
120	300	677	81~82	217	553
120	297	673	79~80	213	550
119	293	670	77~78	210	547
118	290	667	76	207	540~543
117	287	660~663	74~75	203	537
116	283	657	72~73	200	533
114~115	280	650~653	71	197	527~530
113	277	647	69~70	193	523
111~112	273	640~643	68	190	520
110	270	637	66~67	187	517
109	267	630~033	65	183	513
106~108	263	623~627	64	180	507~510
105	260	617~620	62~63	177	503
103~104	257	613	61	173	500
101~102	253	607~610	59~60	170	497
100	250	600~603	58	167	493
98~99	247	597	57	163	487~490
96~97	243	590~593	56	160	483
94~95	240	587	54~55	157	480
92~93	237	580~583	53	153	477
90~91	233	577	52	150	470~473
88~89	230	570~573	51	147	467
86~87	227	567	49~50	143	463
84~85	223	563	-	-	-
83	220	557~560	0	0	310

5. 시험 등록 및 응시 절차

1) 시험 등록

온라인과 전화로 시험 응시일과 각 지역의 시험장을 확인하여 최대 6개월 전부터 시험 등록을 할 수 있으며, 일반 접수는 시험 희망 응시일 7일 전까지 가능하다.

❶ 온라인 등록

ETS 토플 등록 사이트(https://www.ets.org/mytoefl)에 들어가 화면 지시에 따라 등록한다. 비용은 신용카드로 지불하게 되므로 American Express, Master Card, VISA 등 국제적으로 통용되는 신용카드를 미리 준비해 둔다. 시험을 등록하기 위해서는 회원 가입이 선행되어야 한다.

❷ 전화 등록

한국 프로메트릭 콜센터(00-798-14-203-0248)에 09:00~18:00 사이에 전화를 걸어 등록한다.

2) 추가 등록

시험 희망 응시일 3일(주말 및 공휴일을 제외한 업무일 기준) 전까지 US $40의 추가 비용으로 등록 가능하다.

3) 등록 비용

2022년 현재 US $220(가격 변동이 있을 수 있음)

4) 시험 취소와 변경

ETS 토플 등록 사이트나 한국 프로메트릭(00-798-14-203-0248)으로 전화해서 시험을 취소하거나 응시 날짜를 변경할 수 있다. 등록 취소와 날짜 변경은 시험 날짜 4일(주말 및 공휴일을 제외한 업무일 기준) 전까지 해야 한다. 날짜를 변경하려면 등록 번호와 등록 시 사용했던 성명이 필요하며 비용은 US $60이다.

5) 시험 당일 소지품

❶ 사진이 포함된 신분증(주민등록증, 운전면허증, 여권 중 하나)

❷ 시험 등록 번호(Registration Number)

6) 시험 절차

❶ 사무실에서 신분증과 등록 번호를 통해 등록을 확인한다.

❷ 기밀 서약서(Confidentiality Statement)를 작성한 후 서명한다.

❸ 소지품 검사, 사진 촬영, 음성 녹음 및 최종 신분 확인을 하고 연필과 연습장(Scratch Paper)을 제공받는다.

❹ 감독관의 지시에 따라 시험실에 입실하여 지정된 개인 부스로 이동하여 시험을 시작한다.

❺ Reading과 Listening 영역이 끝난 후 10분간의 휴식이 주어진다.

❻ 시험 진행에 문제가 있을 경우 손을 들어 감독관의 지시에 따르도록 한다.

❼ Writing 영역 답안 작성까지 모두 마치면 화면 종료 메시지를 확인한 후에 신분증을 챙겨 퇴실한다.

7) 성적 확인

응시일로부터 약 4~8일 후부터 온라인으로 점수 확인이 가능하며 성적 공개 후 약 2~3일 이후에 우편 통지서도 발송된다.

6. 실제 시험 화면 구성

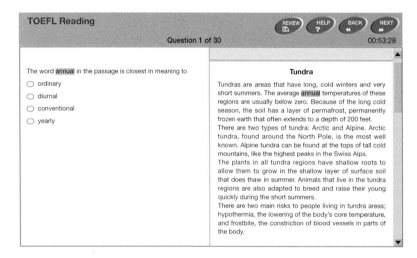

전체 Direction

시험 전체 구성에 대한 설명

Reading 영역 화면

지문은 오른쪽에, 문제는
왼쪽에 제시됨

Listening 영역 화면

수험자가 대화나 강의를 듣는
동안 사진이 제시됨

What does the professor mainly discuss?
○ The harmful effects of new civil rights laws
● The worsening job market for poor urban blacks
○ The need for education among city dwellers
○ William Wilson's career in urban development

Listening 영역 화면

듣기가 끝난 후 문제 화면이 등장함

TOEFL Speaking

Question 3 of 4

VOLUME ◀

Using points and examples from the lecture, explain the two criticisms made against the Green Revolution.

🎧

| Preparation Time | : 30 seconds |
| Response Time | : 60 seconds |

Speaking 영역 화면

문제가 주어진 후, 답변을 준비하는 시간과 말하는 시간을 알려 줌

TOEFL Writing

Question 2 of 2

VOLUME ◀ HELP ? NEXT ▶▶

00:30:00

Copy Cut Paste

Directions: Read the question below. You have 30 minutes to plan, write, and revise your essay. Typically, an effective response will contain a minimum of 300 words.

Question:

Do you agree or disagree with the following statement?

Some people make decisions very quickly, and others decide after careful consideration. When people make decisions in haste, they are always wrong.

Use specific reasons and examples to support your answer.

Writing 영역 화면

왼쪽에 문제가 주어지고 오른쪽에 답을 직접 타이핑할 수 있는 공간이 주어짐

복사(Copy), 자르기(Cut), 붙여넣기(Paste) 버튼이 위쪽에 위치함

iBT TOEFL® Speaking 개요

1. Speaking 영역의 특징

Speaking 영역은 수험자가 영어권 국가에서 공부할 때 효율적으로 담화를 통해 자기 생각을 표현할 수 있는 능력, 즉 교실 안팎에서 읽고 들었던 정보에 대해서 이야기하고 자신의 가치관 및 의견을 말할 수 있는 능력을 측정하는 데 그 목적이 있다. 상황별 상세 목적은 다음과 같다.

❶ in class: 수업 시간에

다양한 주제의 학술 토론

교수나 다른 학생과 질문하고 질문에 답하기

자신의 의견 및 주장 말하기

❷ around campus: 캠퍼스 주변에서

다른 학생들과 친숙한 주제에 대한 일상의 대화(음악, 여행, 세계적 이슈, 정치 등)

서점, 기숙사, 도서관 같은 곳에서의 대화

2. Speaking 영역의 구성

진행 시간	문제 개수	문제 형태
총 17분	4개	1. Independent Task(문제 1번) 독립형 과제에서는 질문에 대한 개인적 의견을 말한다. 2. Integrated Task(문제 2번, 3번, 4번) 통합형 과제에서는 읽거나 들은 정보를 바탕으로 질문에 답한다.

3. Speaking 영역의 시험 유형 및 시간 배분

		문제 유형		시간 배분
독립형	Q1. 선택	두 가지 상반되는 선택 사항을 주고 선호하는 것을 선택하거나 찬/반 입장을 이유와 함께 설명	말하기	준비 시간 15초 답변 시간 45초
통합형	Q2. 상황 설명 <캠퍼스 관련>	• 읽기 캠퍼스와 관련된 상황에 관한 지문 • 듣기 읽기 지문에 관한 두 사람의 대화 • 말하기 읽기 지문에 관한 화자의 의견을 요약하는 문제	읽기 ↓ 듣기 ↓ 말하기	읽기 시간 45 / 50초 준비 시간 30초 답변 시간 60초
통합형	Q3. 일반적 개념 과 구체적 개념 <학술적 주제>	• 읽기 학술적 주제와 일반적 개념에 관한 지문 • 듣기 읽기 지문의 구체적 내용 강의 • 말하기 읽기와 듣기를 통해 얻은 정보를 요약하는 문제	읽기 ↓ 듣기 ↓ 말하기	읽기 시간 45 / 50초 준비 시간 30초 답변 시간 60초
통합형	Q4. 요약 <학술적 주제>	• 듣기 학술적 주제와 관련된 강의 • 말하기 강의의 주제와 세부 사항을 파악하여 요약하는 문제	듣기 ↓ 말하기	준비 시간 20초 답변 시간 60초

4. 기존 시험과 개정 시험 간 Speaking 영역 비교

	기존 iBT TOEFL (~ 2019년 7월까지)	New iBT TOEFL (2019년 8월 이후 ~)
문제 개수	6개	4개
독립형 과제	2개	1개
통합형 과제	4개	3개
시험 시간	20분	17분

- 기존 시험의 1번 문제와 5번 문제가 사라졌다.
- 통합형 과제의 읽기와 듣기의 길이 및 난이도에는 변화가 없다.

I
Basic Skills

다음의 5가지 중요한 말하기 테크닉을 공부하는 데 사용되는 모든 예시 문장은 II에서 나올 표현으로 구성된다. 해당 문장을 입으로 말해보는 연습을 반복해서 하면, II를 공부할 때 반드시 도움이 될 것이다.

표현 듣기

◎ **메시지를 전달에 대한 오해와 진실**

정확한 메시지 전달을 평가하는 기준은 '얼마나 미국인에 가깝게 발음하는지'가 절대로 아니다. 발음은 국적과 사람에 따라 다를 뿐이다. 메시지가 얼마나 명백하게 전달되는지가 점수를 판가름하는 기준이다. 화자는 본인이 강조하는 부분에 강세를 정확하게 주면서 부드럽게 의미를 전달할 수 있도록 문장을 연결하고 끊는 등의 자연스러운 호흡 연습을 위해 시간과 노력을 충분히 투자해야 한다.

1. 힘을 주는 부분에 따라 달라지는 강조되는 내용   🎧 B_01

답변 시 어느 부분에 힘을 주는지에 따라 똑같은 문장이라도 전달하고자 하는 메시지가 크게 달라질 수 있다. 예를 들어, "I was lucky."라는 문장에서 만약 주어 'I'에 강세를 주어 말하게 되면, 행운이었던 것은 바로 '나'라는 의미가 전달된다. 만약 'lucky'에 강세를 주면, 내가 어떤 좋은 상황을 맞이했던 것은 다른 이유 때문이 아니라 '행운' 때문이었다는 메시지가 전달된다.

예시 문장 1   무엇보다도, 요리하는 것은 시간이 많이 걸린다.

▶ 시간이 많이 걸리는 것은 다른 것들보다도, 바로 '요리하는 것'이라는 점을 강조하고 싶을 때:

On top of that, **cooking** is time consuming.

▶ 요리하는 것이야말로 다른 일을 하는 것보다 훨씬 더 '시간이 많이 걸리는 것'이라는 점을 강조하고 싶을 때:

On top of that, cooking is **time consuming**.

예시 문장 2   하지만, 나는 프로 농구 선수가 되는 것에 많은 노력을 쏟아부었다.

▶ 프로 농구 선수가 되는 것에 보통의 노력이 아닌 정말 '많은 노력'을 쏟아부었다는 것을 강조하고 싶을 때:

However, I put **a lot of effort** into being a professional basketball player.

▶ 내가 정말 많은 노력을 쏟아부은 것은 다른 것이 아닌 바로 '프로 농구 선수가 되는 것'이라는 점을 강조하고 싶을 때:

However, I put a lot of effort into **being a professional basketball player**.

예시 문장 3 많은 연습을 통해, 나는 마침내 좋은 결과를 얻었다.

▶ 내가 마침내 좋은 결과를 얻을 수 있었던 것은 다른 이유가 아니라, '많은 연습' 때문이라는 것을 강조하고 싶을 때:

With **a lot of practice**, I finally got a good result.

▶ 내가 많은 연습을 통해서 얻어낸 것은 그저 그런 결과가 아닌 정말 '좋은 결과'였다는 것을 강조하고 싶을 때:

With a lot of practice, I finally got **a good result**.

>> 다음 문장에서 굵게 표시된 부분을 강조하여 꼭 소리 내어 3번 반복해서 말해 보시오.

01 사람들은 '건강에 좋은' 재료들로 만들어진 음식을 선호한다.
① ② ③
People prefer to have food that is made of **healthy** ingredients.

02 여러 면에서 나를 지지해 주는 '부모님'이야말로 나에게 가장 영향력이 크다.
① ② ③
Parents that support me in many ways are the most influential to me.

03 '내 기억들'은 언제나 나와 함께 있다.
① ② ③
My memories are always with me.

04 만약 네가 내게 묻는다면, 학생들은 그들의 '학업'에 우선순위를 두어야 한다.
① ② ③
If you ask me, students should prioritize their **academics**.

05 '바쁜 스케줄'이 있다는 것은 더 많은 스트레스를 야기할 수 있다.
① ② ③
Having **a busy schedule** can cause more stress.

06 반려동물을 키우는 것은 '우정/동료애'를 갖게 해 줄 수 있다.
① ② ③
Having pets can provide **companionship**.

2. 문장 의미 단위로 묶기

문장을 한 단어씩 끊어서 발음하거나 의미 단위가 아닌 불규칙한 호흡으로 말하면, 청자에게 그 의미가 불명확하게 전달된다. 그 예로, "나는 놀이공원에 간다."라는 문장을 만약 "나/는/놀/이/공/원/에/간/다"처럼 한 음절마다 분리 해서 말하면, 상대방은 당신이 전달하고자 하는 바를 제대로 이해하지 못한다. 하지만, "나는/놀이공원에/간다"처럼 의미 단위로 끊어서 메시지를 전달하면 명확하게 그 내용이 전달될 수 있을 것이다.

예시 문장 1 원인과 결과

It makes me feel / so cheerful and energetic / that I can enjoy my life even more.

그것은 내가 느끼도록 한다 / 매우 활기차고 에너지 넘치게 / 그래서 나는 더욱더 내 삶을 즐길 수 있게 된다

예시 문장 2 스트레스 완화를 위한 방법

Enjoying experiences / such as watching shows or going on trips / can be a good way / to relieve stress.

공연을 관람하는 것 혹은 여행을 가는 것과 같은 경험들을 즐기는 것은 / 좋은 방법이 될 수 있다 / 스트레스를 완화하는

예시 문장 3 스트레스를 받는 이유

Since I'm a student, / I get stressed out a lot / from excessive amounts of academic matters.

내가 학생이기 때문에 / 나는 스트레스를 많이 받는다 / 과도한 양의 학업 문제들로부터

예시 문장 4 어린아이들의 빠른 정보 습득

Young children are able to / absorb information / and accept new experiences / better than older children or adults.

어린아이들은 할 수 있다 / 정보를 흡수하는 것을 / 그리고 새로운 경험들을 받아들이는 것을 / 더 나이가 많은 어린이들이나 성인들보다 더 잘

예시 문장 5 고생의 과정

I had to go through / a lot of hardship and self-doubt, / so I got stressed out a lot.

나는 겪어야만 했다 / 많은 고난과 자기 회의를 / 그래서 스트레스를 많이 받았다

>> 다음 해석을 보고 문장을 의미 단위로 묶은 '/' 표시에 주의하여 꼭 소리 내어 3번 반복해서 말해 보시오.

01 나는 분위기 전환과 경험들을 즐길 수 있다 / 여행 가면서
①②③

I can enjoy the change of atmosphere and experiences / while going on a trip.

02 내 생각에 어릴 때 해외에서 공부하는 것이 / 가장 효과적이다
①②③

I think studying overseas at an early age / is most effective.

03 나는 정말 예술가가 되고 싶었다 / 하지만 유감스럽게도, / 나는 어떠한 예술적 재능도 가지고 있지 않
①②③ 았다

I really wanted to be an artist, / but unfortunately, / I didn't have any artistic talent.

04 선생님 및 급우들과 소통하는 것이 / 또 다른 중요한 이유이다
①②③

Interacting with my teacher and peers / is another important reason.

05 수업에 가는 것은 / 나를 고무시킨다 / 내가 받은 숙제와 읽기를 하도록
①②③

Going to class / encourages me / to do my assigned homework and readings.

06 먼저, / 고등학교는 중요한 시기이고, / 이것은 큰 영향을 줄 수 있다 / 우리의 성공에
①②③

To begin with, / high school is a critical time, / and it can have a huge effect / on our

success.

Lesson 02 어휘 선택

표현 듣기

◎ 어휘 선택에 대한 오해와 진실

문장을 구성할 때 어휘 선택은 정말 중요하다. 토플 시험 답변 시, 일상에서 편하게 쓸 수 있는 어휘보다는 학문적임을 어필하는 어휘를 선택하는 것이 좋다. 또한, 문장 전개 시 이전에 언급된 단어나 문장을 대신하는 대명사를 적재적소에 올바르게 사용하면 중복을 피하여 문장에 깔끔함을 더할 수 있다.

1. 문장의 품격을 높이는 격식 있는 어휘 선택

🎧 B_05

우리는 일상생활에서 thing과 get 같은 어휘를 흔하게 쓰는 편이다. 이는 편하고 쉽게 사용할 수 있다는 장점이 있지만, 시험 상황에서 자주 언급할 경우 어휘력이 부족한 것처럼 보일 수 있다. 또한, 토플 시험은 학문적이고 논리적인 답변을 원하기 때문에 좋은 점수를 받기 위해서는 어휘 표현을 고급화하는 전략이 절대적으로 필요하다.

◎ 문장의 품격을 높이는 표현

▶ interact with ~와 소통하다

interaction(소통)은 여러 면에서 쓸 수 있는 만능 어휘다. 예를 들어, 스포츠에서 팀워크를 위해 신체적으로 같이 뛰거나 경기 후에 정신적으로 소통할 때도 자주 사용한다.

▶ socialize 사회화하다

일반적으로 hang out(놀러 다니다)이라는 표현에 더 익숙하겠지만, 학문적인 답변을 위해서는 어휘의 수준을 높여 socialize(사회화하다)로 대신하는 것이 바람직하다. 사람들의 어울림이 존재하는 activity(활동), event(행사), gathering(모임)과 같은 상황에서 자주 사용될 수 있는 표현이다.

▶ get the hang of it 요령을 익히다

get used to(익숙해지다)라는 표현 속에는 요령을 알고 동시에 노하우를 터득한다는 의미가 빠져 있다. 정확한 의사 전달을 위해 get the hang of it(요령을 익히다)이라는 표현을 알아두자. 보통 요리나 공부 등 특정 기술을 요구하는 상황에서 자주 쓰인다.

▶ **create memories** 추억을 만들다

'만들다'라는 뜻을 영어로 표현할 때 make만 반복적으로 사용하면 중복되는 느낌을 준다. 이때, create(만들다, 창조하다) 동사를 적절하게 사용하면 좋다. 기억에 남을 만한 경험이나 특정 상황에서의 분위기를 조성할 때 주로 사용된다.

▶ **as far as I'm concerned** 내 입장에선, 나로서는

I think(내가 생각하기에), To me(내 경우엔)와 같이 자신의 입장을 설명할 때 사용하는 표현도 격식 있는 어휘로 표현하자. As far as(~에 한해서는) 표현을 사용하여 겸손하게 자신의 의견을 말할 때 As far as I'm concerned(나로서는, 내 입장에서는)와 같이 말해보자. 보통 특정 주제에 대해서 많은 사람들의 다양한 입장을 먼저 인정한 뒤에 자신의 의견을 겸허하게 꺼낼 때 주로 사용하는 표현이다.

▶ **time consuming** 시간이 많이 걸리는, 시간이 많이 소모되는

consume(다 써 버리다, 소모하다) 동사는 시간이 많이 소모되는 일이나 대상을 말할 때 주로 사용된다. 물론 상황을 설명하고 It takes a very long time.(시간이 많이 걸린다.)이라고 말할 수도 있지만, 간단하게 time consuming을 사용해 특정 대상이 시간이 많이 걸린다고 표현할 수도 있다. 특정 상황을 해결하는 것이 시간을 많이 요구하는 경우, 예를 들어 파티 준비나 어렵고 복잡한 수학 문제를 해결하는 상황 등에 많이 쓰인다.

▶ **broaden relationship** 인맥/인간관계를 넓히다

I can make various kinds of friends.(나는 친구들을 다양하게 사귈 수 있다.)라고 간단하게 말할 수도 있지만, 같은 의미라도 표현을 다양하게 써서 언어의 중복을 피하면서 더 학문적인 어휘들로 고급 표현을 만들 수 있다. broaden relationship(인맥/인간관계를 넓히다)이라는 표현으로 메시지를 전달해보자. 보통 학교의 여러 가지 다채로운 방과 후 동아리 활동에서 다양한 친구들을 만나면서 사회화하는 경우에 자주 사용되는 표현이다.

▶ **excessive amounts of academic matters** 과도하게 많은 양의 학업 문제들

학생들은 보통 많은 양의 과제, 논문, 발표 등으로 스트레스를 받는다. 과제, 논문, 발표를 언급할 때마다 매번 모든 대상을 반복적으로 나열하는 것은 바람직하지 않다. 때때로 한꺼번에 통칭해서 말해야 하는 경우가 생기니, excessive(과도한 양의)라는 형용사를 이용해 excessive amounts of academic matters(과도한 양의 학업 문제들)라고 표현해봐도 좋다. 보통 학생들이 어느 부분에서 스트레스를 받고, 스트레스를 어떻게 푸는지 등을 얘기하는 상황에서 많이 쓰이는 표현이다.

>> 다음의 변경된 표현을 의식하면서 각 문장을 꼭 소리 내어 3번 반복해서 말해 보시오.

01 123 **a busy schedule** ⋯→ **a hectic schedule** 바쁜 일정

Because most students have **a hectic schedule**, wise time management is the most important matter of all.

대부분의 학생들은 일정이 바쁘기 때문에, 현명한 시간 관리는 무엇보다도 가장 중요한 일이다.

02 123 **talk to** ⋯→ **interact with** ∼와 소통하다

The actors occasionally **interact with** the audience.

배우들은 종종 청중과 소통한다.

03 123 **find it** ⋯→ **get the hang of it** 요령을 익히다

I have tried to cook my mom's recipes, but it was never the same. I just can't seem to **get the hang of it**.

나는 엄마의 요리법대로 요리를 하려고 노력했지만, 절대 같은 맛을 낼 수 없었다. 나는 그 요령을 터득하지 못하는 것 같다.

04 123 **make memories** ⋯→ **create memories** 추억을 만들다

The experiences **create memories** that I can keep forever.

경험들은 내가 영원히 간직할 수 있는 추억들을 만들어 낸다.

05 123 **something that we have to spend a lot of time on** ⋯→ **time consuming** 시간이 많이 걸리는

Collecting data for a research paper is **time consuming**.

연구 논문을 위한 자료 수집은 시간이 많이 걸린다.

06 123 **many homework assignments** ⋯→ **excessive amounts of academic matters** 과도한 양의 학업 문제들

They get stressed out a lot from **excessive amounts of academic matters**, so they need to get rid of their stress by going on field trips occasionally.

그들은 과중한 양의 학업 문제들로부터 스트레스를 많이 받는다. 그래서 그들은 종종 현장 학습을 가면서 스트레스를 해소할 필요가 있다.

2. 깔끔하고 담백한 문장 만드는 올바른 대명사의 사용

반복적인 표현은 어떤 언어에서도 매력을 반감시킨다. 대명사를 적재적소에 사용하여 같은 표현을 반복하는 것을 피해야 문장이 자연스럽고 깔끔하게 들린다. 대명사는 앞에서 언급한 단어뿐만 아니라 문장 전체를 대신할 수도 있다. 또한, For these reasons처럼 자신의 답변을 맨 마지막에 총정리할 때도 쓸 수 있다.

예시 문장 1

Students can enjoy the change of atmosphere and experiences while attending a theater performance. **It** makes them feel so cheerful and energetic that they can appreciate their school lives even more.

학생들은 연극 공연을 보러 가면서 분위기 전환과 경험들을 즐길 수 있다. 이는 그들을 매우 활기차고 에너지 넘치게 만들어 주어서 그들은 학교생활에 더욱더 감사해할 수 있게 된다.

▶ It: 연극 공연을 보러 가면서 분위기 전환과 경험들을 즐길 수 있다는 것

예시 문장 2

Q. Social skills are a special thing that you need to improve to have a better life. Do you agree or disagree?
A. In my opinion, I agree with the given statement. Let me tell you my own experience with **this**.

Q. 사교 기술은 당신이 좀 더 나은 삶을 살기 위해 향상시킬 필요가 있는 특별한 것이다. 당신은 동의하는가, 아니면 동의하지 않는가?
A. 내 의견으로는, 나는 주어진 진술에 동의한다. 이것에 대해 내가 겪은 경험을 당신에게 들려주겠다.

▶ this: 주어진 진술에 동의하는 것

예시 문장 3

First, people in negative relationships tend to have a lack of confidence.
Second, an uncomfortable relationship often makes people anxious and depressed.
For **these** reasons, staying in an unhappy relationship is not a good idea.

첫 번째로, 부정적인 인간관계를 가진 사람들은 자신감이 부족한 경향이 있다.

두 번째로, 불편한 관계는 종종 사람들을 불안하고 침울하게 만든다.

이러한 이유들 때문에, 불행한 관계를 유지하는 것은 좋은 생각이 아니다.

▶ these: 앞에서 말한 두 가지 이유들

예시 문장 4

For example, younger children might be excited to make new friends that are different from **them**.

예를 들어, 더 어린아이들은 자신과는 다른 친구들을 새로 사귀는 것에 흥분할지도 모른다.

▶ them: 더 어린아이들(younger children)

예시 문장 5

I didn't have any artistic talent. Because of **this**, while I was studying and practicing art, I had to go through a lot of hardship and self-doubt.

나는 어떤 예술적 재능도 가지고 있지 않았다. 이러한 이유로, 예술을 공부하고 연습하는 과정에서, 나는 많은 고난과 자기 회의를 겪어야만 했다.

▶ this: 어떤 예술적 재능도 없는 (앞에 언급된) 상황

>> 다음의 주어진 대명사를 빈칸에 넣은 후 꼭 소리 내어 3번 반복해서 말해 보시오.

01 their
☐1☐2☐3

It will provide both students and professors with more time to get to _____ classes.

이것은 학생들과 교수들 모두에게 강의실에 도착할 시간을 더 많이 갖도록 해 줄 것이다.

02 This / them
☐1☐2☐3

The professors will leave home later. _____ will make _____ get stuck in traffic.

교수들은 집에서 늦게 출발할 것이다. 이는 그들이 교통 체증에 걸리게 할 것이다.

03 those
☐1☐2☐3

Others actually have some pretty healthy options. I go to one of _____ carts almost every morning.

다른 이들은 사실 꽤 건전한 선택지들을 가지고 있다. 나는 거의 매일 그 카트들 중 한 곳에 간다.

04 They / they
☐1☐2☐3

I do not think that is really the cart operators' fault. _____ serve the food, but _____ are not the people that throw the wrappers on the ground.

나는 그것이 정말로 카트 운영자들의 잘못이라고 생각하지 않는다. 그들이 음식을 제공하지만, 그들이 땅바닥에 포장지를 버리는 사람들은 아니다.

05 it
☐1☐2☐3

If the overall effect is positive, _____ is viewed as a positive learning transfer.

만약 전반적인 효과가 긍정적이라면, 이것은 긍정적 학습 전이로 여겨진다.

06 these
☐1☐2☐3

As a result of several failed or fatal attempts, predators learn that _____ animals are often poisonous or aggressive and no longer attack them.

몇몇의 실패하거나 치명적인 시도들의 결과로, 포식자들은 이러한 동물들이 종종 독성이 있거나 공격적이라는 것을 배우게 되고 더 이상 그들을 공격하지 않는다.

Lesson
03 답변 구조

표현 듣기

◎ 답변 구조에 대한 오해와 진실

답변을 구성하는 구조가 탄탄해야 답변이 잘 정돈되어 있다는 느낌을 준다. 이는 단순히 In my opinion, To be more specific과 같은 말을 문장 앞에 삽입한다고 해서 느껴지는 것이 아니라, 답변을 구성하는 순서와 그 구체화의 방법 등이 제대로 언급되었을 때 구조상의 깔끔함이 느껴지는 법이다. 따라서 답변을 논리적으로 보이게 하는 내용의 구성 및 순서와 더불어 연결어구의 적절한 사용을 함께 연습하는 것이 반드시 필요하다.

1. 논리적인 답변 전개를 위한 뼈대   🎧 B_09

답변 전개 시 논리적인 뼈대를 갖추고 그 뼈대의 흐름에 맞추어서 말하는 것이 중요하다. 자신의 입장을 먼저 밝히고 그 입장을 뒷받침하는 이유를 전개하는 방식은 다양하지만, 여러 답변 스타일에 있어서 하나의 공통점은 이유를 전개할 때 핵심 이유를 먼저 말하고 그 이유를 구체화하여 설명한다는 것이다. 이에 맞게 답변 전개에 필요한 정돈된 틀/구조를 갖추어 말하는 연습을 해야 좋은 점수를 받을 수 있다.

◎ 답변 전개 틀/구조 예시

자신의 의견	In my opinion, for students starting university, living in a dormitory on campus is the best option. 내 의견으로는, 대학 생활을 시작하는 학생들의 경우, 교내 기숙사에서 생활하는 것이 가장 좋은 선택지다.
첫 번째 이유와 그 이유에 대한 구체화	One of the biggest reasons is that they can easily get used to university life and enjoy more time on campus. 가장 큰 이유들 중 하나는, 그들이 대학 생활에 쉽게 적응할 수 있고 교내에서 더 많은 시간을 즐길 수 있다는 것이다.
	To be more specific, since they are in the campus community, they can get closer to other students. It is also easier to be involved in clubs or groups. 좀 더 구체적으로 말하면, 그들은 교내 커뮤니티 안에 있기 때문에, 다른 학생들과 더 가까워질 수 있다. 또한, 동아리나 모임에 더 쉽게 참여할 수 있다.

두 번째 이유와 그 이유에 대한 구체화	Another big reason is that living off campus and commuting to school is very time consuming. 또 다른 큰 이유는, 교외에서 생활하고 통학하는 것은 굉장히 시간이 많이 걸린다는 것이다.
	In other words, if a student lives in a dormitory, he or she can save time from not commuting and have more time to focus on schoolwork. 다시 말해서, 만일 학생이 기숙사에서 생활하면, 그는 또는 그녀는 통학하지 않는 것으로부터 시간을 절약할 수 있고, 학업에 집중할 수 있는 시간을 더 많이 가질 수 있다.
재진술/강조	All things considered, it's the best option for first-year students to live in campus accommodations. 모든 것을 고려해 볼 때, 교내 거주 시설에서 생활하는 것이 1학년 학생들에게는 가장 좋은 선택지다.

Practice 1

🎧 B_10

>> 다음의 주어진 연결어구를 차례대로 넣어 빈칸을 채운 후 꼭 소리 내어 3번 반복해서 말해 보시오.

01 **In my opinion / To begin with / Additionally / To be specific / In short**

1 2 3

_____, students should prioritize their academics. _____, high school is a critical time, and it can have a huge effect on our success, so it's important to put studying first. Extracurricular activities can be fun, but they can negatively affect grades. _____, having a busy schedule can cause more stress. _____, students need to study a lot and take time off to recover. _____, I think students should focus on studying, not getting involved in clubs during that time.

내 의견으로는, 학생들은 학업에 우선순위를 두어야 한다. 먼저, 고등학교는 중요한 시기이고, 이것은 우리의 성공에 큰 영향을 줄 수 있다. 그래서 공부를 최우선으로 하는 것이 중요하다. 과외 활동들은 재미있을 수 있으나, 그 활동들은 성적에 부정적인 영향을 줄 수 있다. 게다가, 바쁜 스케줄이 있다는 것은 더 많은 스트레스를 야기할 수 있다. 구체적으로 말하면, 학생들은 공부를 많이 하고, 회복하기 위해 휴식해야 한다. 간단히 말해, 나는 학생들이 그 시기 동안에는 공부에 집중하고 동아리 활동에 참여하지 않아야 한다고 생각한다.

02 **First / To be specific / Second / For example / For these reasons**

1 2 3

I think it is a good idea for the university to allow students to keep pets in the dormitories. _____, having pets can provide companionship. _____, students living in dormitories often get lonely, and pets can give support and reduce feelings of loneliness. _____, keeping pets can make students responsible. _____, if students have to feed and walk their pets regularly, it is more likely that they will behave more responsibly. _____, I think it is a good idea to keep pets in the dormitories.

나는 대학교에서 학생들이 기숙사에 반려동물을 키울 수 있도록 허락하는 것이 좋은 생각이라고 본다. 첫째로, 반려동물을 키우는 것은 동료애를 갖게 해 줄 수 있다. 구체적으로 말하면, 기숙사에서 생활하는 학생들은 자주 외로움을 느끼는데, 반려동물은 힘이 되고 외로운 감정을 줄여 줄 수 있다. 둘째로, 반려동물을 키우는 일은 학생들을 책임감 있게 만들어 줄 수 있다. 예를 들어, 만약 학생들이 자신의 반려동물들에게 먹이를 주고 규칙적으로 산책을 시켜야 한다면, 그들은 더 책임감을 가지고 행동하게 될 가능성이 더 높다. 이러한 이유들 때문에, 나는 기숙사에서 반려동물을 키우는 것이 좋은 생각이라고 본다.

2. 논리적 구조를 강화하는 다양한 연결어구

전체적인 답변을 구성할 때 먼저 화자의 입장을 밝히고 나서 그 입장을 뒷받침하는 이유와 그 이유에 대한 구체화된 내용이 나올 위치를 정한다. 그 이후에, 각 내용이 어느 부분에 해당하는지를 드러내는 연결어구 같은 장치를 적절하게 사용할 것을 추천한다. 예를 들면, 자신의 입장과 그 입장을 뒷받침하는 이유를 말하고 나서 그 이유에 대한 구체화된 내용을 전개하려고 할 때, To be more specific(좀 더 구체적으로 말하면)와 같은 연결어구를 먼저 언급한 후에 구체화된 내용을 전개해보자. 이러한 장치는 화자가 앞으로 말할 내용이 이전에 말했던 내용에 대한 더 구체화된 내용이라는 것을 뚜렷하게 드러내어 답변이 더욱 논리적으로 보이도록 도와준다.

◎ 다양한 연결어구

답변의 시작 자신의 입장 진술

▶ If ~, I will ~ 만약 ~, 나는 ~할 것이다

▶ I believe that ~ 나는 ~라고 믿는다

▶ I would say that ~ / I'd like to say that ~ 나는 ~라고 말하고 싶다

답변의 중반부 입장을 뒷받침하는 이유 진술

▶ First 첫째로 / Second 둘째로

▶ Firstly 첫 번째로 / Secondly 두 번째로

▶ To begin with / First of all 먼저

▶ In addition / Furthermore / Besides / Moreover 게다가, 더욱이

▶ On top of that 무엇보다도

답변의 후반부 이유에 대한 구체화 진술

▶ Since / Because ~ 때문에

▶ For example / For instance 예를 들어

▶ Specifically speaking / To be specific / In detail 구체적으로 말하면

▶ What I mean is that ~ / What I meant to say was that ~ 내 말은 ~라는 것이다/것이었다

답변의 끝 재진술/강조

▶ For these reasons / Because of these / That is why 이러한 이유들 때문에, 이러한 이유로

▶ All things considered / When all is said and done 모든 것을 고려해 볼 때

Practice 2

🎧 B_12

≫ 다음의 주어진 연결어구들을 한 번씩 빈칸에 넣고 소리 내어 3번 반복해서 말해 보시오.

01 **I believe / I would say / In my opinion**
① ② ③

_____ it should be mandatory for fourth-year students to have an internship before they graduate.

(나는 ~라고 믿는다)/(나는 ~라고 말할 것이다)/(내 의견으로는), 4학년 학생들의 경우, 그들이 졸업하기 전에 인턴십을 하는 것이 의무 사항이어야 한다.

02 **First / Second / First of all / Secondly / To begin with / On top of that**
① ② ③

_____ I would like to say that I'm really grateful for all the help you have given me.

(첫째로)/(둘째로)/(먼저)/(두 번째로)/(먼저)/(무엇보다도), 나는 네가 나에게 주었던 모든 도움에 대해 정말 고맙다고 말하고 싶다.

03 **For example / Specifically speaking / What I mean is that / To be specific**
① ② ③

_____ that boy band was formed 5 years ago but debuted last year.

(예를 들어)/(구체적으로 말해서)/(내 말은 ~라는 것이다)/(구체적으로 말하면), 그 보이 그룹은 5년 전에 결성됐지만 작년에 데뷔했다.

04 **For these reasons / All things considered**
① ② ③

_____ it's much better to live in campus accommodations for first-year students.

(이러한 이유들 때문에)/(모든 것을 고려해 볼 때), 1학년 학생들에게는 교내 거주 시설에서 생활하는 것이 훨씬 더 낫다.

Lesson
04 발음

표현 듣기

◎ **발음에 대한 오해와 진실**

발음을 평가하는 기준이 자칫 주관적으로 보일 수 있겠지만, 좋은 발음이라는 것은 전달하고자 하는 메시지가 잘 전달되는지에 달려 있다. 말을 빠르게 한다고 해서 유창한 답변으로 평가되지 않는다. 국적에 따라 모국어의 영향을 받은 다양한 억양과 발음이 허락되지만, 메시지의 전개에 있어서 강세와 연음을 제대로 구사할 수 있어야 발음의 유창함을 인정받을 수 있다.

1. 강세

 B_13

강세는 또 하나의 언어다. 한 문장에 강세를 강하게 주어야 하는 부분이 있고, 약하게 주어야 하는 부분이 있다. 구체적으로 말하면, 문장의 '내용'을 담고 있는 명사, 형용사, 부사, 동사는 강세를 두어 강하게 발음하고, 문법 구조상 '기능'의 역할을 하는 전치사, 접속사, 대명사, 관사는 물 흐르듯 자연스럽게 힘을 빼서 발음한다. 이처럼, 답변 시에 의미가 담겨 있는 부분에는 강세를 강하게 주고 의미가 없는 부분에는 강세를 약하게 주어 발음하면 메시지가 더욱 잘 전달될 수 있다.

◎ **메시지 전달 내용에 따른 강세**

▶ 체육 수업의 운동은 스트레스 완화의 방법

Playing sports in **physical education classes** can be a **good way** to **relieve stress**.
체육 수업에서 운동을 하는 것은 스트레스를 완화하는 좋은 방법이 될 수 있다.

▶ 체육 시간은 학생들이 다른 사람들과 어울릴 수 있는 시간

Students can **interact** with **a lot of people** while **taking physical education classes**.
학생들은 체육 수업을 하는 동안 많은 사람들과 어울릴 수 있다.

▶ 오프라인 형태의 수업을 선호함

Others prefer to **study traditional courses** on **campus**.
다른 사람들은 교내의 전형적인(오프라인 형태의) 수업 환경에서 공부하는 것을 선호한다.

▶ 분위기 전환과 경험을 즐길 수 있다는 것

Students can **enjoy** the **change** of **atmosphere** and **experiences**.
학생들은 분위기 전환과 경험들을 즐길 수 있다.

▶ 경제적인 어려움

Most of them **live** on a **tight budget**.
그들 중 대부분은 빠듯한 예산으로 살고 있다.

Practice 1

B_14

>> 다음의 주어진 문장에서 강조된 부분에 유의하여 소리 내어 3번 반복해서 말해 보시오.

01 **Considering** the **pros** and **cons** of a **decision** is a **good way** to **make** a **choice.**
① ② ③   결정의 장단점을 고려하는 것은 선택을 하는 데 있어서 좋은 방법이다.

02 I, **on the other hand**, **dressed** in one of my **best suits** and **waited** for **my turn.**
① ② ③   반면에, 나는 내가 가지고 있는 최고의 정장 중 하나를 입고, 내 차례를 기다렸다.

03 **The line** is **long**, and it **takes** around **20 minutes.**
① ② ③   줄은 길고, 20분 남짓 걸린다.

04 **You don't get any questions** from an **officer.**
① ② ③   너는 사무관에게서 어떠한 질문도 받지 않는다.

05 **You** usually **speak** in a more **formal tone.**
① ② ③   너는 보통 좀 더 정중한 어조로 말한다.

06 When **texting**, there can be a lot of **grammatical errors** and **emoticons.**
① ② ③   문자를 보낼 때는, 문법적 실수나 이모티콘이 많이 있을 수 있다.

2. 연음

멋있어 보이기 위해 연음을 구사하는 것이 아니다. 연음은 강세와 밀접한 관련이 있는데, 강세에 따라 문장 내에서 더 강조해야 하는 부분과 덜 강조해야 하는 부분에 강약을 두면 자연스럽게 연음이 실리게 된다. 이를 통해, 청자는 우리말과 달리 강세가 존재하는 영어 단어의 의미를 정확하게 파악하여 메시지를 더 잘 이해할 수 있게 된다.

◉ 강세에 따른 자연스러운 연음 표현

▶ **relieve stress**

주어 can be a good way to **relieve stress**.

⋯▸ 'relieve stress'는 [릴리~ㅂ 스트레스]로 발음한다. 이때, [릴리브]라고 정확하게 발음하지 않고, 중간 발음 [리~]를 길게 빼면서 [ㅂ] 발음을 받침으로 넣는다.

▶ **stressed out**

주어 get **stressed out**.

⋯▸ 'stressed out'은 [스트레스드 아웃]으로 발음을 나누지 않고, 연음하여 [스트레스다웃]으로 발음한다.

▶ **get rid of**

주어 need to **get rid of** stress.

⋯▸ 'get rid of'는 [겟 리드 오브]로 세 부분으로 나누어 따로 발음하지 않고, 연음하여 [겟 리도(로)오브]로 발음한다.

▶ **atmosphere**

주어 can enjoy the change of **atmosphere**.

⋯▸ 'atmosphere'는 [아트모스피어]로 발음하지 않고, [앳모스피(F)어]로 발음한다. 이때, 처음 at 발음은 [앳]으로, ph 소리는 'p' 발음이 아닌 'f'로 발음한다.

▶ **(live) on a tight budget**

주어 live on a tight budget.

⋯▸ 'live on'은 [리보온]이라고 발음하고, 'tight'는 [타이트]가 아닌 [타잇]으로 발음한다.

Practice 2

🎧 B_16

>> 다음의 주어진 문장에서 강조되는 단어의 연음을 고려하여 소리 내어 3번 반복해서 말해 보시오.

01 Enjoying a theater performance can be a good way to **relieve stress**.

123 연극 공연을 즐기는 것은 스트레스를 완화하는 좋은 방법이 될 수 있다.

02 They get **stressed out** a lot from excessive amounts of academic matters.

123 그들은 과도한 양의 학업 문제들로부터 스트레스를 많이 받는다.

03 They need to **get rid of** their stress by going on field trips occasionally.

123 그들은 종종 현장 학습을 가면서 그들의 스트레스를 해소할 필요가 있다.

04 I can enjoy the change of **atmosphere**.

123 나는 분위기 전환을 즐길 수 있다.

05 I **live on** a **tight** budget.

123 나는 빠듯한 예산으로 살고 있다.

05 문법

표현 듣기

◎ **문법에 대한 오해와 진실**

답변을 전개함에 있어서 가벼운 문법적 실수는 누구나 범할 수 있다. 전달하고자 하는 메시지의 내용에 영향을 미칠 정도의 문법적인 오류는 점수에 부정적인 영향을 줄 수 있지만, 한두 번의 가벼운 실수는 점수에 영향을 주지 않는다. 문법 요소에서 가장 중요한 점은 전달하고자 하는 메시지를 정확하게 의도한 대로 전달해야 한다는 것이다. 이를 위해서는 올바른 문법 사용에 주의해야 하며 이와 관련된 큰 오류는 범하지 않도록 해야 한다.

1. 자주 쓰이는 문법 제대로 이용하기 Ⅰ

🎧 B_17

전달하고자 하는 메시지의 정확한 전개를 위해서 자주 쓰이는 문법들은 그 쓰임에 특히 신경을 써야 한다. 전치사와 to부정사는 사용 빈도가 높아 잘못 사용될 경우 상대방에게 오해를 불러일으키거나 메시지를 부정확하게 전달하게 된다. 따라서 문법적 요소들의 쓰임을 기억하여 이를 문장 속에서 올바르게 사용할 수 있도록 반복적으로 연습해 두어야 한다.

◎ **자주 쓰는 「형용사/동사/명사 + 전치사」 표현**

▶ **thankful for** ~에 감사하는

I'm so **thankful for** what you've done.

나는 당신이 해 준 일에 대해 정말 감사한다.

▶ **stay in** ~에 머무르다, ~을 유지하다

I want to **stay in** my lane to win this game.

나는 이 게임에서 이기기 위해 내가 해 오던 것을 유지하고 싶다.

▶ **harmful to** ~에 해로운

It's **harmful to** your health.

이것은 당신의 건강에 해롭다.

▶ **exposure to** ~에(의) 노출

I gained **exposure to** many different TV programs.

나는 많은 다양한 TV 프로그램들에 노출되었다.

▶ **get stressed out from** ~로부터 스트레스를 받다

I **get stressed out from** maintaining a good GPA.

나는 좋은 평점을 유지하는 것으로부터 스트레스를 받는다.

▶ **live on** ~로 살아가다, 생계를 이어가다

I **live on** $2,000 a month.

나는 한 달에 2,000달러로 산다.

◉ 자주 쓰는 「동사/형용사 + to부정사」 표현

▶ **decide to** ~하기로 결심하다

I **decided to** drop out of school.

나는 학교를 그만두기로 결심했다.

▶ **try to** ~하려고 노력하다

I **try to** stay awake when I have to study late.

난 늦게까지 공부해야 할 때 깨어 있으려고 노력한다.

▶ **important to** ~하는 것이 중요한

It's **important to** put my family first.

내 가족을 최우선으로 두는 것이 중요하다.

▶ **enable 대상 to** 대상이 ~할 수 있게 하다

It **enables me to** have a happy life.

이것은 내가 행복한 삶을 가질 수 있게 해준다.

➤➤ 다음의 주어진 문장에서 강조된 문법에 유의하여 소리 내어 3번 반복해서 말해 보시오.

01 I'm really **thankful for** your participation.
①②③ 나는 당신의 참여에 정말로 감사한다.

02 **Staying in** an uncomfortable relationship is not a good idea.
①②③ 불편한 관계를 유지하는 것은 좋은 생각이 아니다.

03 I'll **try to** get into a big company.
①②③ 나는 대기업에 들어가기 위해 노력할 것이다.

04 Smoking is **harmful to** people around you.
①②③ 흡연은 당신의 주변 사람들에게 해롭다.

05 It's **important to** maintain a healthy relationship.
①②③ 건강한 관계를 유지하는 것이 중요하다.

06 I gain **exposure to** different lifestyles, customs, and cultures.
①②③ 나는 다양한 생활 방식, 관습, 문화에 노출된다.

07 They **get stressed out from** excessive amounts of academic matters.
①②③ 그들은 과도한 양의 문제들로부터 스트레스를 받는다.

08 I **live on** a tight budget.
①②③ 나는 빠듯한 예산으로 살고 있다.

09 I **decided to** become a professional athlete.
①②③ 나는 프로 운동선수가 되기로 결심했다.

10 Work experience **enables** me **to** broaden my perspective.
①②③ 근무 경력은 내 시야를 넓혀 준다.

2. 자주 쓰이는 문법 제대로 이용하기 II

🎧 B_19

문법은 내용을 전달하기 위해 필요하다. 문법을 배우려고 영어를 배우는 것이 아니라 올바른 영어 표현을 구사하기 위해 문법을 배우는 것이다. 영어 학습자들이 정확한 문장 구조와 시제 사용에 있어서 많은 실수를 범하고 있다. 문장 구성 요소와 이 요소들로 이루어진 문장 구조를 활용하여 구사하는 능력과 의도한 내용에 맞게 시제를 맞추어 표현하는 능력은 영어 학습자들이 갖추어야 할 필수 요건이다.

◎ 빈출 문장 구조와 시제 표현

▶ **Although** + **주어** + **동사**, 주어 + 동사

Although he put a lot of effort into preparing for the test, **he failed** to get a good result.

그는 시험 준비에 많은 노력을 쏟아 부었지만, 좋은 결과를 얻는 데 실패했다.

▶ **Despite** + **명사**, 주어 + 동사

Despite all his efforts in preparing for the test, **he failed** to get a good result.

시험 준비에 있어서의 모든 노력에도 불구하고, 그는 좋은 결과를 얻는 데 실패했다.

▶ 가정법

(1) 가정법 과거: '현재' 사실에 대한 반대를 가정할 때 ～라면, ～할 텐데

If + **주어** + **과거 동사**, 주어 + **조동사**(**would** / **could** / **might**) + **동사원형**

If it **were** rainy, I **wouldn't go** out.

비가 오면, 나는 (밖으로) 안 나갈 텐데.

(2) 가정법 과거 완료: '과거' 사실에 대한 반대를 가정할 때 ～했다면, ～했을 텐데

If + **주어** + **과거 완료 동사**, 주어 + **조동사**(**would** / **could** / **might**) + **have p.p.**

If I **had met** you earlier, my test score **would have been** different.

내가 너를 더 일찍 만났다면, 내 시험 성적은 달랐을 텐데.

▶ 시제 일치

주어 + **과거 동사** + **when** + **주어** + **과거 동사**

I **was** surprised **when** he **showed up**.

그가 나타났을 때 나는 놀랐다.

▶ 수동태

be + p.p.

I will **be motivated** to work harder.

나는 더 열심히 일하도록 동기를 부여받게 될 것이다.

▶ 앞 문장 전체를 수식하는 which

~, which + 동사

He was able to get a job at a big company, **which is** so lucky.

그는 대기업에 취직할 수 있었는데, 이건 정말 행운이다.

Practice 2

🎧 B_20

>> 다음의 주어진 문장에서 강조된 문법에 유의하면서 소리 내어 3번 반복해서 말해 보시오.

01 **When salmon reach** full maturity, **they return** to their home to reproduce.
[1][2][3] 연어는 완전히 성장하면, 번식하기 위해 고향으로 돌아간다.

02 **Although many celebrities appear** to lead a successful, glamorous life, **these are** only images that the media creates and distorts.
[1][2][3] 다수의 유명 인사들이 성공적이고 화려한 삶을 사는 것처럼 보이지만, 이는 미디어가 만들고 왜곡하는 이미지일 뿐이다.

03 **If I were** given a choice to add an event to the school calendar, **I would pick** a cultural festival from the given options.
[1][2][3] 만약 내가 학교 달력에 이벤트를 추가할 수 있는 선택권이 주어진다면, 나는 주어진 선택지들 중에서 문화 축제를 선택할 것이다.

04 **Many celebrities achieved** their goals by working hard **even when their goals seemed** far away.
[1][2][3] 많은 유명 인사들은 자신들의 목표가 이루기 어려워 보일 때도 열심히 일해서 그들의 목표를 성취했다.

05 It is likely that many young people will **be encouraged** and **inspired** by their examples.
[1][2][3] 많은 젊은이들이 그들의 본보기 때문에 용기를 얻고 동기 부여를 받을 것이다.

06 Celebrities help raise funds for the poor, **which can set** good examples for young people to follow.
[1][2][3] 유명 인사들은 가난한 이들을 위해 기금을 모으는 것을 돕는데, 이는 젊은이들이 따라 할 좋은 모범이 될 수 있다.

II
Independent Task

Independent Task Q1 선택 말하기

Q1 선택 말하기

Introduction

독립형 과제(Independent Task)인 Q1은 '선택 말하기' 문제로 단일형 과제이다. 질문에서 제시하는 두 가지 행동이나 상황, 의견 중 수험자 개인의 취향이나 생각을 말하는 선호형 문제 또는 어떤 주제에 관해 찬성이나 반대를 표하는 찬반형 문제로 출제된다. 제한 시간 내에 주로 학교 또는 일상 생활과 관련하여 인물, 활동, 사회 현상과 이슈 등의 주제 및 논지에 맞게 논리적인 답변을 구사할 수 있어야 한다.

◐ 화면 구성

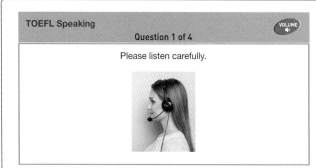

• 안내: 1번 문제에 관한 설명을 들려준다.

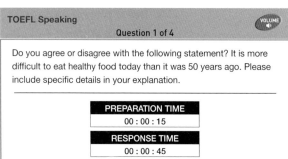

• 문제: 1번 문제가 화면에 글로 제시되는 동시에 음성으로 문제를 읽어준다.

• 답변: 준비 시간 15초, 대답 시간 45초가 주어진다.

Sample Questions

찬반형 문제

• Do you believe that computer usage has a negative impact on our society or not? Use details and examples to support your opinion

당신은 컴퓨터 사용이 우리 사회에 부정적인 영향을 준다고 생각하는가, 아니면 그렇지 않다고 생각하는가? 세부 내용과 예시들을 사용하여 당신의 의견을 뒷받침하시오.

선호형 문제

• Would you prefer attending college in a large city or in a small town and why? Use examples and give details in your explanation.

당신은 큰 도시에 있는 대학에 다니는 것을 선호하는가, 아니면 작은 도시에 있는 대학에 다니는 것을 선호하는가, 그리고 왜 그러한가? 예시와 세부 내용을 사용하여 설명하시오.

Learning Strategies

Step 1 **문제를 파악하면서 선택을 빠르게 결정한다.**

두 가지 선택 사항 중 하나를 고르는 문제가 출제될 때, 화면에 제시된 문제를 들려주고 난 후 주어지는 15초의 준비 시간을 제대로 활용해야 한다. 이 시간은 선택을 하는 데 쓰는 것이 아니다. 15초가 시작되기 전에 흔들리지 않는 자신의 선택 기준에 따라 빠르게 선택을 해야 한다.

Step 2 **선택에 대한 답변과 구체적인 이유를 브레인스토밍한다.**

문제를 읽는 동시에 답을 결정하고, 답변 준비 시간인 15초 동안에는 본인의 선택에 대한 이유를 만드는 데 온전히 집중해야 한다. 이때, 시험 현장에서 즉석으로 문장을 만들어 사용하는 것은 위험하다. 시험 전에 미리 충분히 연습해 둔 문장 템플릿에 주어진 문제의 키워드나 문장을 7:3 비율로 구성하여 사용할 수 있다면 본인의 실력을 제대로 발휘하여 좋은 답변을 할 수 있게 된다.

Ex 시험 전 충분히 준비되어 있는 문장 + 시험 문제 키워드

「문제의 키워드 + can be a good way to relieve stress.」

Playing sports in physical education class can be a good way to relieve stress.

체육 수업에 운동을 하는 것은 스트레스를 완화하는 좋은 방법이 될 수 있다.

「문제의 주어 + interact with a lot of people while + 문제의 키워드 -ing.」

Students can interact with a lot of people while **taking physical education classes.**

학생들은 체육 수업을 참여하는 동안 많은 사람들과 소통할 수 있다.

Step 3 **템플릿(답변의 틀)을 활용하여 논리적으로 답변을 구사한다.**

메시지를 잘 녹여낼 수 있는 템플릿(답변의 틀)을 준비해서 연습한다. 시험 전 연습한 틀에 본인의 메시지를 적용하여 자연스럽게 답변 내용을 전개한다.

> In my opinion, 본인의 선택
> There are two following reasons for this.
> First of all, 선택에 대한 첫 번째 이유 + 첫 번째 이유에 대한 구체화
> Second, 선택에 대한 두 번째 이유 + 두 번째 이유에 대한 구체화
> For these reasons, 본인의 선택 재진술/강조

Q1에서 평가자가 보는 5가지 요소

❶ **Delivery** 메시지 전달 메시지가 얼마나 깔끔하게 전달되는가?

❷ **Word Usage** 어휘 선택 어휘 선택이 주제에 관련되어 있고 논리적인가?

❸ **Structure** 답변 구조 답변이 얼마나 깔끔하고 정돈된 구조를 갖추고 있는가?

❹ **Pronunciation** 발음 메시지 전달 시, 방해하는 억양/발음 문제가 얼마나 있는가?

❺ **Grammar** 문법 메시지를 왜곡하는 문법적 문제가 있는가?

01 답변할 대상 빠르게 선택하기

문제 듣기   예시 답변

◎ **1. 두 개의 선택 사항 중 자신의 선택 빠르게 결정하기**

화면에 문제가 나타나고 성우가 해당 문제를 차분하게 읽어준 후에 준비 시간 15초가 주어진다. 준비 시간 15초가 시작되기 전에, 빠르게 자신의 선택을 결정해야 한다.

◎ **2. 쉽게 말할 수 있는 답변을 만드는 선택 기준 4가지**

(1) 활동성이 없는 정적이고 슬픈 쪽보다는 동적이며 긍정적인 쪽 선택하기

Example

문제 듣기 🎧 Q1_01   예시 답변 🎧 Q1_02

> Which of these activities should be provided to the students by the school?
> An opportunity to attend the opera or ballet or being mentored by a professional businessman
>
> 다음 중 어떤 활동이 학교에 의해서 학생들에게 제공되어야 하는가?
> 오페라나 발레에 참여할 수 있는 기회 또는 전문 사업가에게 멘토링을 받는 것

노트 정리 예시

선택	An opportunity to attend the opera or ballet 오페라나 발레에 참여할 수 있는 기회
	⋯› 오페라나 발레는 활동에 함께 참여한 학생들이 같이 움직이면서 소통하고, 어울릴 수 있는 활동성이 있는 옵션이다.
문장으로 말하기	In my opinion, an opportunity to attend the opera or ballet should be provided to the students by the school. 내 의견으로는, 오페라나 발레에 참여할 수 있는 기회가 학교에 의해서 학생들에게 제공되어야 한다.

🔊 **Speaking Tip**

일반적으로 멘토링은 나이와 직급이 위인 사람이 아랫사람을 위해 진행하는 경우가 대부분이라고 할 수 있다. 이는 그들이 멘토로서 많이 알고 있고, 가르쳐줄 것이 많다는 전제가 깔려 있기 때문이다. 하지만 사회가 변해 가고 새롭고 낯선 것들이 많이 등장하면서 특정 측면에서는 젊은 세대들이 기성세대의 어른들보다 훨씬 그 지식에 뛰어난 경우를 많이 볼 수 있다. 역 멘토링은 그러한 젊은이들이 어른들에게, 혹은 회사에서 일반 사원이 상사에게 새로운 지식과 조언을 주는 것이며, 사회가 더욱더 진화하면서 더 빈번하게 보이는 편이다.

(2) 소수보다는 다수를, 개인보다는 그룹을 선택하기

| Example

Q1_03 예시 답변 ◯ Q1_04

Do you believe that local governments should spend more money on museums and parks, or use the same amount of money to help out the homeless?

당신은 지방 자치 정부들이 박물관과 공원에 더 많은 돈을 써야 한다고 생각하는가, 아니면 똑같은 양의 돈을 노숙자들을 위해 써야 한다고 생각하는가?

노트 정리 예시

선택	spend more money on museums and parks 박물관과 공원에 더 많은 돈을 쓰는 것
	⋯⟶ 경제적으로 힘든 소수의 노숙자들보다 시민들 전체가 모두 이용할 수 있는 공공재인 박물관과 공원에 돈을 더 쓰는 것이 다수를 위한 투자라고 볼 수 있다.
문장으로 말하기	I think that it's better to spend more money on museums and parks. 나는 박물관과 공원에 더 많은 돈을 쓰는 것이 더 낫다고 생각한다.

(3) 불편함보다는 과학 기술이 포함된 편리함 선택하기

| Example

문제 듣기 ◯ Q1_05 예시 답변 ◯ Q1_06

In your opinion, is it better to look up information by going on the Internet or by reading hard copy books?

당신의 의견으로는, 인터넷에 접속해서 정보를 검색하는 것이 더 나은가, 아니면 종이책들을 읽어 보면서 정보를 검색하는 것이 더 나은가?

노트 정리 예시

선택	going on the Internet 인터넷에 접속하는 것
	⋯⟶ 종이책들을 읽어 보면서 정보를 검색하는 것보다 과학기술이 포함된 인터넷에 접속해서 정보를 검색하는 것이 시간과 공간상 제약이 덜하기 때문에 더 편리한 형태라고 볼 수 있다.
문장으로 말하기	When it comes to looking up information, my choice is very simple. Going on the Internet is a lot better than reading hard-copy books. 정보를 검색하는 것에 대해서, 내 선택은 매우 간단하다. 인터넷에 집속하는 것이 종이책들을 읽어 보는 것보다 훨씬 더 낫다.

(4) 저렴하고 시간을 아낄 수 있는 경제성 있는 선택지 선택하기

| Example

문제 듣기 🎧 Q1_07 예시 답변 🎧 Q1_08

Some people prefer to have food that they can quickly eat, such as fast food. Others prefer to have food that is made of healthy ingredients. Which one do you prefer to have?

어떤 사람들은 빠르게 먹을 수 있는 패스트푸드와 같은 음식을 먹는 걸 선호한다. 다른 사람들은 건강에 좋은 재료들로 만들어진 음식을 먹는 걸 선호한다. 당신은 어떤 쪽을 먹는 걸 선호하는가?

노트 정리 예시

선택	food that they can quickly eat such as fast food 빠르게 먹을 수 있는 패스트푸드와 같은 음식 ⋯▸ 패스트푸드는 다른 음식에 비해 상대적으로 빠르고 간편하며 저렴하게 먹을 수 있는 선택지라고 할 수 있다.
문장으로 말하기	I think I'd have to say that I prefer to have food that I can quickly eat, such as fast food. 나는 패스트푸드와 같은 빠르게 먹을 수 있는 음식을 먹는 걸 선호한다고 말해야 할 것 같다.

Practice

정답 및 해설 | P. 2

>> 다음 질문을 읽고 아래 노트를 완성하여 문장을 말로 표현해 보시오.

01

문제 듣기
🎧 Q1_09

예시 답변
🎧 Q1_10

As part of your major, you are required to take students from a middle school on a field trip. Which of these locations/events would you choose?
A science museum or a theater performance

노트

선택	a theater performance
문장으로 말하기	In my case, I would choose _____ _____.

02

문제 듣기
🎧 Q1_11

예시 답변
🎧 Q1_12

If you have some extra cash, would you save it and buy material things (e.g., books, clothing, etc.) or spend it on new experiences (e.g., taking a trip, going out, etc.)? Which of these options do you prefer?

노트

선택	spend extra cash on new experiences
문장으로 말하기	I would rather _____ _____.

03

문제 듣기
🎧Q1_13
예시 답변
🎧Q1_14

A lot of universities demand new students to live in dormitories on campus. Other universities do not have this rule. Of the two options, which do you think is better for the first-year students?

노트	
선택	live in dormitories on campus
문장으로 말하기	I think that, for _____ , it's _____ .

04

문제 듣기
🎧Q1_15
예시 답변
🎧Q1_16

Some people like preparing food at home while others prefer to eat out. Which option do you prefer?

노트	
선택	eating at home
문장으로 말하기	I think I'd have to say that _____ _____ .

05

문제 듣기
Q1_17
예시 답변
Q1_18

Studying online and taking classes face-to-face both have advantages and disadvantages. Which option is better in your opinion?

노트	
선택	studying online
문장으로 말하기	When it comes to _____, my choice is very simple. _____.

Independent Task

Q1

06

문제 듣기
Q1_19
예시 답변
Q1_20

What advice would you give a friend who wants to pursue a career as a professional athlete but lacks any natural-born talent for sports?

Should you encourage his or her dream of becoming a professional athlete or help him or her give up and pursue something else he or she is good at?

노트	
선택	encourage his or her dream
문장으로 말하기	In my opinion, I would _____ _____.

02 선택 뒷받침하기

문제 듣기   예시 답변

각각의 주제에 관한 자신의 선택을 적절한 '이유'를 들어 뒷받침하는 방식과 자신이나 제3자의 '경험'을 들어 뒷받침하는 방식 두 가지가 있는데 둘 중 하나의 방식으로 답변을 전개할 수 있다.

● 1. '이유'로 자신의 선택 뒷받침하기

선택 ⋯ 이유 1 ⋯ 이유 2

각각의 주제마다 자신의 선택에 대한 두 가지 이유를 들어 입에 익숙하게 만들어 놓자. 이를 통해 모든 문제를 해결할 수 있는 힘을 키울 수 있다.

Example

문제 듣기 🎧 Q1_21   예시 답변 🎧 Q1_22

'체육이 필수 과목이 되어야 한다'는 아래의 주장에 **for(찬성)**를 선택하고, 그 선택에 대한 두 가지 이유를 노트테이킹하고 나서 문장으로 표현해 보시오.

Are you for or against physical education being a mandatory part of the school curriculum? Include details or examples to support your explanation.

당신은 체육이 학교 교과 과정의 필수 과목이 되는 것에 찬성하는가, 아니면 반대하는가? 당신의 설명을 뒷받침하기 위해 세부 사항 혹은 예시들을 포함하시오.

노트 정리 예시

이유 1	energetic atmosphere (체육 수업의) 에너지 넘치는 분위기
문장으로 말하기	Students can enjoy the change of atmosphere while playing sports in P.E. classes. It makes them feel so cheerful and energetic that they enjoy their school lives even more. 학생들은 체육 수업에서 운동을 하는 동안 기분 전환을 즐길 수 있다. 이는 그들을 매우 활기차고 에너지 넘치게 만들어 주기 때문에 그들은 그들의 학교생활을 더욱더 즐기게 된다.
이유 2	relieve stress 스트레스 완화
문장으로 말하기	Playing sports in P.E. classes can be a good way to relieve stress. Since students get stressed out a lot from excessive amounts of academic matters, they need to get rid of their stress by playing sports with their friends in P.E. classes. 체육 수업에서 운동을 하는 것은 스트레스를 완화하는 좋은 방법이 될 수 있다. 학생들은 과도한 학업 관련 일들로부터 스트레스를 많이 받기 때문에, 체육 수업에서 그들의 친구들과 운동을 하면서 스트레스를 해소할 필요가 있다.

2. '경험'으로 자신의 선택 뒷받침하기

선택 ··· 상황(에 대한 설명) ··· 과정(과 노력) ··· 결과

자신의 경험을 이야기할 때는 '기-승-전-결'의 흐름이 중요하다. 평탄하게 흘러가는 이야기보다는 드라마틱한 전개가 있는 이야기가 좋은 답변으로 인정된다.

Example

문제 듣기 🎧Q1_23 예시 답변 🎧Q1_24

아래 질문에 encourage(격려하겠다)를 선택하고, 그 선택에 대한 한 가지 경험을 노트테이킹하고 나서 문장으로 표현해 보시오.

What advice would you give a friend who wants to pursue a career as a professional athlete, but lacks any natural-born talent for sports?
Should you encourage his or her dream of becoming a professional athlete or help him or her give up and pursue something else he or she is good at?

프로 운동선수로서의 커리어를 추구길 원하지만 운동에 대한 재능이 부족한 친구에게 당신은 어떤 조언을 하겠는가?
프로 운동선수가 되려는 친구의 꿈을 격려하겠는가? 아니면 친구가 그것을 포기하고 잘하는 다른 것을 추구하도록 도와주겠는가?

노트 정리 예시

상황	want to be a basketball player, but lack natural talent
	농구 선수가 되고 싶으나 재능이 부족함
문장으로 말하기	When I was 20 years old, I wanted to be a professional basketball player, but I didn't have any talent for basketball.
	내가 20살이었을 때, 나는 프로 농구 선수가 되고 싶었지만 농구에 대한 어떤 재능도 가지고 있지 않았다.
과정	go through a lot of hardship 많은 고난을 겪음
문장으로 말하기	Because of this, while I was practicing basketball, I had to go through a lot of hardship and self-doubt, so I got stressed out a lot.
	이 때문에, 나는 농구를 연습하는 과정에서 많은 고난과 자기 회의를 겪어야만 했고, 스트레스를 많이 받았다.
결과	with a lot of effort 많은 노력을 통해
문장으로 말하기	However, I put a lot of effort into being a professional basketball player. With a lot of practice, I finally got a good result.
	하지만, 나는 프로 농구 선수가 되는 데 많은 노력을 쏟아부었다. 많은 연습을 통해서, 마침내 나는 좋은 결과를 얻게 되었다.

01

문제 듣기
🎧 Q1_25
예시 답변
🎧 Q1_26

As part of your major, you are required to take students from a middle school on a field trip. Which of these locations/events would you choose and why?
A science museum or a theater performance

활동 관련 문제 A theater performance 선택

>> 'A theater performance(연극 공연) 선택'에 대한 두 가지 이유를 우리말을 참고로 하여 가볍게 영어로 노트테이킹한 후에 밑줄 아래의 단서들을 이용해서 문장으로 표현해 보시오.

노트

이유 1	_____ 관객과의 소통
문장으로 말하기	_____ _____ (have not had the chance, a live theater performance) _____ (acting is done in real time, interact with the audience)
이유 2	_____ 공연에 대한 관심
문장으로 말하기	_____ _____ (interest, in performing) _____ (seeing people act in person, stronger impact)

02

문제 듣기
🎧 Q1_27
예시 답변
🎧 Q1_28

If you have some extra cash, would you save it and buy material things (e.g., books, clothing, etc.) or spend it on new experiences (e.g., taking a trip, going out, etc.)? Which of these options do you prefer and why?

엔터테인먼트 관련 문제 material things 선택

▶▶ 'material things(물질적인 것) 선택'에 대한 두 가지 이유를 우리말을 참고로 하여 가볍게 영어로 노트테이킹한 후에 밑줄 아래의 단서들을 이용해서 문장으로 표현해 보시오.

노트

이유 1	_____ 나를 위한 선물
문장으로 말하기	_____ _____ (rarely have any extra money, buy myself a little gift) _____ _____ (can be used for a long time)
이유 2	_____ 같이 추억을 만들 친구가 적음
문장으로 말하기	_____ _____ (by myself, don't have many friends) _____ _____ (much more enjoyable, have someone to make memories with)

A lot of universities demand new students to live in dormitories on campus. Other universities do not have this rule. Of the two options, which do you think is better for first-year students and why?

장소 관련 문제 dormitory 선택

>> 'dormitory(기숙사) 선택'에 대한 두 가지 이유를 우리말을 참고로 하여 가볍게 영어로 노트테이킹한 후에 밑줄 아래의 단서들을 이용해서 문장으로 표현해 보시오.

노트

이유 1	_____ 다른 학생들과 가까워질 수 있음
문장으로 말하기	_____ _____ (one of the biggest reasons, get used to university life, enjoy more time) _____ _____ (get closer to other students, easier to be involved in clubs)
이유 2	_____ 시간을 아낄 수 있음
문장으로 말하기	_____ _____ (living off campus, very time consuming) _____ _____ (save time from not commuting, have more time to focus on schoolwork)

04

문제 듣기
🎧 Q1_31
예시 답변
🎧 Q1_32

Some people like preparing food at home while others prefer to eat out. Which option do you prefer and why?

음식 관련 문제 eat out 선택

▶▶ eat out(외식하기) 선택'에 대한 두 가지 이유를 우리말을 참고로 하여 가볍게 영어로 노트테이킹한 후에 밑줄 아래의 단서들을 이용해서 문장으로 표현해 보시오.

📓 노트	
이유 1	_____ 형편없는 요리 솜씨
문장으로 말하기	_____ _____ (awful cook) _____ _____ (turn out well, cook my mom's recipes, get the hang of it)
이유 2	_____ 시간이 적게 듦
문장으로 말하기	_____ _____ (on top of that, time consuming) _____ _____ (take much longer than going out to eat, so many options for eating out)

Studying online and taking classes face-to-face both have advantages and disadvantages. Which option is better in your opinion and why?

수업 관련 문제 face-to-face 선택

>> 'face-to-face(대면) 선택'에 대한 두 가지 이유를 우리말을 참고로 하여 가볍게 영어로 노트테이킹한 후에 밑줄 아래의 단서들을 이용해서 문장으로 표현해 보시오.

노트

이유 1	_____ 자기 훈련 부족
문장으로 말하기	_____ _____ (lack self-discipline, not very organized) _____ _____ (encourage me to do my assigned homework and readings)
이유 2	_____ 사람들과의 소통
문장으로 말하기	_____ _____ (interacting with my teacher and peers) _____ _____ (enjoy connecting with people, miss social interaction and lack motivation)

06

문제 듣기
🎧 Q1_35

예시 답변
🎧 Q1_36

What advice would you give a friend who wants to pursue a career as a professional athlete, but lacks any natural-born talent for sports?

Should you encourage his or her dream of becoming a professional athlete or help him or her give up and pursue something else he or she is good at?

재능 관련 문제 encourage 선택

▸▸ '친구의 꿈을 encourage(격려하겠다) 선택'에 대한 한 가지 경험을 노트테이킹한 후에 밑줄 아래의 단서들을 이용해서 문장으로 표현해 보시오.

노트

상황	want to be a basketball player, but lack natural talent
문장으로 말하기	_____ _____ (be a professional basketball player, any talent for basketball)
과정	go through a lot of hardship
문장으로 말하기	_____ _____ (practicing basketball, got stressed out a lot)
결과	got a good result
문장으로 말하기	_____ _____ (a lot of effort, with a lot of practice)

03 답변 완성하기

문제 듣기

예시 답변

Q1번 문제에 대한 답변에는 '이유'를 말하거나 '경험'을 들려주는 2가지 방식이 있다고 배웠다. 이제, '이유'에 대하여 구체화된 예시를 더하거나, '경험'에 대하여 일련의 상황, 과정, 대처, 결과를 더하여 답변을 구체적으로 완성해보자.

◎ 1. '이유'에 대한 구체화를 더해 전체 틀 완성하기

자신의 중심 의견을 표현하고 왜 그렇게 생각하는지에 대한 두 가지 정도의 적절한 이유를 들어 근거를 제시할 때, 그 이유들에 대한 구체화된 내용들로 이유를 뒷받침해준다. '의견(선택) → 이유 1 → 이유 1에 대한 구체화 → 이유 2 → 이유 2에 대한 구체화 → 재진술/강조'의 순서로 답변을 전개한다.

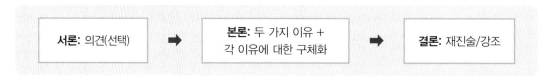

| 서론: 의견(선택) | ➡ | 본론: 두 가지 이유 +
각 이유에 대한 구체화 | ➡ | 결론: 재진술/강조 |

| Example

문제 듣기 🎧Q1_37 예시 답변 🎧Q1_38

Are you for or against physical education being a mandatory part of the school curriculum? Support your answer using details from your own experience.

당신은 체육이 학교 교과 과정의 필수 과목이 되는 것에 찬성하는가, 아니면 반대하는가? 당신의 경험에서 얻은 세부 정보를 활용하여 당신의 답변을 뒷받침해 보시오.

노트		
서론	선택	In my opinion, I'm for physical education to be a mandatory part of the school curriculum. 내 의견으로는, 나는 체육 수업이 학교 교과 과정의 필수 과목이 되는 것에 찬성한다.
본론	이유 1	First, students can enjoy the change of atmosphere while playing sports in P.E. classes. 첫째, 학생들은 체육 수업에서 운동을 하는 동안 기분 전환을 즐길 수 있다.
	구체화	To be more specific, it makes them feel so cheerful and energetic that they enjoy their school lives even more. 좀 더 구체적으로 말하면, 이는 그들을 매우 활기차고 에너지 넘치게 만들어 주기 때문에 그들은 그들의 학교 생활을 더욱더 즐기게 된다.
	이유 2	Second, playing sports in P.E. classes can be a good way to relieve stress. 둘째, 체육 수업에서 운동을 하는 것은 스트레스를 완화하는 좋은 방법이 될 수 있다.
	구체화	In detail, since students get stressed out a lot from excessive amounts of academic matters, they need to get rid of their stress by playing sports with their friends in P.E. classes. 세부적으로 학생들은 과도한 양의 학업 문제들로부터 스트레스를 많이 받기 때문에, 체육 수업에서 친구들과 운동을 하면서 그 스트레스를 완화할 필요가 있다.
결론	재진술/ 강조	For these reasons, I'm for physical education to be a mandatory part of the school curriculum. 이러한 이유들 때문에, 나는 체육 수업이 학교 교과 과정의 필수 과목이 되는 것에 찬성한다.

2. 자신/제3자의 '경험/일화'에 대한 구체화를 더해 전체 템플릿 완성하기

자신의 중심 의견을 표현하고 왜 그렇게 생각하는지에 대해 자신/제3자의 경험을 들어 근거를 제시할 때, 그 경험에 대한 구체화된 내용들로 경험을 뒷받침해준다. '의견(선택) → 경험 → 경험에 대한 구체화 → 재진술/강조'의 순서로 답변을 전개한다.

| **서론:** 의견(선택) | ➡ | **본론(경험과 구체화):** 특정 과거 시점에서의 상황 ⋯ 상황으로 인한 중간 과정과 그 과정 속에서의 주인공의 대처 ⋯ 대처에 대한 결과 | ➡ | **결론:** 재진술/강조 |

| Example

문제 듣기 🎧 Q1_39 예시 답변 🎧 Q1_40

What advice would you give a friend who wants to pursue a career as a professional athlete, but lacks any natural-born talent for sports?
Should you encourage his or her dream of becoming a professional athlete or help him or her give up and pursue something else he or she is good at?

프로 운동선수로서의 커리어를 추구하길 원하지만 운동에 대한 재능이 부족한 친구에게 당신은 어떤 조언을 해주겠는가?
프로 운동선수가 되려는 친구의 꿈을 격려하겠는가? 아니면 친구가 그것을 포기하고 잘하는 다른 것을 추구하도록 도와주겠는가?

노트

서론	선택	In my case, I think that I should encourage my friend's dream of becoming a professional athlete. 내 경우에는, 전문 운동선수가 되려는 친구의 꿈을 격려해야만 한다고 생각한다. Let me tell you my own experience with this. 이에 대한 내 경험을 말해주겠다.
본론	상황	When I was 20 years old, I wanted to be a professional basketball player, but I didn't have any talent for basketball. 내가 20살이었을 때, 나는 프로 농구 선수가 되고 싶었지만 농구에 대한 어떤 재능도 가지고 있지 않았다.
	과정(과 대처)	Because of this, while I was practicing basketball, I had to go through a lot of hardship and self-doubt, so I got stressed out a lot. 이 때문에 나는 농구를 연습하는 과정에서 많은 고난과 자기 회의를 겪어야 했고, 스트레스를 많이 받았다. However, I put a lot of effort into being a professional basketball player. 하지만, 나는 프로 농구 선수가 되는 데 많은 노력을 쏟아 부었다.
	결과	With a lot of practice, I finally got a good result. 많은 연습을 통해서, 마침내 나는 좋은 결과를 얻게 되었다.
결론	재진술/강조	Based on this experience, I should encourage my friend's dream of becoming a professional athlete. 이 경험을 기반으로, 나는 프로 운동선수가 되려는 친구의 꿈을 격려하겠다.

3. '결론=재진술/강조'에 관한 진실

답변 시간이 남는다면 처음에 했던 자신의 선택을 가볍게 재진술하며 말을 마무리하면 좋다. 하지만 재진술은 필수적이지 않으므로 답변 시간이 거의 다 찼고 더 이상 자신의 주장에 대해서 뒷받침할 이유가 생각나지 않는다면 처음에 언급했던 자신의 주장을 다시 재진술하지 않고 답변을 마무리해도 괜찮다.

TIP 결론 전개 시 사용되는 연결어구
- For these reasons 이러한 이유들 때문에
- To summarize what I've mentioned above 위에서 말했던 것을 요약해 보자면
- Based on these reasons/my experience 이러한 이유들/내 경험을 기반으로

01

문제 듣기
🎧 Q1_41
예시 답변
🎧 Q1_42

As part of your major, you are required to take students from a middle school on a field trip. Which of these locations/events would you choose and why? Use examples and give details in your explanation.

A science museum or a theater performance

활동 관련 문제 A theater performance(연극 공연) 선택

➤➤ 밑줄 아래의 해석과 괄호 안의 단서들을 이용하여 문장을 만들어 답해 보시오.

노트

서론	선택	If I were required to take middle school students on a field trip as part of my major, I would prefer to take them to a theater performance for two reasons.
본론	이유 1	First,_____ 첫째로, 대부분의 아이들은 라이브 연극 공연을 볼 수 있는 기회가 없었다. (have not had the chance, a live theater performance)
	구체화	_____ 연극에서의 연기는 실시간으로 행해지고 배우들은 관객과 종종 소통하기 때문에 독특한 경험이다. (acting is done in real time, interact with the audience)
	이유 2	Second,_____ 둘째로, 연극을 보는 것은 학생들에게 공연에 대한 관심을 불러일으키고 좋은 영향을 줄 수 있다. (interest, in performing)
	구체화	_____ 학교에도 연극 프로그램이 있지만 직접 사람들이 연기하는 것을 보는 일은 훨씬 더 강력한 영향을 미칠 수 있다. (seeing people act in person, stronger impact)
결론	재진술/ 강조	For these reasons, I would prefer to take middle school students on a field trip to a theater performance.

02

If you have some extra cash, would you save it and buy material things (e.g., books, clothing, etc.) or spend it on new experiences (e.g., taking a trip, going out, etc.)? Which of these options do you prefer and why? Use examples and give details in your explanation.

엔터테인먼트 관련 문제 material things(물질적인 것들) 선택

>> 밑줄 아래의 해석과 괄호 안의 단서들을 이용하여 문장을 만들어 답해 보시오.

노트

서론	선택	If I have some spare money, I like spending it on buying material things instead of having new experiences for two reasons.
본론	이유 1	First, _____ _____ 먼저, 나는 내 자신을 위해 쓸 여분의 돈이 있을 때가 거의 없다. (rarely have any extra money to spend on myself)
	구체화	_____ _____ 때때로 한 번씩 자신을 위해 선물을 사는 것이 기분 좋다. 그리고 책이나 옷은 오랫동안 사용할 수 있다. (nice to buy myself a little gift, a book or a shirt, used for a long time)
	이유 2	Second, _____ _____ 둘째로, 나는 외국에 살기 때문에 친구가 많이 없어서, 혼자 여행하거나 공연을 보는 것을 좋아하지 않는다. (don't like going on trips or seeing shows by myself, don't have many friends here)
	구체화	_____ _____ 경험은 함께 추억을 만들 누군가가 있어야 훨씬 더 즐겁다. (much more enjoyable, have someone to make memories with)
결론	재진술/ 강조	To sum up, if I have some extra money, I think spending it on material things is the most rewarding way to use it.

A lot of universities demand new students to live in dormitories on campus. Other universities do not have this rule. Of the two options, which do you think is better for first-year students and why? Use examples and give details in your explanation.

주거 관련 문제 dormitory(기숙사) 선택

▶▶ 밑줄 아래의 해석과 괄호 안의 단서들을 이용하여 문장을 만들어 답해 보시오.

노트

서론	선택	In my opinion, for students starting university, living in a dormitory on campus is much better.
본론	이유 1	One of the biggest reasons is that _____ 가장 큰 이유들 중 하나는, 그들이 대학교 생활에 쉽게 적응할 수 있고 캠퍼스에서 더 많은 시간을 즐길 수 있기 때문이다. (one of the biggest reasons, get used to university life, enjoy more time)
	구체화	_____ 그들이 캠퍼스 커뮤니티 안에 있기 때문에, 다른 학생들과 더 가까워질 수 있다. 또한, 동아리나 모임에 더 쉽게 참여할 수 있다. (get closer to other students, easier to be involved in clubs)
	이유 2	Another big reason is that _____ 또 다른 큰 이유는 시간을 절약해 주기 때문이다. (another big reason, help them save time)
	구체화	_____ 학교 밖에서 생활하고 통학하는 것은 시간이 많이 걸린다. 만일 학생이 기숙사에서 생활한다면, 그는 또는 그녀는 통학하지 않아도 되므로 시간을 절약할 수 있고 학업에 집중할 수 있는 시간을 더 확보할 수 있다. (living off campus, very time consuming, save time from not commuting, have more time to focus on schoolwork)
결론	재진술/ 강조	All things considered, it's much better for first-year students to live in campus accommodations.

04

문제 듣기
🎧 Q1_47
예시 답변
🎧 Q1_48

Some people like preparing food at home while others prefer to eat out. Which option do you prefer and why? Clarify your response using details and examples where appropriate.

음식 관련 문제 eat out(외식하기) 선택

>> 밑줄 아래의 해석과 괄호 안의 단서들을 이용하여 문장을 만들어 답해 보시오.

노트		
서론	선택	If I had to choose between eating out and cooking at home, I definitely prefer going out or ordering takeout.
본론	이유 1	First of all, _____ 먼저, 나는 형편없는 요리사다. (awful cook)
	구체화	_____ _____ 무엇을 만들건 항상 결과가 좋지 않다. 나는 엄마의 요리법대로 요리를 하려고 노력했지만, 결코 똑같지 않았다. 나는 그 요령을 터득하지 못하는 것 같다. (turn out well, follow recipes or cook my mom's recipes, get the hang of it)
	이유 2	On top of that, _____ _____ 무엇보다도, 요리하는 것은 시간이 많이 걸린다. (on top of that, time consuming)
	구체화	_____ _____ 식료품을 사는 것, 재료를 준비하는 것, 요리하고 설거지하는 것이 나가서 먹는 것보다 훨씬 더 시간이 오래 걸린다. 만일 요리가 스트레스를 준다면, 외식에는 많은 선택지들이 있기 때문에 나는 그것을 피할 수 있다. (take much longer than going out to eat, so many options for eating out)
결론	재진술/ 강조	On the whole, eating out saves time and energy, so I choose to eat at restaurants.

Studying online and taking classes face-to-face both have advantages and disadvantages. Which option is better in your opinion and why? Explain your answer by giving details and examples where appropriate.

수업 관련 문제 face-to-face(대면) 선택

>> 밑줄 아래의 해석과 괄호 안의 단서들을 이용하여 문장을 만들어 답해 보시오.

노트		
서론	**선택**	Even though I haven't experienced online classes before, as far as I am concerned, I would prefer to take offline courses.
본론	**이유 1**	The first reason is that _____ _____ 첫 번째 이유는, 나는 자기 훈련이 부족하고 그다지 계획적이지 않기 때문이다. (lack self-discipline, not very organized)
	구체화	_____ _____ 수업에 가는 것은 내가 받은 과제와 읽기를 하도록 만들어 준다. (encourages me to do my assigned homework and readings)
	이유 2	_____ _____ is another important reason. 선생님과 동료들과 소통하는 것이 또 다른 중요한 이유이다. (interacting with my teacher and peers)
	구체화	_____ _____ 나는 사람들과 연결되는 것을 정말 즐겨하는데, 온라인에서는 하기가 힘들다. 만약 온라인 클래스를 들어야 한다면, 나는 사회적 소통을 그리워할 것이고 동기가 부족해질 것이다. (enjoy connecting with people, miss social interaction and lack motivation)
결론	**재진술/ 강조**	In short, offline classes are a more comfortable environment for me.

06

문제 듣기
🎧 Q1_51
예시 답변
🎧 Q1_52

What advice would you give a friend who wants to pursue a career as a professional athlete, but lacks any natural-born talent for sports?
Should you encourage his or her dream of becoming a professional athlete or help him or her give up and pursue something else he or she is good at?

재능 관련 문제 encourage(격려하다) 선택

▶▶ 밑줄 아래의 해석과 괄호 안의 단서들을 이용하여 문장을 만들어 답해 보시오.

노트

서론	선택	In my opinion, I would encourage my friend's dream of becoming a professional athlete. Let me tell you my own experience with this.
본론	상황	When I was 20 years old, _____ _____ 내가 20살이었을 때, 나는 정말 프로 농구 선수가 되고 싶었지만 유감스럽게도, 나는 농구에 대한 어떤 재능도 없었다. (be a professional basketball player, any talent for basketball)
	과정	Because of this, _____ _____ 이 때문에, 나는 농구를 연습하는 과정 중에서, 많은 고난과 자기 회의를 겪어야 했고, 그래서 스트레스를 많이 받았다. (practicing basketball)
	결과	However, I put a lot of effort into _____ _____ 하지만, 나는 프로 농구 선수가 되는 데 정말 많은 노력을 쏟아부었다. 많은 연습을 통해, 마침내 나는 좋은 결과를 얻게 되었다. (a lot of practice, a good result)
결론	재진술/강조	From this experience, I would encourage my friend's dream of becoming a professional athlete.

Atmosphere 분위기

주어 enjoy the change of atmosphere and experiences while -ing.
주어는 -ing을 하면서 분위기 전환과 경험을 즐긴다.
It makes them feel so cheerful and energetic that they enjoy 키워드.
이는 그들을 매우 활기차고 에너지 넘치게 만들어주기 때문에 그들은 키워드를 즐기게 된다.

Ex I can enjoy the change of atmosphere and experiences while going on a trip. It makes me feel so cheerful and energetic that I like my life even more.

나는 여행 가면서 분위기 전환과 경험을 즐길 수 있다. 그것은 나를 매우 활기차고 에너지 넘치게 만들어 주기 때문에 나는 내 삶을 훨씬 더 좋아하게 된다.

Stress 스트레스

주어 can be a good way to relieve stress.
주어는 스트레스 완화하는 좋은 방법이 될 수 있다.
Since 주어 are 주어의 신분, 주어 get stressed out a lot from excessive amounts of 주어가 하는 일.
주어 need to get rid of their stress by 키워드.
주어는 주어의 신분 때문에, 주어가 하는 일로 인해 스트레스를 많이 받는다. 주어는 키워드를 해서 스트레스를 해소할 필요가 있다.

Ex Enjoying experiences such as watching shows or going on trips can be a good way to relieve stress. Since I'm a student, I get stressed out a lot from excessive amounts of academic matters. So, I need to get rid of my stress by enjoying those experiences occasionally.

공연을 관람하는 것과 여행을 가는 것과 같은 경험을 즐기는 것은 스트레스를 완화하는 좋은 방법이 될 수 있다. 나는 학생이기 때문에, 과도한 양의 학업 문제들로부터 스트레스를 많이 받는다. 그래서 나는 가끔 그런 경험을 즐기면서 스트레스를 해소해야 한다.

Money 돈

선택한 것 is actually cheaper than 선택하지 않은 것, and it helps 주어 save up money.
선택한 것은 선택하지 않은 것보다 실제로 더 저렴하고, 그것은 주어가 돈을 절약할 수 있게 해준다.
Since 주어의 신분, most of 주어 live on a tight budget, so 주어 cannot afford expensive 선택하지 않은 것.
주어의 신분 때문에, 대부분의 주어는 빠듯한 예산으로 살고 있고, 주어는 비싼 선택하지 않은 것을 감당할 여력이 되지 않는다.

Ex Eating at home is actually cheaper than eating at restaurants, and it helps me save up my money. Since I'm a student, I live on a tight budget, so I cannot afford an expensive restaurant on a daily basis.

집에서 먹는 것이 식당에서 먹는 것보다 사실 더 저렴하고, 돈을 절약하는 데 도움이 된다. 나는 학생이기 때문에, 빠듯한 예산으로 생활하고 있고, 따라서 매일 비싼 식당에서 사 먹을 여유가 없다.

Time 시간

It helps 주체 use time effectively and efficiently.
그것은 주체가 시간을 효과적이고 효율적으로 사용하도록 도와준다.
Because 주어 have a hectic schedule, wise time management is the most important matter of all.
So, 키워드 can be more economical in terms of the time that they save.
주어는 일정이 바쁘기 때문에 현명한 시간 관리는 무엇보다도 가장 중요한 일이다. 그래서 키워드는 그들이 절약할 수 있는 시간이라는 관점에서 더 경제적일 수 있다.

Ex It helps them use their time effectively and efficiently. Because most students have a hectic schedule, wise time management is the most important matter of all. So, taking courses online can be more economical in terms of the time that they save.

이것은 그들이 시간을 효과적이고 효율적으로 사용하도록 도와준다. 대부분의 학생들은 일정이 바쁘기 때문에, 현명한 시간 관리는 가장 중요한 일이다. 그래서 온라인 강좌를 수강하는 것은 그들이 절약할 수 있는 시간이라는 관점에서 경제적일 수 있다.

Convenience 편리함

선택한 옵션 gives 주체 convenience.
선택한 옵션은 주체에게 편리함을 제공한다.
As long as 주어 have the Internet access, 주어 can 키워드.
주어가 인터넷에 접속할 수 있는 한, 주어는 키워드할 수 있다.

Ex Taking courses online gives students convenience. As long as they have Internet access, they can take any classes whenever they want.

온라인으로 강의를 듣는 것은 학생들에게 편리함을 준다. 그들이 인터넷에 접속할 수 있는 한, 그들은 원할 때마다 어떤 수업이든 들을 수 있다.

Story-telling 이야기

In my opinion, 자신의 의견. Let me tell you my own experience with this. When I was 과거 시점, 문제의 일부를 이용한 상황 셋업. Because of this, **while -ing**, I had to go through a lot of hardship and self-doubt, so I got stressed out a lot. However, I put a lot of effort into 키워드. From this experience, 재진술.
내 의견으로는, 자신의 의견이다. 이것에 대한 나만의 경험을 말해주겠다. 내가 과거 시점이었을 때, 문제의 일부를 이용한 상황 셋업이었다. 이 때문에, -를 하는 동안 나는 많은 고난과 자기 회의를 겪어야 했고 스트레스를 많이 받았다. 이 경험으로 볼 때, 재진술이다.

Ex In my opinion, I agree with the given statement. Let me tell you my own experience with this. When I was 23 years old, I was struggling with my organic chemistry class. Because of this, while I was studying for the final exam, I had to go through a lot of hardship and self-doubt, so I got stressed out a lot. However, I put a lot of effort into getting good grades by studying together with my friends. Then, I finally got a good result. From this experience, I agree with the given statement.

내 의견으로는, 나는 주어진 진술에 동의한다. 이것에 대한 나만의 경험을 말해주겠다. 내가 23살이었을 때, 나는 유기 화학 수업을 들으면서 고군분투하고 있었다. 이 때문에 기말고사 공부를 하는 동안 나는 많은 고난과 자기 회의를 겪어야 했고 스트레스를 많이 받았다. 하지만 나는 친구들과 함께 공부함으로써 좋은 점수를 받기 위해 많은 노력을 했다. 그리고 나서, 나는 마침내 좋은 결과를 얻었다. 이 경험으로 볼 때, 나는 주어진 진술에 동의한다.

VOCA

답변 전개 시 사용되는 연결어구

답변의 틀 예시

In my opinion, 〈자신의 선택〉.
There are two reasons for this.
First of all, 〈이유 1〉.
To be more specific, 〈이유 1의 구체화〉.
Second, 〈이유 2〉.
In detail, 〈이유 2의 구체화〉.
For these reasons, 〈자신의 선택〉 is a lot better.

VOCA

❶ **For these reasons** 이러한 이유들 때문에

For these reasons, staying in an unhappy relationship is not a good idea.
이러한 이유들 때문에, 불행한 관계를 유지하는 것은 좋은 생각이 아니다.

❷ **Since** ~ 때문에, ~이므로

Since I like building things with Legos, I decided to become an architect.
나는 레고로 무언가를 만드는 것을 좋아하기 때문에 건축가가 되기로 결심했다.

❸ **First** 첫째로

First, I will try to get into a good university so that I can get my dream job.
첫째로, 나는 좋은 대학교에 들어가려고 노력할 것이고, 그렇게 해서 나는 내 꿈의 직업을 가질 수 있다.

❹ **Second** 둘째로

Secondly, smoking is harmful to people around you.
둘째로, 담배는 너의 주변 사람들에게 해롭다.

❺ **Next** 다음으로, 다음에는

Next, I need to go shopping for a thick coat.
다음으로, 나는 두꺼운 코트를 사러 쇼핑을 가야 한다.

❻ **To be specific** 확실히 말하면, 구체적으로 말하면

To be specific, that boy band was formed 5 years ago, but debuted last year.
구체적으로 말하면, 그 보이 그룹은 5년 전에 만들어졌지만, 작년에 데뷔했다.

❼ **What is more** 더욱이, 게다가

What's more, the meals I cook are quick and healthy.
게다가, 내가 요리하는 음식들은 빠르게 조리할 수 있고 건강에 좋다.

❽ For example 예를 들어

For example, if I am stressed, I take a walk and feel much better.

예를 들어, 나는 스트레스를 받으면 산책을 하고 그러면 기분이 훨씬 나아진다.

❾ I believe that ~ 나는 ~라고 생각한다

I believe that being comfortable alone is an important part of having healthy relationships too.

나는 혼자 있어도 편한 것이 건강한 인간관계를 가지는 것에 있어서도 중요한 부분이라고 생각한다.

❿ I agree with the idea that ~ 나는 ~라는 생각에 동의한다

I agree with the idea that there should be less overtime expected from employees.

나는 직원들에게 초과근무를 덜 기대해야 한다는 생각에 동의한다.

⓫ Specifically 구체적으로 말하면, 분명히

Specifically, I told the wedding planner that I wanted only purple flowers.

구체적으로 말하면, 나는 웨딩 플래너에게 오로지 보라색 꽃만을 원한다고 말했다.

⓬ Furthermore 뿐만 아니라, 더욱이

Furthermore, she lied in front of the jury.

뿐만 아니라, 그녀는 배심원단 앞에서 거짓말을 했다.

⓭ In the first place 애초에

We shouldn't have moved to the countryside in the first place.

애초에 우리는 그 시골로 이사하지 말았어야 했다.

⓮ To begin with 먼저

To begin with, I would like to say that I'm really grateful for all the help you have given me.

먼저, 나는 네가 나에게 준 모든 도움에 대해 정말 감사하다고 말하고 싶다.

⓯ In addition 그리고, 게다가

In addition, I have already prepared a trip for your birthday.

게다가, 나는 너의 생일을 위한 여행을 이미 준비했다.

⓰ On top of that 거기다, 무엇보다

On top of that, I got a full scholarship to the best university in the country.

무엇보다, 나는 나라에서 최고의 대학교에서 전액 장학금을 받았다.

⓱ Personally 개인적인 의견을 말하면

Personally, I think it's important to have healthy boundaries in a relationship.

개인적으로, 나는 인간관계에 있어서 건강한 경계선들을 가지고 있는 것이 중요하다고 생각한다.

문제 듣기

예시 답변

01

문제 듣기
🎧 Q1_54

예시 답변
🎧 Q1_55

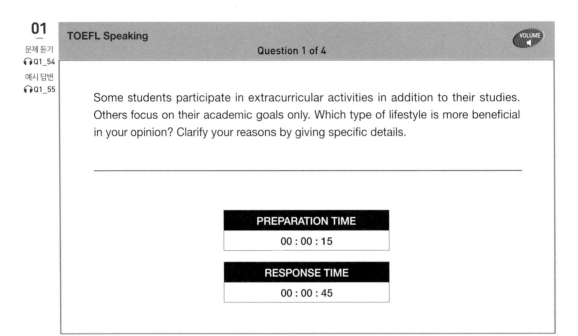

TOEFL Speaking

Question 1 of 4

VOLUME

Some students participate in extracurricular activities in addition to their studies. Others focus on their academic goals only. Which type of lifestyle is more beneficial in your opinion? Clarify your reasons by giving specific details.

PREPARATION TIME
00 : 00 : 15

RESPONSE TIME
00 : 00 : 45

노트

02

문제 듣기
🎧 Q1_56
예시 답변
🎧 Q1_57

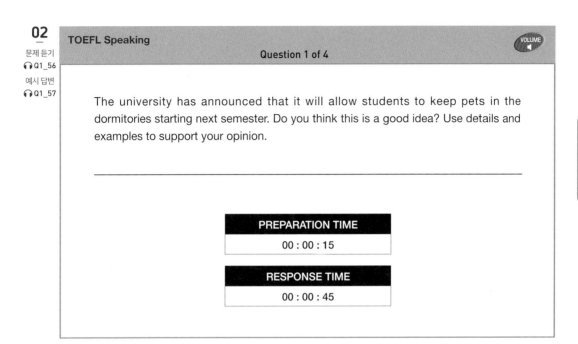

TOEFL Speaking

Question 1 of 4

VOLUME

The university has announced that it will allow students to keep pets in the dormitories starting next semester. Do you think this is a good idea? Use details and examples to support your opinion.

PREPARATION TIME
00 : 00 : 15

RESPONSE TIME
00 : 00 : 45

Q1

Independent Task

노트

TOEFL Speaking

VOLUME

Some people think that getting an education abroad as early as possible is the best method while others think it is better to study abroad later in life. Which option do you think is better? Give support for your answer in the form of details and examples.

PREPARATION TIME
00 : 00 : 15

RESPONSE TIME
00 : 00 : 45

노트

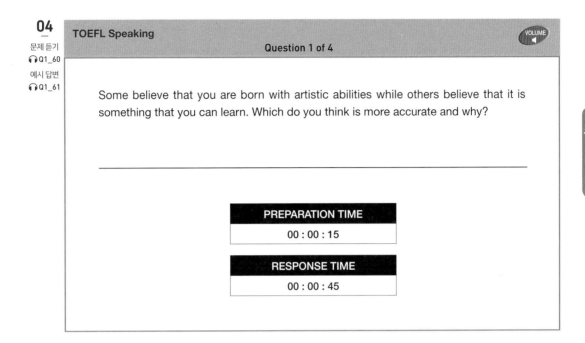

Some believe that you are born with artistic abilities while others believe that it is something that you can learn. Which do you think is more accurate and why?

PREPARATION TIME

00 : 00 : 15

RESPONSE TIME

00 : 00 : 45

Q1

Independent Task

노트

III

Integrated Task

Q2 읽고 듣고 말하기: 대학 생활

Introduction

통합형 과제(Integrated Task)인 Q2는 '읽고 듣고 말하기' 문제로, 대학 생활에 관한 공지문을 읽고 관련된 대화를 들은 후 주어지는 질문에 답하는 통합형 문제로 출제된다. 제한 시간 내에 북미 지역 대학교에서 실제 일어나는 여러 가지 일들에 관한 공지 글을 읽은 후, 그에 대한 학생들의 대화를 듣고 주어지는 질문에 맞게 학생들의 의견을 요약하여 말하는 문제로 출제된다. 핵심 내용을 잘 파악하고 화자의 의견을 잘 정리해서 요약해 말할 수 있어야 한다.

▶ 화면 구성

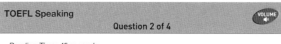

TOEFL Speaking
Question 2 of 4

Reading Time: 45 seconds

The university banned cellular phones in the campus library at the beginning of this semester to provide a better atmosphere for studying. I believe that this has had some unforeseen repercussions. Firstly, there is increased competition for computers there. Students need those computers to locate books in the library, but most people are using them to access the Internet. If students could use their smartphones in the library, this would be less of a problem. In addition, many students miss important calls from their classmates, family members, and employers, which can cause serious problems.

Michio Wada

- 안내: 2번 문제에 관한 설명을 들려준다.
- 읽기: 지문이 화면에 제시된다. (100자 이하)
  읽기 시간 45/50초가 주어진다.

TOEFL Speaking
Question 2 of 4

- 듣기: 사진과 함께 읽기 지문과 관련된 대화를 들려준다. (60~90초 길이)

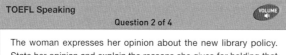

TOEFL Speaking
Question 2 of 4

The woman expresses her opinion about the new library policy. State her opinion and explain the reasons she gives for holding that opinion.

PREPARATION TIME
00 : 00 : 30
RESPONSE TIME
00 : 00 : 60

- 문제: 2번 문제가 화면에 글로 제시되는 동시에 음성으로 문제를 읽어 준다.
- 답변: 준비 시간 30초, 대답 시간 60초가 주어진다.

Sample Questions

- The woman expresses her opinion of the new online tutoring site. State her opinion and explain the reasons she gives for expressing that opinion.

  여자는 새로운 온라인 교습 사이트에 대한 자신의 의견을 표현하고 있다. 그녀의 의견을 진술하고 의견을 뒷받침하는 이유들을 설명하시오.

Learning Strategies

Step 1 **읽기 지문의 핵심 내용을 찾아 노트테이킹한다.**

읽기 지문에 학교/교수의 공지문이나 학생의 편지가 45초의 굉장히 짧은 시간 동안 등장한다. 뒤에 나오는 듣기 문제의 대부분은 읽기 지문을 염두에 두고 구성되기 때문에 읽기 지문의 핵심 문장을 먼저 잡고 나서 전체 내용을 확인해야 한다. 읽기에서는 지문의 핵심 포인트를 잡는 것이 제일 중요하다.

Step 2 **대화를 들으며 한쪽으로 치우치는 찬성 또는 반대의 의견에 집중해 노트테이킹한다.**

말하기에 최적화된 듣기 노트 정리 방식이 중요하다. 보통의 일반적인 대화와 다르게 토플 듣기에서는 대화의 중반부 이전까지는 대화 속 남/녀가 비등하게 대화를 주고받지만, 중반 이후부터는 두 화자 중 한쪽으로 대화가 치우치며, 이때 대화가 많은 쪽이 주인공 화자이므로 주인공 화자에 집중하여 노트테이킹을 해야 한다.

Step 3 **주어진 30초의 답변 준비 시간을 활용하여 정리한 내용을 말로 연습해 본다.**

노트 내용을 바탕으로 주어진 질문에 답할 때, 60초의 제한된 답변 시간 내에 읽기 지문에서의 핵심 내용과 듣기 대화 속 주인공 화자의 의견 및 그 의견을 뒷받침하는 이유들을 꼭 포함시킨다. 지나치게 긴 문장보다는 핵심 포인트를 담은 짧고 담백한 문장으로 전개하는 것이 좋다.

Q2에서 평가자가 보는 3가지 요소

❶ 주어진 읽기 지문의 핵심을 잘 파악하는가?
❷ 읽기와 연관된 듣기의 핵심을 잘 듣고 이해할 수 있는가?
❸ 해당 읽기와 듣기의 정보를 구체적이고 깔끔한 전개로 말할 수 있는가?

01 읽기 정리

◎ 1. 공지의 '주제' 파악하기

학교의 공지나 학생의 건의가 담긴 편지 등이 45초 동안 화면에 뜬다. (❶ 화면에는 단 '한 번'만 뜬다.) 학교가 결정해서 학생들에게 알리는 공지 사항의 핵심을 빠르게 파악해서 간략하게 노트테이킹한다.

◎ 2. 공지의 '이유' 파악하기

공지의 주제를 파악한 이후에는 공지의 결정 사항에 대한 이유나 학교 측의 결정으로 인해 변경되는 사항들을 본인만 알아볼 수 있게 최대한 간단하게 노트테이킹한다. 시간적 여유가 없을 경우에는 머릿속으로라도 꼭 기억해둔다. 읽기 후에 나오는 듣기(학생들의 대화)에서는 반드시 읽기에 나온 핵심 내용을 중심으로 대화가 전개된다.

TIP 듣기 노트를 정리할 때는 다음의 3가지 포인트에 주의하자.

① 대화를 들으면서 남/녀의 입장을 확인해야 한다. 주어진 의견에 대해 찬성하면 O, 반대하면 X로 표시한다.

② 대화 속 주인공 화자는 읽기/공지에 대해 자신의 입장을 밝힌 후 '두 가지' 이유로 자신의 의견/주장을 뒷받침하는데 해당 내용을 반드시 노트 정리해 두도록 한다.

③ 노트테이킹할 때 문장은 짧게, 하지만 명사만 쓰지 말고 문장을 바로 입 밖으로 뱉을 수 있도록 동사 또는 형용사와 같이 써주도록 한다.

Ex 읽기 지문의 예

Reading Time: 45 seconds

Roommate Contact Information Service

The Department of University Housing Services is proud to announce our new online roommate information system, which provides incoming freshman students with the contact information for their new roommates. Freshman students who will be housed in campus dorms will be able to contact their roommate a month in advance of the start of the fall semester. [1]We have concluded that this new service will be extremely beneficial for roommates to get to know each other a little bit, as well as their living preferences before meeting for the first time in the dorm. [2]They will also be able to have an opportunity to discuss what items they should each bring with them so that they do not double up on items for the limited space available in their dorm rooms.

제목
룸메이트 연락처 정보 서비스

주제
provide 1st yr w/ contact info for new roommate
1학년 학생들에게 그들의 새로운 룸메이트가 될 사람의 연락처 정보를 제공

이유 1
get to know each other a bit 서로 간에 조금 알게 됨

이유 2
discuss what to bring
무엇을 가져올지에 대해 논의

※ 줄임말: yr → year,
w/ → with, info → information

Example

다음 지문을 읽고 노트테이킹을 해 보시오.

Reading Time: 45 seconds

Mock Job Fair

In order to help prepare students to enter the job market, the university will hold a mock job fair at the end of April. All students are required to participate in this event before they graduate. At the job fair, graduate students will act as interviewers from a variety of industries. After each interview, they will evaluate students' answers and provide criticism and advice. So, please prepare your résumés, and be sure to show up early.

해석

모의 취업 박람회

학생들이 취업 전선에 뛰어드는 것을 돕기 위하여 대학에서는 4월 말에 모의 취업 박람회를 개최할 것입니다. 모든 학생들은 졸업하기 전에 이 행사에 필수적으로 참석해야 합니다. 취업 박람회에서 대학원생들이 다양한 산업 분야의 면접관이 될 것입니다. 각 인터뷰 후에 그들은 학생들의 답변을 평가하고 비평과 조언을 해줄 것입니다. 따라서, 이력서를 준비하고 반드시 일찍 출석하기를 바랍니다.

읽기 노트

주제	will be a mock job fair at the end of April 모의 취업 박람회가 4월 말에 개최될 것
이유 1	students are required to participate 학생 참석 필수
이유 2	graduate students = interviewers 대학원생들 = 면접관

>> 다음 각 지문을 읽고 노트테이킹을 해 보시오.

01

Reading Time: 45 seconds

Recreation Center Renovations

Due to a planned renovation this summer, the Recreation Center will be unavailable for use between June 1 and August 15. Taking into account the expansion of our student population, the current facilities are no longer able to meet the demands of our campus body. This summer's renovation project will increase the number of racquetball courts and improve the main gymnasium. We will also be expanding the number of free weights, treadmills, and other cardio machines in the weight room.

읽기 노트	
주제	
이유 1	
이유 2	

02

Reading Time: 45 seconds

Making Appointments for Computer Use

Starting on the first of March, the computers in the computer labs may be used for one hour only. This will make it more efficient and convenient for students to work on assignments, and it will reduce the amount of noise in the hallway because students will not need to wait there for other students to leave in order to get a machine.

읽기 노트

주제	
이유 1	
이유 2	

Integrated Task

Q2

문장으로 바로 말할 수 있게 노트테이킹하기

Q2번 문제의 듣기 파트에서는 읽기 지문에 나왔던 학교의 공지(결정 사항) 또는 편지(제안/건의 사항)에 대해서 남학생과 여학생이 대화를 나눈다. 먼저, 공지 사항에 대한 남학생과 여학생의 입장(찬성/반대)을 파악한다. 대화의 1/3이 지난 시점부터는 대화에 등장하는 남학생과 여학생 중 한 사람이 훨씬 더 많은 대사량으로 대화를 주도하고, 대사량이 적은 나머지 한 사람은 맞장구를 치거나 상대방의 말을 경청한다. 압도적인 대사량으로 대화를 이끌어가는 쪽이 대화의 주인공이다. 노트테이킹할 때, 주제에 찬성하면 O, 반대하면 X로 표시한다. 대화를 리드하는 화자는 두 가지 이유를 들어 자신의 의견을 뒷받침한다. 그리고 자신의 입장을 뒷받침하는 두 가지 이유들에 대한 구체화된 2~3문장 정도의 내용이 함께 제시된다. 노트테이킹할 때 두 가지 이유에 더하여 각각의 구체화된 내용까지 넣어 말하기 답변에 포함시켜야 고득점을 받을 수 있다.

Ex 듣기 스크립트의 예

M I think I'm going to grab a bite to eat at the cafeteria first. Hey, have you heard about that new roommate information service? It lets the freshman students talk to their roommates before they move into the dorms together.

주제
provide 1st yr w/ contact info for new roommate

새로운 룸메이트의 연락처 정보 미리 제공

W Yeah, I wish they had that service available for us last year when we were freshmen.

의견 W: O

M So, you believe that this new system is a good thing?

W Of course, I do. Remember how it was for us? [1]You're one of the newest faces on campus. You don't know how to get to any of your classes yet. You literally don't know anyone else, and the first person you meet is usually your roommate. That can be tough with so many new things going on at once. So getting to know your roommate a little bit before meeting up at the dorms is a great way to help you settle in.

이유 1&구체화
newest face
x know how to get to class
x know anyone
tough w/ many @ once
(w/ → with, @ → at)
get to know
great way to settle

서로를 미리 알아갈 수 있음

M True. I remember those first couple of days living with a total stranger was awkward. But I guess it all worked out since we decided to be roommates again this year.

W Right, and besides, [2]it would've been much nicer to talk with my roommate last year before the semester started. We ended up bringing so much of the same stuff. We both brought a toaster, a hot pot, a stereo, and a microwave with us. Luckily, we were able to sell some of them; otherwise we would never have been able to find space for everything in the room. But we wouldn't have had that problem in the first place if we talked to each other before moving in.

이유 2&구체화
nicer to talk w/ roommate
b4 semester (b4 → before)
brought many same
sold some / x find space for every (/ → otherwise)

상의해서 중복되는 물건을 피해서 가져올 수 있음

M Yeah, my roommate and I still have two mini-fridges in our room.

다음 대화를 듣고 노트테이킹을 해 보시오.

Now listen to two students discussing the notice.

- Ⓜ Hello, Gina. Did you see the notice about the job fair?
- Ⓦ You mean the practice job fair?
- Ⓜ That's the one. Do you have your résumé ready?
- Ⓦ Yes, but I don't think that it's a very good idea.
- Ⓜ No? Why is that? We all need to practice being interviewed.
- Ⓦ It won't be realistic, so I don't see how much the students are really going to get out of it. It is good to practice, yes. But, if the interviewers are also students, they will not take it very seriously. So, the students answering the questions will feel too relaxed.
- Ⓜ Is there any other reason that you disagree with this event?
- Ⓦ Yes, actually. It is also poorly timed. At the end of April, students are busy preparing for their final exams. They don't have the time to prepare for interviews. Plus, attendance is mandatory to graduate, but some students may not be able to attend. Their schedules may be too full.
- Ⓜ Hmm, I see your point. It doesn't seem like this was very well thought out.
- Ⓦ Exactly! I mean, they are trying to help the students, which is great. But, they clearly did not consult many students when they planned this event.

해석 두 학생이 공지에 대해 이야기하는 것을 들으시오.

- 閏 안녕, Gina. 취업 박람회에 관한 공지 봤어?
- 예 연습 취업 박람회를 말하는 거야?
- 閏 맞아 그거. 이력서 준비했어?
- 예 응, 하지만 나는 그게 그렇게 좋은 아이디어 같지 않아.
- 閏 아니라고? 왜? 우리 모두 인터뷰를 연습할 필요가 있어.
- 예 그건 현실적이지 않을 거고, 그래서 학생들이 뭔가를 얻을 수 있을지 모르겠어. 그래, 연습하는 건 좋아. 하지만, 만약 면접관들도 학생들이라면 그들이 그걸 별로 심각하게 받아들이지 않을 거야. 그래서 질문에 답을 하는 학생들도 여유롭게 느낄 거고.
- 閏 이 행사를 반대하는 다른 이유가 또 있는 거야?
- 예 응, 있어. 타이밍이 별로 좋지 않아. 4월 말에는 학생들이 기말시험 준비로 너무 바쁠 거야. 인터뷰를 준비할 시간이 없을 거야. 게다가 졸업을 위해서는 출석이 필수인데, 어떤 학생들은 참석이 불가능할 수도 있어. 스케줄이 어쩌면 꽉 차 있을지도 몰라.
- 閏 흠, 네 말이 일리가 있네. 이 행사가 여러모로 깊게 생각한 것은 아닌 것 같아 보인다.
- 예 그러니까! 내 말은, 학교에서 학생들을 도우려고 하는 건 좋아. 하지만 이 행사를 계획할 때, 많은 학생들과 상의를 하지 않은 게 분명해.

듣기 노트

주제	mock job fair 연습 취업 박람회	
의견	M: O	W: X

		이유 1&구체화 x realistic
		    – x take it very seriously
		    – feel too relaxed

		이유 2&구체화 poorly timed
		    – busy with final exams
		    – x attend BC schedules too full

>> 다음 각 대화를 듣고 노트테이킹을 해 보시오.

01

문제 듣기
🎧 Q2_02

듣기 노트

주제		
의견	W: O	M: X
		이유 1&구체화
		이유 2&구체화

02

문제 듣기
🎧 Q2_03

듣기 노트		
주제		
의견	M: O	W: X
		이유 1&구체화
		이유 2&구체화

Lesson

03 정리해서 말하기

문제 듣기

예시 답변

1. 말하기 3단계

(1) 듣기의 대화가 마무리되면 바로 말하기 문제가 화면에 등장한다. 문제 박스가 뜨면, 성우는 문제를 쭉 읽어준다. (성우가 문제를 읽어주고 난 후, 바로 준비 시간 30초가 시작된다.)

(2) 준비 시간 30초가 시작되면 본인이 적어 놓은 읽기와 듣기 노트테이킹을 수정·보충한다.

(3) 답변 시간 60초 동안 노트테이킹을 보면서 답변을 말한다.

① 읽기 노트에서 잡은 공지·편지의 주제 한 문장
② 듣기 노트에서 잡은 주인공의 의견(주제에 대한 찬성·반대 의견 정확히 표현)
③ 듣기 노트에서 잡은 주인공의 의견을 뒷받침하는 두 가지 이유&구체화 표현

2. 읽기&듣기 노트 연계하여 바로 말하기

Ex 읽기&듣기 노트 연계하여 말하기의 예

The school will provide first-year students with the contact information for their new roommates. The woman agrees with the school's decision for two reasons. The first-year students are the [1]newest faces on campus. They don't know how to get to classes. They don't even know anyone at school. It's really tough with so many things going on at once. Now, they can get to know each other. It's a great way to settle in. It's [2]nicer to talk with their new roommates before the semester starts. The woman also adds she and her roommate brought many of the same items. They sold some of them; otherwise, they never would've been able to find space for everything in the room.	**주제** provide 1st yr w/ contact info for new roommate 1학년 학생들에게 그들의 새로운 룸메이트가 될 사람의 연락처 정보를 제공 **의견** W: O **이유 1&구체화** **newest face** x know how to get to class x know anyone tough w/ many @ once (w/ → with, @ → at) get to know great way to settle get to know each other a bit 서로 간에 조금 알게 됨 **이유 2&구체화** **nicer to talk w/ roommate b4 semester** (b4 → before) brought many same sold some / x find space for every (/ → otherwise) discuss what to bring 무엇을 가져올지에 대해 논의

Example

The woman expresses her opinion of an event at the university. State her opinion and explain the reasons she gives for holding that opinion.

PREPARATION TIME
00 : 00 : 30

RESPONSE TIME
00 : 00 : 60

여자는 학교에서 열리는 행사에 대한 자신의 의견을 표현하고 있다. 그녀의 의견을 진술하고 그 의견을 뒷받침하는 이유들을 설명하시오.

(1) 읽기&듣기 노트테이킹을 보면서 답변을 전개해 보시오.

	읽기&듣기 노트테이킹	답변 전개하기
주제	mock job fair @ end of Apr.	There will be a mock job fair at the end of April.
의견	W: X	The woman does not think it is a good idea.
이유 1&구체화	**x realistic** – x take it very seriously – feel too relaxed	It won't be realistic. Students will not take it seriously. They will feel too relaxed. It is poorly timed.
이유 2&구체화	**poorly timed** – busy with final exams – x attend BC schedules too full	Students are busy preparing for final exams. Some students may not attend because their schedules may be full.

(2) 위의 '답변 전개하기'를 참고하여 아래의 빈칸을 채워 답변을 완성해 보자.

읽기 노트에서 잡은 공지/편지의 주제 한 문장

According to the notice, there will be a mock job fair at the end of April.

듣기 노트에서 잡은 주인공의 의견

The woman does not think it is a good idea.

듣기 노트에서 잡은 주인공의 의견을 뒷받침하는 두 가지 이유&구체화 표현

이유 1&구체화: First, she explains that students won't get much out of the practice job fair. This is because participating students will not take it seriously and feel too relaxed since the interviewers will also be students.

이유 2&구체화: Second, <u>she says that it is poorly timed. Students will be too busy to do this because they have to prepare for their final exams at the end of April.</u>

재진술/정리

For these reasons, the woman does not think it is a good idea.

공지에 따르면, 4월 말에 모의 취업 박람회가 있을 것이다.

여자는 이것이 좋은 아이디어라고 생각하지 않는다.

먼저, 그녀는 학생들이 연습으로 하는 취업 박람회에서 그다지 많은 것을 얻지 못할 거라고 설명한다. 왜냐하면 면접관들 또한 학생이기 때문에 참여하는 학생들이 이것을 진지하게 여기지 않을 것이고 여유로울 것이기 때문이다.

두 번째로, 여자는 박람회를 여는 시간이 좋지 않다고 한다. 학생들은 4월 말에 기말시험을 준비해야 해서 이것을 하기에는 너무 바쁠 것이기 때문이다.

이러한 이유들 때문에, 여자는 이것이 좋은 아이디어라고 생각하지 않는다.

🔊 Speaking Tip

노트테이킹을 기반으로 한 답변 전개 시 유용한 팁

1. 주어가 빠져 있을 때는 항상 1순위로 students 혹은 school을 삽입해서 답변을 전개해본다. (해당 대화가 대학 생활을 배경으로 전개될 때)

   Ex busy for final exams → Students are busy preparing for final exams.

2. students 혹은 school이 빠져 있을 때에는 전체 상황이나 앞부분의 내용을 받을 수 있는 대명사 it을 사용해본다.

   Ex x realistic → It is not realistic.

3. 노트테이킹할 때 동사 표현이 없다면 적혀 있는 명사/형용사 앞에 There is/are를 넣어 답변을 전개해본다. (시제 고려하기)

   Ex mock job fair @ end of Apr. → There will be a mock job fair at the end of April.

PAGODA TOEFL 70+ Speaking

>> 각각의 읽기, 듣기, 말하기 문제와 관련하여 노트테이킹을 해 보시오.

01

읽기

문제 듣기
🎧 Q2_06

예시 답변
🎧 Q2_07

Reading Time: 45 seconds

Recreation Center Renovations

Due to a planned renovation this summer, the Recreation Center will be unavailable for use between June 1 and August 15. Taking into account the expansion of our student population, the current facilities are no longer able to meet the demands of our campus body. This summer's renovation project will increase the number of racquetball courts and improve the main gymnasium. We will also be expanding the number of free weights, treadmills, and other cardio machines in the weight room.

듣기

말하기

The man expresses his own opinion about the school's announcement. State his opinion and explain the reasons he gives for having that opinion.

PREPARATION TIME
00 : 00 : 30

RESPONSE TIME
00 : 00 : 60

>> (1) 읽기&듣기 노트테이킹을 보면서 답변을 전개해 보시오.

읽기&듣기 노트

	읽기&듣기 노트테이킹	답변 전개하기
주제	recreation center → x available due to renovation	_____ _____
의견	M: X	
이유 1& 구체화	**gym – empty** – during peak, x wait 〉 10 min. for equipment → expansion – pointless	_____ _____ _____
이유 2& 구체화	**facilities – fine** – x need new racquetball courts – waste of time, $, & resource – simple paint job – needed	_____ _____ _____

>> (2) 위의 '답변 전개하기'를 참고하여 빈칸을 채워 답변을 완성해 보시오.

말하기

읽기 노트에서 잡은 공지/편지 한 문장

According to the announcement, _____

_____

듣기 노트에서 잡은 주인공의 의견

The man does not think it is a good idea for two reasons.

듣기 노트에서 잡은 주인공의 의견을 뒷받침하는 두 가지 이유&구체화 표현

이유 1&구체화: First, _____

_____

_____

이유 2&구체화: Second, _____

_____

_____

재진술/정리

For these reasons, the man does not think it is a good idea.

읽기

Reading Time: 45 seconds

Making Appointments for Computer Use

Starting on the first of March, the computers in the computer labs may be used for one hour only. This will make it more efficient and convenient for students to work on assignments, and it will reduce the amount of noise in the hallway because students will not need to wait there for other students to leave in order to get a machine.

듣기

말하기

The woman expresses her opinion of a notice posted around campus. State her opinion and explain the reasons she gives for that opinion.

PREPARATION TIME
00 : 00 : 30

RESPONSE TIME
00 : 00 : 60

>> (1) 읽기&듣기 노트테이킹을 보면서 답변을 전개해 보시오.

읽기&듣기 노트

	읽기&듣기 노트테이킹	답변 전개하기
주제	com in lab – used for 1 hour long appointment only	_____
의견	W: X	
이유 1& 구체화	**x efficient** – x write paper in 1 hour	_____ _____ _____
이유 2& 구체화	**show up late** – give that time to someone – arguing with assistant + the other students	_____ _____

>> (2) 위의 '답변 전개하기'를 참고하여 빈칸을 채워 답변을 완성해 보시오.

말하기

읽기 노트에서 잡은 공지/편지 한 문장

According to the notice, _____

_____

듣기 노트에서 잡은 주인공의 의견

The woman does not think it is a good idea.

듣기 노트에서 잡은 주인공의 의견을 뒷받침하는 두 가지 이유&구체화 표현

이유 1&구체화: First, _____

_____

이유 2&구체화: Second, _____

_____

_____

재진술/정리

For these reasons, the woman does not think it is a good idea.

건설/개·보수 관련 상황

Task 2에서 건설/개·보수 관련 상황을 자주 다룬다. 듣기 대화 속 주인공은 학교에서의 건설, 개·보수와 관련해 반대하는 경우가 일반적이고, 그 의견을 뒷받침하는 이유는 대부분 아래의 내용과 일치한다. 따라서 실제 시험 상황에서 대화의 세부 내용을 부족하게 잡았을 때는 아래의 만능 표현 문장으로 구체화를 대신해 줄 수 있다.

Ex There will be a negative impact. To be more specific, it increases the noise level. Students cannot study in the library and sleep in the dormitory.

부정적인 영향이 있을 것이다. 좀 더 구체적으로 말하면, 이는 소음 레벨을 증가시킨다. 학생들은 도서관에서 공부할 수 없고, 기숙사에서 잠을 잘 수 없다.

It is a big waste of time, money, and resources. The school should spend money on something that all the students can use, not this construction/ renovation.

시간, 돈, 자원의 큰 낭비이다. 학교는 이러한 건설/개·보수가 아닌 모든 학생들이 사용할 수 있는 곳에 돈을 (효율적으로) 써야만 한다.

8월 말~9월 초 학교 행사/건설 관련 상황

읽기 지문에서 학교가 행사/건설 관련 등을 8월 말과 9월 초에 진행한다고 공지하면, 듣기에서 학생들의 대화 내용은 이미 정해져 있다고 보면 된다. 8월 말과 9월 초는 대부분의 학교에서 1학기가 시작하는 개강 초에 해당한다. 이러한 특정 시기에 맞춰 학교는 특정 행사를 주최하거나 학생들의 캠퍼스 생활에 불편함을 초래할 수 있는 건설 등의 여러 결정을 내리게 되면, 대화 속 주인공은 이러한 학교의 결정에 반대하고 대화 속에서 아래와 같은 내용을 표현하게 된다.

Ex Students are busy with registration at the end of Aug. or the beginning of Sep. They have to register for their classes, buy their textbooks and get their ID card.

학생들은 8월 말이나 9월 초에 등록 때문에 바쁘다. 그들은 수업을 등록해야 하고, 책을 사야 하고, 그들의 학생증 카드를 만들어야 한다.

1학년 관련 상황

읽기 지문에서 1학년이 언급되면, 대화 속 주인공의 대사가 정해져 있다고 할 만큼 내용이 예측 가능하다. 1학년은 고등학교 졸업 후 대학교라는 환경을 처음 접해서 아직까지는 모든 것들이 새롭기 때문에 대학교와 관련한 여러 일과 과정에 대해서 잘 알지 못한다. 1학년 학생들은 대학교라는 새로운 환경에 적응하기 위한 일정한 시간이 필요하다. 아래의 문장을 충분히 연습하여 입에 익숙하게 만들어 놓으면 1학년 관련 상황이 나올 때 자신감 있게 말하는 데 큰 도움이 될 것이다.

Ex Everything is new to freshmen. They just don't know how things work in the university. They need more time to get used to school.

모든 것들이 1학년 학생들에게는 새롭다. 그들은 많은 것들이 대학교에서 어떻게 진행되는지 모른다. 그들은 학교에 적응할 수 있는 시간이 더 필요하다.

배경지식 & VOCA

🎧 Q2_10   표현 듣기

배경지식

학교의 건물/시설 개·보수 관련 상황(School Renovation)

보통 학생들은 학교 내에서의 건물/시설 개·보수 상황을 달가워하지 않는다. 대부분 학교 측의 건설에 쓰이는 돈은 수업료에서 나온 것이라고 생각하기 때문에 학생들은 이러한 계획에 반감을 가진다. 또한 학생들은 학교 측의 시설 확장이나 기기/설비들의 추가 구매가 불필요한 것이라고 생각하기 때문에, 건설/개·보수 규모를 최소한으로 줄이자고 목소리를 내는 편이다.

VOCA

❶ take into account ~을 고려하다

Taking into account the expansion of our student population, the current facilities are no longer able to meet the demands of our campus body.

우리의 학생 수 증가를 고려해 볼 때, 현재 시설들은 더 이상 캠퍼스 전체의 요구를 충족시켜 줄 수 없게 된다.

❷ renovation n 개·보수

The renovations will make it a lot bigger and more modern.

이 보수공사는 센터를 좀 더 크고 현대적으로 만들어줄 것이다.

❸ outdated adj 구식의

But don't you think the facilities are outdated?

근데, 시설들은 조금 구식인 것 같지 않니?

❹ cardio n 심장 강화 운동

I've never waited more than 10 minutes to use any of the weights or cardio equipment.

근력 운동 기구들이나 유산소 운동 장비를 이용하기 위해서 10분 이상 기다려본 적이 없다.

❺ condition n 상태

All the weights are still in good condition.

모든 근력 운동 기구들은 여전히 좋은 상태를 유지하고 있다.

❻ resource n 자원, 재원

It's just a big waste of time, money, and resources.

이건 그냥 시간, 돈, 자원 낭비다.

배경지식

컴퓨터실 예약제(Computer Lab Appointment)

보통 컴퓨터실은 도서관 1층에 있는 경우가 많고, 사용하고자 하는 학생 수는 많으나 제한된 컴퓨터 대수 때문에 학생들이 이용을 위해 줄을 서 있는 상황을 자주 목격하게 된다. 도서관 1층에서 공부하고 있는 학생들은 가끔 줄 서 있는 학생들이 일으키는 소음 때문에 학교 측에 이와 관련한 불만을 제기한다. 이러한 이유로 몇몇 학교에서는 예약 정책, 즉 컴퓨터를 이용할 시간을 학생들이 예약하도록 만드는데, 이 부분에 있어서 학생들이 짧은 이용 시간을 이유로 불만을 가지게 되는 경우가 있다.

VOCA

❶ appointment n 예약, 약속

The computers in computer labs may be used by appointment only.

컴퓨터실의 컴퓨터는 예약을 해야만 사용이 가능할 것이다.

❷ rely upon ~에 의지하다

Students rely upon the computer labs to complete their writing assignments.

학생들은 글쓰기 과제를 끝마치기 위해 컴퓨터실의 컴퓨터에 의지한다.

❸ reserve v 예약하다

Students will have to reserve one-hour time slots. 학생들은 한 시간 단위로 예약을 해야 한다.

❹ time slot 시간대

It said that we could reserve them in one-hour time slots.

우리가 컴퓨터를 한 시간 단위로 예약해야 한다고 나와 있었다.

❺ in advance 미리

From now on, students will have to reserve one-hour time slots in advance.

이제부터 학생들은 미리 한 시간 단위로 예약을 해야 한다.

❻ hallway n 복도

It will reduce the amount of noise in the hallway. 그것은 복도의 소음을 줄여줄 것이다.

❼ compose v 쓰다, 작성하다

Stopping and restarting much later when you are composing an essay makes it very hard to do your best work.

에세이를 쓸 때 중단했다가 시간이 한참 흐른 뒤에 다시 시작하면 최선의 실력을 발휘해 글을 쓰는 게 아주 힘들어진다.

❽ line up 줄 서다

It would be quieter without people lining up out in the hallway, wouldn't it?

복도에 줄을 서는 사람들이 없으면 더 조용할 것이다, 그렇지 않니?

❾ disturb v 방해하다

That would disturb other students in the computer labs. 그것은 컴퓨터실의 다른 학생들을 방해할 것이다.

문제 듣기　　예시 답변

TOEFL Speaking

Question 2 of 4

VOLUME

Reading Time: 50 seconds

Remove the Food Carts

I think the food carts in the center of campus should be removed. Since the university began allowing local vendors to place food carts along paths in the center of campus, it has created many problems. First, the area around the food carts is disgusting. Second, the food carts are bad for students' health. For these reasons, I do not think that food carts should be allowed.

Nathan Bankuist

TOEFL Speaking

Question 2 of 4

VOLUME

TOEFL Speaking

Question 2 of 4

VOLUME

The woman expresses her opinion of a letter in the campus newspaper. State her opinion and explain the reasons she gives for that opinion.

PREPARATION TIME
00 : 00 : 30

RESPONSE TIME
00 : 00 : 60

읽기 노트

듣기 노트

Reading Time: 50 seconds

Ending the Tutoring Program for Engineering Dept.

The university board of directors has decided to end the tutoring program for the engineering department. Over the past few semesters, fewer and fewer engineering students have been using the service. In addition, the tutoring program has had difficulty finding engineering students who are both qualified and willing to work at the center. For these reasons, the tutoring center will no longer offer tutoring for engineering students.

The man expresses his opinion of a notice. State his opinion and explain the reasons he gives for holding that opinion.

PREPARATION TIME
00 : 00 : 30

RESPONSE TIME
00 : 00 : 60

읽기 노트

듣기 노트

Q2
Integrated Task

TOEFL Speaking

Reading Time: 45 seconds

Getting Rid of Early Morning Classes

The university's board of directors voted in their last meeting to eliminate 8 A.M. classes. This change will allow students to get the proper amount of rest, and it will give professors more time to prepare for their classes. It will also provide both students and professors with more time to get to their classes.

TOEFL Speaking

TOEFL Speaking

The man expresses his opinion of a notice. State his opinion and explain the reasons he gives for holding that opinion.

PREPARATION TIME
00 : 00 : 30

RESPONSE TIME
00 : 00 : 60

읽기 노트

듣기 노트

TOEFL Speaking

Question 2 of 4

Reading Time: 45 seconds

Textbook Rental Service

Starting next year, the university will offer a textbook rental service. Instead of having to purchase a new textbook, students will be able to borrow the book for a semester. Since textbooks can be very expensive, this will provide many students with a way to save money. Students will be allowed to use rented books for the entire semester until the end of the final exam period. If a student fails to return a book, that student will be sent a bill for the full price of the book.

TOEFL Speaking

Question 2 of 4

TOEFL Speaking

Question 2 of 4

The man expresses his opinion of a notice. State his opinion and explain the reasons he gives for holding that opinion.

PREPARATION TIME
00 : 00 : 30

RESPONSE TIME
00 : 00 : 60

Q2
Integrated Task

Q3 읽고 듣고 말하기: 대학 강의

Introduction

통합형 과제(Integrated Task)인 Q3는 '읽고 듣고 말하기' 문제로, 대학 강의의 학술적인 주제의 지문을 읽고 관련된 강의를 들은 후 읽고 들은 내용을 바탕으로 주어진 문제에 맞게 강의의 핵심 요점을 논리적으로 답변하는 통합형 문제로 출제된다. Q2 문제와 마찬가지로 읽기와 듣기를 연계하여 강의를 요약하여 말하는 것이 목표이다.

◉ 화면 구성

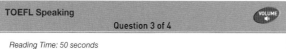

TOEFL Speaking
Question 3 of 4

Reading Time: 50 seconds

Habitat's Carrying Capacity

In any given habitat, there are only a certain number of animals that can be supported indefinitely. This is called the habitat's carrying capacity for that organism. Normally, the population of an animal species fluctuates mildly without upsetting the balance, and it will not increase or decrease significantly over time. However, if the balance is disturbed, the population will fall drastically. This is usually due to outside factors, but some species simply reproduce too quickly. Due to such overpopulation, they consume too much of their available food source, which leads to a population crash. Sometimes this becomes a repeating cycle.

- 안내: 3번 문제에 관한 설명을 들려준다.
- 읽기: 지문이 화면에 제시된다. (100자 이하)
  읽기 시간 45/50초가 주어진다.

TOEFL Speaking
Question 3 of 4

- 듣기: 사진과 함께 읽기 지문과 관련된 강의를 들려준다. (60~90초 길이)

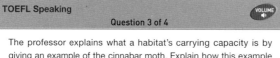

TOEFL Speaking
Question 3 of 4

The professor explains what a habitat's carrying capacity is by giving an example of the cinnabar moth. Explain how this example demonstrates the topic.

PREPARATION TIME
00 : 00 : 30
RESPONSE TIME
00 : 00 : 60

- 문제: 3번 문제가 화면에 글로 제시되는 동시에 음성으로 문제를 읽어준다.
- 답변: 준비 시간 30초, 대답 시간 60초가 주어진다.

Sample Questions

- The professor describes two examples. Explain how they illustrate the concept of the impression management.

  교수는 두 가지 예를 설명한다. 두 가지 예가 어떻게 인상 관리의 개념을 나타내는지 설명하시오.

Learning Strategies

읽기 지문은 이후에 등장하는 듣기 강의를 이해하기 위한 준비 과정이다. 듣기에서 강의 내용은 대부분의 학생들이 비교적 쉽게 요점을 이해할 수 있도록 예시의 방식으로 설명되는 것이 보통이다.

Step 1 읽기 지문의 핵심 내용을 찾아 노트테이킹한다.

읽기 지문의 핵심 내용은 중 · 후반부에 집중해서 나오므로 중 · 후반부에 나오는 주요 포인트를 잡아 노트테이킹한다. 주요 포인트는 보통 하나의 긴 예시나 또는 두 가지의 짧은 예시들로 나온다. 참고로, 주제는 따로 정리해서 다루지 않아도 점수에 영향을 미치지 않는다.

Step 2 강의를 들으며 강의 주제와 관련된 예시 내용에 집중해 노트테이킹한다.

강의에서 교수는 학생들의 이해를 돕기 위해 예시를 든다. 채점자는 수험자가 주어진 답변 시간 동안 이 예시들을 얼마나 구체적으로 정리해서 전달할 수 있는지에 주안점을 두고 평가한다.

Step 3 강의 속 예시 내용을 최대한 자세하게 말로 연습해 본다.

노트 내용을 바탕으로 주어진 질문에 답할 때, 60초의 제한된 답변 시간 내에 읽기 지문에서의 핵심 내용과 듣기 강의 속 예시 내용을 요약하여 답변에 꼭 포함시킨다.

듣기 강의의 주요 포인트와 예시를 빠짐없이 포함시켰는지가 중요하다. 채점자는 미숙하더라도 핵심 내용을 전부 포함한 알맹이가 있는 답변을 원한다.

Q3에서 평가자가 보는 3가지 요소

❶ 듣기 강의의 핵심 내용이 답변에서 설명되는가?

❷ 강의에 나오는 강의 주제의 예시가 얼마나 구체적으로 언급되는가?

❸ 답변 전개에 있어서 모든 내용이 깔끔하게 전달되는가?

지문 읽는 방식

교수가 강의에서 다룰 핵심 내용에 대한 일반적인 개념 설명이 50초간 화면에 뜬다. 화면에는 단 '한 번'만 뜬다. 읽기 지문에서는 강의 주제 및 그 주제와 관련된 세부 내용을 파악해 정리해둔다. 듣기 강의에서 중요하게 다루는 내용이 읽기 지문의 중·후반부에 집중해서 나오므로 전반부는 가볍게 읽고, 이후부터 끝까지는 꼼꼼하게 읽는다. 50초의 읽기 시간 동안 중·후반부에 나오는 주요 포인트를 본인만 알아볼 수 있게 간단하게 노트테이킹 한다.

Ex 읽기 지문의 예

Reading Time: 50 seconds

Impression Management

When people deliberately or indirectly attempt to control impressions about them, this process is called impression management. In many social situations, a person will try to make a good impression on others by demonstrating favorable behavior traits or advantageous qualities. Those interested in manipulating others' perceptions, about them often do so in order to [1]achieve some kind of specific goal. Or they just want to [2]control their distinct identity within certain groups. This is why impression management is mainly concerned with meeting others' expectations in a certain context. So naturally, the perception changes to suit each situation.

제목

주제
attempt to control impressions on others
다른 사람들에게 보여지는 인상을 관리하려고 시도하기

예시 1
achieve a specific goal
특정한 목표를 성취하기 위해

예시 2
control identity within certain groups
특정 그룹 안에서 정체성을 관리하기 위해

Example

다음 지문을 읽고 노트테이킹을 해 보시오.

Audience Effect

With any kind of social situation, people are affected by the environment around them. This is termed the Audience Effect. This states that bystanders, the audience, can significantly affect the way an individual performs. Several studies show that spectators can cause a person to perform more effectively. On the other hand, if a more complex task is attempted, having an audience might, in reality, hinder performance.

해석

청중 효과

어떠한 종류의 사회적 상황에서, 사람들은 그들 주변의 상황에 영향을 받는다. 이것은 청중 효과라고 일컬어진다. 이는 구경꾼들, 즉 청중이, 개인이 행동하는 방식에 상당히 영향을 미칠 수 있다는 것을 말한다. 몇몇의 연구들은 관중들이 한 사람이 더욱 효과적으로 행동하도록 만들 수 있음을 보여준다. 반면에 좀 더 복잡한 임무가 시도되는 경우에는 청중이 있다는 것이 실제로는 수행에 방해가 될 수도 있다.

읽기 노트

주제	affect the way an individual would perform (청중은) 개인의 행동 방식에 영향을 미침
예시 1	perform effectively 효과적으로 수행
예시 2	but, complex task → hinder performance 복잡한 임무 → 수행을 방해함

>> 다음 각 지문을 읽고 노트테이킹을 해 보시오.

01

Reading Time: 50 seconds

Learning Transfer

Learning transfer is the process by which a person applies their prior experience to learning a new skill or completing an unfamiliar task. What one has learned in the past can easily influence the way one learns new things or how well one performs a new task, but this is not always a good thing. If the overall effect is positive, it is viewed as a positive learning transfer, but if it is negative, it is viewed as a negative learning transfer.

읽기 노트

주제	apply prior experiences to learning a new skill
예시 1	_____ 긍정적 학습 전이
예시 2	_____ 부정적 학습 전이

02

Reading Time: 50 seconds

Choice-Supportive Bias

Considering the pros and cons of a decision is a good way to make a choice. However, when someone makes a choice, they tend to demonstrate a choice-supportive bias. In short, by making a choice, people begin to give it much more value than before and ignore the negative parts. This unconscious bias causes people to perceive their choices differently.

읽기 노트	
주제	
예시 1	
	이전보다 훨씬 더 많은 가치를 둠
예시 2	
	부정적인 부분들을 무시함

02 듣기 정리

문제 듣기

◎ 문장으로 바로 말할 수 있게 노트테이킹하기

Q3번 문제의 듣기 파트에서는 읽기 지문의 중·후반부에 나왔던 학술적인 내용에 대한 강의를 듣게 된다. 강의는 학생들이 이해하기에 가장 쉬운 설명 방식인 예시로 진행된다. 강의에서 예시가 시작되는 부분부터 본격적으로 노트테이킹 모드에 들어가야 한다. 노트테이킹할 때는 항상 내용을 짧게 쓰되, 문장 전체를 움직이는 가장 핵심 부분인 동작 동사를 가급적 포함시키는 것을 전략으로 삼는다.

TIP 듣기 노트를 정리할 때는 다음의 3가지 포인트에 주의하자.

① 예시 부분이 나오면 본격적으로 노트테이킹에 들어가야 한다.

② 해당 예시들은 보통 두 가지의 짧은 예시들이거나 한 가지의 긴 예시로 나오는 것이 대부분이다.

③ 노트테이킹할 때 문장은 짧게, 하지만 명사만 쓰지 말고 문장을 바로 뱉을 수 있도록 동사 또는 형용사와 같이 써주도록 한다.

Ex 듣기 스크립트의 예

🅼 There have been many studies done on how individuals will alter their behavior so that they can make an impression on those around them. In the fields of social psychology and sociology, when a person tries to directly or indirectly manage perceptions of others, the collective process is called impression management.

There are a multitude of reasons why someone would want to do this, but it's because they want to attain a specific goal. For example, a few years ago, I had to renew my working visa at the immigration office. The lines are usually long, and it can take each person about 20 minutes to get their visa approved. ... She just glanced at my documents and renewed my visa in less than 5 minutes.

예시 1&구체화
attain a specific goal
renew visa
line → long, takes 20 min.
dress in casual / wear suit
put docu in nice case
x get any Q
renew visa < 5 min.

Another reason behind impression management is a desire for self-presentation. This reason is so common you may do it unconsciously. For instance, a college student talking to his or her professor will usually try to speak in a more formal tone. ... When he or she sends text messages, they could be full of grammatical errors, shorthand, and emoticons. As you can see, depending on whom they are around, most people will change how they behave. It's not about accomplishing a goal, but fitting into the assumed expectation about them to fit each particular context.

예시 2&구체화
a desire for self-presentation
talk to prof.
speak in formal tone
for text → write full sentence
talk to friend
use slang words
for text → grammar errors, emoticons

Example

다음 강의를 듣고 노트테이킹을 해 보시오.

Listen to a lecture on this subject from a sociology class.

🅦 So… when others are around you, it can have a big impact on whether you will perform well or not. Allow me to give you some examples. First, let's look at tying one's shoes. Picture that you are strolling down the street with your friend. Then, let's imagine your shoes become untied. What should you do? You need to tie your shoelaces, but you don't want to make your friend wait because he or she could get annoyed. As a result, you tie your shoes more quickly than normal. You do this because of the pressure of not wanting to make your friend wait. What about a different example? Imagine you are singing on stage to a large audience. Now, usually, if it was at home and nobody could see you and hear you, you feel relaxed and don't make any mistakes. But when you are on stage, you get nervous, particularly if you are not used to it. In the end, you could perform worse than at home or mumble frequently or perhaps sing too softly.

해석 사회학 수업에서 다음의 주제에 관한 강의를 들어보시오.

예 따라서… 다른 사람들이 여러분 주변에 있는 것이 좋은 성과를 내거나 그렇지 않은 성과를 내는 데 큰 영향을 미칠 수 있습니다. 몇 가지 예를 들어보겠습니다. 먼저, 신발 끈을 묶는 상황을 떠올려 봅시다. 친구와 함께 거리를 거닐고 있습니다. 그리고 여러분의 신발끈이 풀리는 것을 상상해 봅시다. 무엇을 해야 할까요? 신발 끈을 묶어야 하지만, 여러분의 친구가 짜증이 날 수도 있기 때문에 기다리게 하고 싶지는 않을 겁니다. 결과적으로, 여러분은 평소보다 더 빨리 신발 끈을 묶습니다. 친구를 기다리게 하고 싶지 않다는 부담감 때문에 이렇게 하는 것입니다. 다른 예로 무엇이 있을까요? 여러분이 무대에서 많은 청중들에게 노래를 부르고 있다고 상상해 보세요. 자, 보통, 집에서 아무도 당신을 볼 수 없고 당신의 노래도 들을 수 없다면, 당신은 편안함을 느끼고 실수를 하지 않습니다. 무대에 서면, 특히 그러한 상황에 익숙하지 않으면 긴장하게 됩니다. 결국, 여러분은 집에서보다 노래를 더 못하거나 자주 중얼거리거나 어쩌면 너무 부드럽게 노래하게 될 수도 있습니다.

듣기 노트

예시 1& 구체화	**tying shoes** − stroll down street w/ your friend − shoes − untied − need to tie − x want to make friend wait BC get annoyed − tie shoes more quickly
예시 2& 구체화	**singing on stage** − at home → feel relaxed + x make mistakes − on the stage → get nervous − perform worse than at home / mumble frequently

>> 다음 각 강의를 듣고 노트테이킹을 해 보시오.

01

문제 듣기
🎧 Q3_02

듣기 노트	
예시	learn something → affect things later
(긍정적) 예시 1& 구체화	_____ _____ _____ _____ _____ _____ 피아노 레슨을 2년간 받음 연주를 꽤 잘하게 됨 즐기지 않아서, 그만둠 나중에 타이핑 수업을 들어야 했음 키보드 쳐다보지 않고 타자를 쳐야 했음 피아노 레슨 덕분에 빨리 배울 수 있었음
(부정적) 예시 2& 구체화	_____ _____ _____ _____ _____ _____ 무대 연기 훈련을 받았음 소리를 지르지 않고 크게 말하는 법을 배웠음 뒤에 있는 사람들도 그를 들을 수 있었음 나중에, 연극을 그만둠 영화 연기를 위해서 할리우드에 감 목소리가 너무 컸기 때문에 거절당함

02
문제 듣기
🎧 Q3_03

듣기 노트

예시	
구체화	친구가 살 집을 결정했어야 함
	살 집을 찾았고, 훌륭한 조건이었음
	긴 통근길을 피할 수 있음
	나중에 하지만, 단점도 존재함
	그의 기대보다 작았음
	후에, 이것이 대화에서 대두됨
	그에게 아직도 여전히 더 큰 집을 원하는지 물어봄
	갸우뚱거리면서, 오로지 동네와 일터까지의 가까움만 이야기함

1. 말하기 3단계

(1) 듣기의 강의가 마무리되면 바로 말하기 문제가 화면에 등장한다. 문제 박스가 뜨면, 성우는 문제를 쭉 읽어준다. (성우가 문제를 읽어주고 난 후, 바로 준비 시간 30초가 시작된다.)

(2) 준비 시간 30초가 시작되면 본인이 적어 놓은 읽기와 듣기 노트테이킹을 수정/보충한다.

(3) 답변 시간 60초 동안 노트테이킹을 보면서 답변한다.

TIP 말하기의 3가지 포인트를 기억하자.

① 강의에서 쓰인 단어들은 패러프레이징하지 않아도 된다. 강의에 언급된 단어들을 들으면서 받아 적고 그대로 말하는 것조차 힘든 일이다.

② 두 개의 예시가 언급된 강의에서 한 가지 예시만 장황하게 설명하면 안 되고, 반드시 두 번째 예시의 마지막 부분까지 정보 전달을 끝마쳐야 한다. 아쉬운 답변들을 보면 대부분 언급된 예시의 마지막 내용을 누락하고 있다.

③ 모든 문장은 최대한 짧고 담백하게 전개해야 한다. 화려한 문장 구조는 필요 없다.

2. 읽기&듣기 노트 연계하여 바로 말하기

Ex 읽기&듣기 노트 연계하여 말하기의 예

According to the lecture, the professor talks about impression management. There are two different	**주제&개념 설명 방식**
examples to explain this concept. First of all, imagine you need to [1]renew your visa. The line is long, and it takes around 20 minutes. Most people usually dress casually, but you dress in your best suit. You also put all the documents in a nice brief-case. You don't get any questions from an officer, and the officer renews your visa in less than 5 minutes. Second,	**예시 1&구체화** **attain a specific goal** renew visa line → long, takes 20 min. dress in casual / wear suit put docu in nice case x get any Q renew visa < 5 min.
when you [2]talk to a professor, you usually speak in a more formal tone. When texting, you write in full sentences. There could be a lot of grammatical errors and emoticons. When you speak with your friends, you use a lot of slang words.	**예시 2&구체화** **a desire for self-presentation** talk to prof. speak in formal tone for text → write full sentence talk to friend use slang words for text → grammar errors, emoticons

TIP 노트를 기반으로 말할 때에는 다음의 3가지 포인트에 주의하자.

① 예시 문장을 언급할 때, 각 문장을 가급적 단순한 구조로 짧게 전개한다.

② 전반부보다는 강의의 핵심 내용을 담고 있는 후반부에 나오는 예시에 초점을 맞춘다.

③ 답변할 때 예시는 최대한 구체적으로 꼼꼼하게 언급하도록 한다.

Example

문제 듣기 🎧 Q3_04   예시 답변 🎧 Q3_05

Outline what the "Audience Effect" is. Quote the information and examples mentioned during the lecture.

PREPARATION TIME
00 : 00 : 30

RESPONSE TIME
00 : 00 : 60

해석 "청중 효과"가 무엇인지 개략적으로 설명하시오. 강의 중에 언급된 정보와 예시를 인용하시오.

(1) 노트테이킹을 보면서 답변을 전개해 보시오.

	읽기&듣기 노트테이킹	답변 전개하기

예시 1&
구체화
	tying shoes
	– stroll down street w/
	   your friend
	– shoes – untied
	– need to tie
	– x want to make friend
	   wait BC get annoyed
	– tie shoes more quickly
		First of all, the professor talks about tying one's shoes.
		You stroll down the street with your friend.
		Your shoes become untied.
		You need to tie your shoelaces.
		But you don't want to make your friend wait because he could get annoyed.
		You tie your shoes more quickly than usual.

예시 2&
구체화
	singing on stage
	– at home → feel relaxed
	   + x make mistakes
	– on the stage → get
	   nervous
	– perform worse than
	   at home / mumble
	   frequently
		Second, the professor also talks about singing on the stage.
		If it was at home, you don't make mistakes.
		You are on the stage. You get nervous.
		You perform worse than you do at home or mumble frequently.

(2) '답변 전개하기'를 참고하여 빈칸을 채워 답변을 완성해 보시오.

읽기 노트에서 잡은 주제 한 문장

According to the lecture, the professor talks about the audience effect.

듣기 노트에서 잡은 개념 설명 방식

There are two different examples to explain this concept.

듣기 노트에서 잡은 두 가지 예시&구체화 표현

예시 1&구체화: First of all, the professor talks about tying one's shoes. You stroll down the street with your friend. Your shoes become untied. You need to tie your shoelaces. But you don't want to make your friend wait because he or she could get annoyed. You tie your shoes more quickly than usual.

예시 2&구체화: Second, the professor also talks about singing on the stage. If it was at home, you don't make any mistakes. If you are on stage, you get nervous. You perform worse than you do at home or mumble frequently.

강연에 따르면, 교수는 청중 효과에 관해 말하고 있다.

이 개념을 설명하기 위한 두 가지의 예시들이 있다.

첫 번째로, 교수는 신발 끈을 묶는 상황에 관해 말하고 있다. 당신은 친구와 함께 거리를 거닐고 있다. 당신의 신발 끈이 풀린다. 당신은 신발 끈을 묶어야 한다. 하지만 친구가 짜증이 날 수도 있기 때문에 기다리게 하고 싶지 않을 것이다. 당신은 평소보다 더 빨리 신발 끈을 묶는다.

두 번째로, 교수는 무대에서 노래 부르는 것에 관해 이야기하고 있다. 만약 집이라면, 당신은 실수를 하지 않는다. 무대에 서면, 당신은 긴장하게 된다. 당신은 집에 있는 것보다 노래를 더 못하거나 자주 중얼거리게 된다.

🔊 Speaking Tip

노트테이킹을 기반으로 한 답변 전개 시 유용한 팁

1. 최대한 간단하게 적자.

   Ex A few years ago, I had to renew my working visa at the immigration office. → renew visa

2. 노트테이킹할 때 동사/형용사를 끼워서 적어놓으면 반복되는 주어를 넣어 바로 답변할 수 있다.

   Ex renew visa / dress in casual / wear suit

3. 시간 관리에 유의해서 예시의 후반부가 꼭 답변 시간 60초 내에 들어갈 수 있게 한다. 짧게 6문장 정도를 말할 때 걸리는 시간이 25초 정도이다. 내가 말하려고 하는 문장의 개수를 확인하고 이를 기준으로 말하는 속도를 조절한다. 문장마다 길이는 약간씩 다르겠지만, 짧은 10~14문장 정도가 답변 시간 60초에 부합된다.

PAGODA TOEFL 70+ Speaking

>> 각각의 읽기, 듣기, 말하기 문제와 관련하여 아래에 노트 정리를 해 보시오.

01

문제 듣기
🎧 Q3_06
예시 답변
🎧 Q3_07

읽기

Reading Time: 50 seconds

Learning Transfer

Learning transfer is the process by which a person applies their prior experience to learning a new skill or completing an unfamiliar task. What one has learned in the past can easily influence the way one learns new things or how well one performs a new task, but this is not always a good thing. If the overall effect is positive, it is viewed as a positive learning transfer, but if it is negative, it is viewed as a negative learning transfer.

듣기

말하기

Explain what "Learning Transfer" means with the examples listed in the lecture.

PREPARATION TIME
00 : 00 : 30

RESPONSE TIME
00 : 00 : 60

>> (1) 아래의 읽기&듣기 노트테이킹을 보면서 답변을 전개해 보시오.

읽기&듣기 노트

	노트테이킹	답변 전개하기
예시 1& 구체화	took 2 years of piano lessons good at playing x enjoy, stop lesson later, take typing class type w/out looking @ keyboard BC of piano lesson, learned quickly	
예시 2& 구체화	trained stage performance speak loud w/out shout PPL in back hear later, quit theater go to Hollywood for movie acting kept getting turned down BC too loud	

>> (2) 위의 '답변 전개하기'를 참고하여 아래의 빈칸을 채워 답변을 완성해 보시오.

말하기

읽기 노트에서 잡은 주제 한 문장

According to the lecture, _____

_____

듣기 노트에서 잡은 개념 설명 방식

There are two different examples to explain this concept.

듣기 노트에서 잡은 두 가지 예시&구체화 표현

예시 1&구체화: First, _____

_____

_____

예시 2&구체화: Second, _____

_____

_____

읽기

Reading Time: 50 seconds

Choice-Supportive Bias

Considering the pros and cons of a decision is a good way to make a choice. However, when someone makes a choice, they tend to demonstrate a choice-supportive bias. In short, by making a choice, people begin to give it much more value than before and ignore the negative parts. This unconscious bias causes people to perceive their choices differently.

듣기

말하기

Explain what "Choice-Supportive Bias" means with an example listed in the lecture.

PREPARATION TIME
00 : 00 : 30

RESPONSE TIME
00 : 00 : 60

>> (1) 아래의 읽기&듣기 노트테이킹을 보면서 답변을 전개해 보시오.

읽기&듣기 노트

	읽기&듣기 노트테이킹	답변 전개하기
예시 & 구체화	F – needed help deciding on a house found house, → excellent condition avoid long commute HW, disadvantage smaller ⟨ expected later, came up in conver. asked him if still want bigger confused, only talked about neighbor + proximity	

>> (2) 위의 '답변 전개하기'를 참고하여 아래의 빈칸을 채워 답변을 완성해 보시오.

말하기

읽기 노트에서 잡은 주제 한 문장

According to the lecture, _____

_____

듣기 노트에서 잡은 개념 설명 방식

The professor takes an anecdote as an example to explain this.

듣기 노트에서 잡은 한 가지 예시&구체화 표현

예시&구체화: _____

_____

_____

_____

_____

_____

동물 관련 표현

Task 3 강의 주제에서 동물은 빈출 주제이다. 흔히 수험자들은 리스닝 시 해당 동물 관련 예시를 제대로 듣지 못하거나 디테일을 놓치는 경우가 더러 있다. 이때, 아래의 동물 관련 만능 표현을 자연스럽게 답변에 보충하면 구체화 노력으로 일부 인정되어 부분 점수를 받을 수 있다. 동물 관련 강의에서는 항상 주인공 동물의 신체적 구조와 행동 패턴에 대해서 많이 이야기하고, 이것을 이용해서 어떻게 그들이 포식자를 피할 수 있는지에 관해 많이 다룬다.

Ex **주인공 동물이 포식자로부터 '숨는' 경우**

강의에서 언급된 동물의 '신체적' 특징 + With this physical characteristic, they can use camouflage, and they can blend in with their surroundings. By doing so, they can get a chance to escape from the predator.

이러한 신체적 특징으로, 그들은 위장술을 사용할 수 있고, 그들 환경에 섞여 들어갈 수 있다. 그렇게 함으로써, 그들은 포식자로부터 탈출할 수 있는 기회를 얻게 된다.

주인공 동물이 포식자에 '맞서는' 경우

강의에서 언급된 동물의 '행동' 특징 + With this behavior, they can either confuse or surprise the predator. By doing so, they can get a chance to escape from the predator.

이러한 행동으로, 그들은 포식자를 혼란스럽게 하거나 놀라게 할 수 있다. 그렇게 함으로써, 그들은 포식자로부터 탈출할 수 있는 기회를 얻게 된다.

실험 관련 답변 틀

강의의 주제로 실험을 설명하는 예시가 나올 때 수험자는 '대상-과정-결과-결론'의 답변 방식을 취해야 한다. 이때, '실험 과정'을 설명하는 도중에 시간이 부족해지지 않도록 시간 관리를 하면서 반드시 결과와 결론까지 포함한 답변으로 마무리를 지어야 한다.

만능 실험 답변 틀을 만드는 데 필요한 아래의 6가지 표현을 기억해두자.

- take an experiment as an example 한 가지 실험을 예로 들다
- researchers 실험 수행자들
- conduct an experiment 실험을 수행하다
- on + 실험 대상 실험 대상 앞에는 항상 on 붙이기
- as a result ~에 대한 결과로서(결과 문장 삽입 시)
- in conclusion 결론적으로(결론 문장 삽입 시)

Ex According to the lecture, the professor mainly explains _____.
강의에 따르면, 교수는 주로 _____ 를 설명한다.

The professor takes an experiment as an example to explain this.
교수는 이를 설명하기 위해 한 가지 실험을 예로 든다.

Researchers conducted an experiment on + '실험 대상'.
연구원들은 '실험 대상'에 대한 실험을 수행했다.

〈실험 내용〉

As a result, _____.
그 결과로서, _____.

In conclusion, _____.
결론적으로, _____.

배경지식

학습 전이(Learning Transfer)

학습 전이(learning transfer)는 새로운 기술을 배우는 데 있어서, 이전에 겪었던 경험이 주는 영향을 나타내는 개념이다. 이는 긍정적 혹은 부정적인 형태로 나타날 수 있다. 예를 들어, 스케이트보드를 타는 사람이 스노보드를 처음 접하게 되면, 보드를 처음 타는 사람들보다 더 쉽게 탈 수 있다. 하지만 새로 배워야 하는 일이 기존의 익숙하던 일과 전혀 반대의 성질을 가졌다면 이야기는 달라진다. 예를 들어, 테니스 선수가 라켓볼을 배우려고 할 때, 기존의 어깨와 팔을 이용한 큰 스윙 스타일은 오히려 라켓볼을 배울 때 지양해야 하는 부분이어서 길들여진 습관을 버리는 데 큰 어려움을 겪을 것이다.

VOCA

❶ unfamiliar adj 낯선

A person applies his or her prior experience to learning a new skill or completing an unfamiliar task.
사람은 새로운 기술을 배우거나 낯선 일을 완수하는 데에 이전의 경험을 적용한다.

❷ youth n 어린 시절

An example of positive learning transfer comes from my own youth.
긍정적 학습 전이의 한 가지 예시는 내가 어렸을 때이다.

❸ fairly adv 상당히

I became fairly good at playing the piano. 피아노 연주를 꽤 잘하게 되었다.

❹ stage performance 무대 공연

He was trained in stage performance. 그는 무대 공연 훈련을 받았다.

❺ turn down 거절하다

He kept getting turned down for roles. 그는 배역을 계속 거절당했다.

❻ director n 감독

The directors said that he was too loud. 감독들은 그가 목소리가 너무 크다고 말했다.

❼ type v 타자 치다

You are reading a document as you type it. 너는 타이핑을 할 때 문서를 읽고 있다.

❽ look down 아래를 내려보다

You need to be able to type without looking down at the keyboard.
키보드를 쳐다보지 않고 타자를 칠 수 있어야 한다.

❾ movie acting 영화 연기

He decided to go to Hollywood to get into movie acting.
그는 영화 연기를 하기 위해 할리우드에 가기로 결정했다.

배경지식

선택 지지 편향(Choice-Supportive Bias)

행복과 불행은 우리에게 달려 있다. 우리는 짜장면과 짬뽕 사이에서 고민하는 것처럼 자주 선택의 기로에 놓인다. 우리는 한 번 선택을 하고 선택한 것에 익숙해지면 익숙해질수록 해당 선택지를 좋게 보고, 선택하지 않은 것을 부정적으로 생각하거나 기억에서 지워버리려고 한다. 마치 우리가 선택한 옵션에 대해서 좋은 결정이었다고 합리화를 하는 것과 같다. 예를 들어, 한 물건을 구입하고, 해당 물건의 단점을 인지하고는 있지만 마음속으로는 '이 가격에는 내가 그래도 최고의 선택을 한 거야.'라고 생각하는 것과 같다.

VOCA

❶ **pros and cons** 찬성과 반대, 장단점

Considering the pros and cons of a decision is a good way to make a choice.
결정의 장단점을 고려하는 것은 선택을 하는 데 있어서 좋은 방법이다.

❷ **demonstrate** ⓥ 보여주다, 입증하다

When someone makes a choice, they tend to demonstrate a choice-supportive bias.
누군가가 선택을 할 때, 그들은 선택 지지 편향을 보여주는 경향이 있다.

❸ **in short** 요컨대

In short, people begin to give it much more value than before.
요컨대, 사람들은 그것에 이전보다 훨씬 더 많은 가치를 부여한다.

❹ **perceive** ⓥ 인지하다

This unconscious bias causes people to perceive the choices differently.
이 무의식적인 편향은 사람들이 (내린) 선택들을 다르게 인지하도록 만든다.

❺ **commute** ⓝ 통근 ⓥ 통근하다

He could avoid a long commute. 그는 긴 통근 거리를 피할 수 있었다.

❻ **expect** ⓝ 기대하다, 예상하다

This house was smaller than he expected, so the choice was tough.
이 집은 그의 기대한 것보다 작았고, 그래서 결성이 매우 힘들었다.

❼ **come up** 떠오르다, 언급되다

This situation came up in conversation. 대화에서 이 상황이 언급되었다.

❽ **confuse** ⓥ 혼란시키다

When I asked him if he still wished it were bigger, he acted confused.
내가 그에게 아직도 집이 더 컸으면 좋겠느냐고 물어보았을 때, 그는 (잘 모르는 이야기처럼) 혼란스러운 듯이 행동했다.

❾ **proximity** ⓝ 가까움, 인접함

He only talked about the neighborhood and proximity to work.
그는 오로지 그의 주변 지역과 일터까지의 가까움에 관해서만 이야기했다.

문제 듣기　　예시 답변

01

문제 듣기
🎧 Q3_11

예시 답변
🎧 Q3_12

TOEFL Speaking

Question 3 of 4

VOLUME

Reading Time: 50 seconds

Complementary and Substitute Goods

The law of supply and demand is an economic theory that explains how the price of goods and services varies depending on the number of sellers (supply) and the number of buyers (demand) for the products. However, this theory can be affected by other factors, such as the existence of substitute or complementary products. Complementary products are products that are not very useful alone but are consumed together, like pillows and pillowcases. An alternative, or substitute product, is an item that can be used instead of another product, so it reduces the demand. An example is iPhones and Android phones.

TOEFL Speaking

Question 3 of 4

VOLUME

TOEFL Speaking

Question 3 of 4

VOLUME

The lecturer defines and explains the meaning and relevance of complementary and substitute goods. Describe the two concepts and then use the examples given in the lecture to describe the effect that they have on supply and demand.

PREPARATION TIME
00 : 00 : 30

RESPONSE TIME
00 : 00 : 60

읽기 노트

듣기 노트

Q3
Integrated Task

Reading Time: 50 seconds

Role Conflict

Every person in society has a role, and we rely on each other for our social system to work. These societal roles come with certain responsibilities. The behavior of an individual is mostly governed by how other people expect them to behave. However, most individuals have multiple roles in society, for example, in their family, school, the workplace, and community. "Role Conflict" is a phenomenon which occurs when these roles overlap and cause incongruent expectations for a member of society.

The professor defines a topic. Using examples and descriptions contained in the lecture, describe how and why role conflict might arise.

PREPARATION TIME
00 : 00 : 30

RESPONSE TIME
00 : 00 : 60

읽기 노트　　　듣기 노트

TOEFL Speaking

Question 3 of 4

Reading Time: 50 seconds

A Sweeping Generalization

There are always exceptions to general rules. So, when one applies a general rule to a situation where it does not fit, that person has committed a sweeping generalization. To avoid doing this, one should carefully consider the situation and evaluate what would do more good—obeying or disobeying the general rule—and act accordingly.

TOEFL Speaking

Question 3 of 4

TOEFL Speaking

Question 3 of 4

Show with an example from the class how the professor explains a sweeping generalization.

PREPARATION TIME
00 : 00 : 30

RESPONSE TIME
00 : 00 : 60

읽기 노트

듣기 노트

Reading Time: 50 seconds

Reverse Mentoring

Reverse mentoring is a situation where a newer employee is partnered with a much older employee to provide the older one with skills he lacks. In a normal mentoring relationship, the senior employee provides the junior one with guidance and the wisdom he or she has gained over the years. This still occurs, but the goal here is to supplement the older employee's knowledge.

The professor talks about a friend's experience. Describe how that experience illustrates the benefits of reverse mentoring.

PREPARATION TIME
00 : 00 : 30

RESPONSE TIME
00 : 00 : 60

읽기 노트

듣기 노트

Q3

Integrated Task

Q4 듣고 말하기: 대학 강의

Introduction

통합형 과제(Integrated Task)인 Q4는 대학 강의에 관련된 내용을 들은 뒤 질문에 답하는 문제다. Q3와 유사하지만, 읽기 지문 없이 바로 듣기 강의가 전개된다. 질문은 강의의 주제가 무엇이며 그 주제의 예시로는 무엇이 있는지, 또는 예시가 주제를 어떻게 뒷받침하는지를 묻는다. 수험자는 정해진 시간 동안 강의의 예시들을 포함하여 내용을 얼마나 구체적으로 깔끔하게 전달할 수 있는지를 평가받게 된다.

◉ 화면 구성

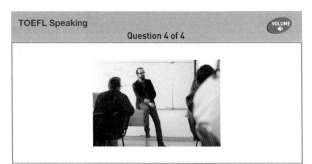

- 안내: 4번 문제에 관한 설명을 들려준다.
- 듣기: 사진과 함께 강의를 들려준다.
  (60~90초 길이)

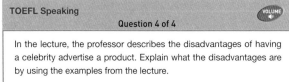

- 문제: 4번 문제가 화면에 글로 제시되는 동시에 음성으로 문제를 읽어준다.
- 답변: 준비 시간 20초, 대답 시간 60초가 주어진다.

Sample Questions

- Using points and examples from the talk, describe what cognitive dissonance means.
  강의의 중심 내용과 예시를 이용하여, 인지 부조화가 무엇인지를 묘사하시오.

- Describe the difference between the two interference types mentioned in the lecture. Use specific points to back up your answer.
  강의에서 언급된 두 가지 종류의 간섭의 차이를 묘사하시오. 구체적인 요점들을 사용하여 당신의 답변을 뒷받침하시오.

Learning Strategies

Step 1 **교수가 논의하는 강의를 들으며 주제가 무엇인지 찾는다.**

Q4에서는 학술적인 주제에 대한 교수의 강의를 듣게 된다. 주제와 주제의 하부 개념인 소주제 두 개를 찾고, 주요 포인트와 예를 정리한다. 강의의 주제는 간략하게 설명해야 하며, 주제에 관해 어떤 예시나 하위 분류가 등장하는지를 파악한 후 그 예시와 하위 분류가 주제와 어떻게 연결되는지를 정리한다.

Step 2 **노트테이킹을 기반으로 제시된 주제에 관련된 세부 내용을 설명한다.**

질문에서는 강의의 주제와 관련된 주요 내용을 듣고 '요약'하여 설명할 것을 요구한다. 이때 교수가 제시하는 '주요 포인트와 예시'를 함께 포함하여 말해야 한다.

질문을 받고 답변 준비 시간 20초 동안 노트에 정리한 내용을 검토하며 답변 말하기를 준비한다. 강의의 주제를 먼저 요약한 후에 주제와 관련된 분류와 예시에 대한 설명(강의 주제 제시 ⋯→ 소주제 1 요약 ⋯→ 소주제 2 요약) 순으로 답한다.

Q4에서 평가자가 보는 3가지 요소

❶ 듣기 강의의 핵심 내용이 답변에서 설명되는가?

❷ 강의에 나오는 강의 주제의 예시가 얼마나 구체적으로 언급되는가?

❸ 답변 전개에 있어서 모든 내용이 깔끔하게 전달되는가?

01 듣기 정리

문제 듣기

● 1. 효과적인 듣기 방식

Q4번 문제에서는 바로 강의 컨셉의 듣기 파트가 시작된다. 강의의 초반부를 들으면서 노트테이킹할 때는 강의 컨셉을 '이해'하는 정도로만 하고, 예시가 시작될 때 더 집중해서 본격적인 노트테이킹을 한다.

TIP 듣기의 2가지 포인트를 기억하자.

　① 예시가 1가지일 때와 2가지일 때 예시의 패턴이 크게 다르지 않다.

　② 주어의 상태나 동작을 설명하는 형용사와 동사에 집중하여 들으면 이야기의 흐름이 머리에 쉽게 정리된다.

● 2. 문장으로 바로 말할 수 있게 노트테이킹하기

한 가지 예시의 경우 보통 짧은 문장 기준으로 대략 10~14문장이 60초 내에 나올 수 있다. 두 가지 예시의 경우에는 각각 5~6문장이 나올 수 있다. 예시의 중반부부터 마지막까지 나오는 구체화된 내용에 집중해야 해당 주제의 중요한 내용들을 하나도 빠짐없이 담아낼 수 있다.

(1) 하나의 긴 예시(경험/일화, 실험, 특정 동물에 대한 설명 등): 서론 ⋯▸ 본론 ⋯▸ 결론

(2) 서로 다른 두 가지의 짧은 예시: 주제 ⋯▸ 소주제 1 ⋯▸ 소주제 2

TIP 듣기가 시작되자마자 서둘러 적으려다가 주제를 놓치지 않도록 처음에는 주의 깊게 들으면서 전반적인 흐름을 파악한다. 강의 초반부에서는 노트테이킹을 가볍게 하다가 본격적인 예시가 시작된다고 알려주는 examples, instances, stories 등과 같은 어휘가 나오면 그때부터는 최대한 자세히 말하기 위해서 예시 내용을 꼼꼼하게 노트테이킹한다.

Ex 듣기 스크립트의 예

Ⓜ The way "tool" is defined is important. There are generally two different definitions to consider.
First, we define "tool" in a broad sense. The black-striped capuchin monkeys were observed [1]cracking hard nuts using two stones. They would place the nuts on a stone and hit them with a larger stone to crack and open their food. The capuchin monkeys do not change the shape of the rocks, but they do use them as tools to accomplish the goal of eating their food.
This leads us to our second definition of tool use in a narrow sense. In 2007, researchers documented 22 instances showing common chimpanzees [2]sharpening sticks to use as weapons when hunting mammals. A chimp would break off a branch and use its teeth to sharpen one or both ends. The chimp would then use this tool to hunt small animals living inside trees.

주제
the definition of tool
도구의 정의

소주제 1&구체화
tool in a broad sense
넓은 의미에서의 도구

crack nuts with two stones
place on 1 stone
hit with larger stone
x change shape
use as tool

소주제 2&구체화
tool in a narrow sense
좁은 의미에서의 도구

sharpen stick for hunting
break off branch
use teeth to sharpen
hunt small animals

다음 강의를 듣고 노트테이킹을 해 보시오.

Listen to part of a lecture in a business class.

Ⓜ Customer loyalty is a goal for most companies. It is good to have customers pay for one of your products or services, but it is far better for them to buy them again and again. The key is to establish a bond with the customer. Such a bond usually takes a personal form.

Customer loyalty that is based upon a personal bond is created by the experience that customers have when they make their first purchases. For example, customers often establish personal bonds with the people that style their hair. When someone goes to a new hair salon, they place themselves in a somewhat vulnerable position. They have never met the stylist before, so they do not know how skilled that person is. That's why the stylist will try to make the atmosphere as comfortable as possible. The stylist will usually start a conversation about everyday topics with the customer. As time passes, the stylist will steer the conversation to keep it pleasant and informal. By the time the work is done, the customer will hopefully feel like they have made a new friend, which will significantly increase the odds that they will return.

해석 경영학 강의의 일부를 들으시오.

📖 고객 충성도는 대부분의 회사들에게 목표입니다. 고객들이 당신의 상품이나 서비스들 중 하나에 지출해주는 것이 좋지만, 그보다 더 좋은 것은 그 상품과 서비스들을 반복적으로 사주는 것입니다. 그 비결은 고객들과의 유대감을 형성하는 것입니다. 그러한 유대감은 보통 개인적인 형태를 취하게 됩니다.

개인의 유대감을 기본으로 한 고객 충성도는 고객들이 첫 번째 구매를 했을 때의 경험으로 형성되게 됩니다. 예를 들어, 고객들은 종종 자신들의 머리를 꾸며주는 사람들과 유대감을 형성합니다. 누군가 새로운 미용실에 가면, 그들은 다소 취약한 위치에 놓이게 됩니다. 그들은 그 미용사를 만나 본 적이 없어서 그 사람이 얼마나 숙련되었는지 모릅니다. 그것이 바로 미용사가 가능한 편안하게 분위기를 만들려 노력하는 이유입니다. 미용사는 주로 그들의 고객과 일상적인 주제에 관련한 대화를 시작할 것입니다. 시간이 지나면서 미용사는 활기차고 격식 없게 대화를 이끌어 갈 것입니다. 작업이 끝나갈 즈음, 고객은 자신들이 새로운 친구를 만들었다고 느낄 것이고, 이것은 그들이 다시 재방문할 확률을 크게 높여 줄 것입니다.

듣기 노트

주제	customer loyalty 고객 충성도
서론	establish personal bonds – styling hair 개인적 유대감 형성 – 미용하는 것 goes to new hair salon, x met the stylist before 새로운 미용실에 가는 것, 그 미용사를 만난 적 없음 x know how skilled that person is 그 미용사가 얼마나 숙련되었는지 모름
본론	※ 강의의 주제를 설명하는 데 꼭 필요한 부분: 강의의 주제인 customer loyalty를 만들기 위한 예시 속 인물의 행동 try to make atmos. comfortable 분위기를 편안하게 만들려고 노력함 start conversation about everyday topics w/ customer 고객과 일상 주제로 대화를 시작
결론	※ 강의 예시의 결말 부분: 강의의 주제인 customer loyalty가 생기는 것을 증명함 work is done → customers : feel like made a new friend 미용 완성 → 고객들: 새로운 친구를 만든 것 같은 기분 increase the odds – return 재방문할 확률이 높아짐

>> 다음 각 강의를 듣고 주어진 우리말을 참고하여 노트테이킹을 해 보시오.

01

문제 듣기
🎧 Q4_02

듣기 노트

주제	catering business → disadv.	
소주제 1& 구체화	_____ _____ _____ _____ _____ _____	사업과 사생활 간의 진짜 경계가 없음 당신이 주문을 받고 있는데, 아기가 울기 시작하면 대화를 중단, 아기를 돌봐야 함 고객은 이를 무례하다고 느낄 수 있음
소주제 2& 구체화	_____ _____ _____ _____ _____	당신의 이웃은 홈 비즈니스로 인해 불편함을 느낄 수 있음 길거리에 주차를 하면 이웃들에게는 주차 공간이 남아 있지 않음 케이터링 사업은 많은 쓰레기, 특히 음식물 쓰레기를 다루어야 함 이는 이웃들을 괴롭힐 것임

02

문제 듣기
🎧 Q4_03

듣기 노트

주제	easier to recall than others	
소주제 1& 구체화	＿＿＿＿＿＿＿＿＿＿＿＿＿＿ ＿＿＿＿＿＿＿＿＿＿＿＿＿＿ ＿＿＿＿＿＿＿＿＿＿＿＿＿＿ ＿＿＿＿＿＿＿＿＿＿＿＿＿＿ ＿＿＿＿＿＿＿＿＿＿＿＿＿＿	사전 지식 클래식 콘서트에 감, 들어본 적이 없다면 구체적인 세부 사항을 기억하지 못함 만약 클래식 음악의 전문가라면 그 세부 사항을 기억하는 데 어려움이 덜할 것임
소주제 2& 구체화	＿＿＿＿＿＿＿＿＿＿＿＿＿＿ ＿＿＿＿＿＿＿＿＿＿＿＿＿＿ ＿＿＿＿＿＿＿＿＿＿＿＿＿＿ ＿＿＿＿＿＿＿＿＿＿＿＿＿＿ ＿＿＿＿＿＿＿＿＿＿＿＿＿＿ ＿＿＿＿＿＿＿＿＿＿＿＿＿＿	그 일이 얼마나 독특한 일인지 100명의 학생들과 같이 대규모 수업에 있음 오직 몇 명의 학생들만 눈에 띔 매우 큰 학생 / 질문을 많이 하는 학생 훨씬 더 기억하기 쉬움 그들이 얼마나 다른지 알기 때문에

Q4
Integrated Task

02 정리해서 말하기

문제 듣기   예시 답변

◎ 1. 말하기 3단계

(1) 듣기의 강의가 마무리되면 바로 말하기 문제가 화면에 등장한다. 문제 박스가 뜨면, 성우는 문제를 쭉 읽어준다. (성우가 문제를 읽어주고 난 후, 바로 준비 시간 20초가 시작된다.)

(2) 준비 시간 20초가 시작되면 본인이 적어 놓은 듣기 노트테이킹을 수정·보충한다. 이후 남는 준비 시간 동안에는 적은 내용을 대략적으로 문장으로 바꾸어서 전개해본다.

(3) 답변 시간 60초 동안 노트테이킹을 보면서 답변한다.

TIP 노트를 기반으로 답변을 전개할 때 다음의 3가지 실전 전략 스킬을 명심하자.

① 주어를 길게 말하려고 애쓰지 않는다. 주어는 되도록 짧게, 반복되는 것은 대명사 위주로 간단하게 표현한다.

② 주어가 예시 속에서 보여주는 행동, 즉 동사에 초점을 맞추어 답변을 전개한다.

③ 예시 타입에 관계없이 예시의 전체 길이는 동일하다. 한 가지 예시라면 해당 한 가지 긴 예시의 중·후반부에, 두 가지 예시라면 각 짧은 예시들의 중·후반부에 주안점을 두고 답변을 전개한다.

◎ 2. '듣기' 노트 연계하여 바로 말하기

Ex 듣기 노트 연계하여 말하기

According to the lecture, there are two types of tool usage. There are two different types. First of all, the professor talks about tool use in a broad sense. To be more specific, the animals mentioned in the first example [1]crack hard nuts with two stones. They place the nut on one stone and hit it with a larger stone. They don't change the shape of the stones, but they use them as tools. Second, the professor talks about tool use in a narrow sense. Specifically speaking, the animals in the second example [2]sharpen sticks to hunt animals. They break off a branch, use their teeth to sharpen one or both ends, and hunt small animals.	주제&개념 설명 방식 소주제 1&구체화 **crack nuts with two stones** place on 1 stone hit with larger stone x change shape use as tool 소주제 2&구체화 **sharpen stick for hunting** break off branch use teeth to sharpen hunt small animals

Using points and examples from the lecture, describe a way that companies can build customer loyalty.

PREPARATION TIME
00 : 00 : 20

RESPONSE TIME
00 : 00 : 60

해석 강의의 요점과 예시를 이용하여 회사들이 고객 충성도를 쌓는 한 가지 방법을 설명하시오.

(1) 아래의 노트테이킹을 보면서 답변을 전개해 보시오.

	듣기 노트테이킹	답변 전개하기
주제	personal bonds	
서론 ↓ 본론 ↓ 결론	establish personal bonds w/ PPL – styling hair	Customers establish personal bonds with people styling hair.
	go to new hair salon, x met the stylist before	When you go to a new hair salon, and you've never met the stylist before.
	x know how skilled that person is	You don't know how skilled that person is.
	try to make atmosphere comfortable	The stylist will try to make the atmosphere comfortable, and start a conversation about everyday topics with you.
	start conver. everyday topics	
	work is done → feel like made a new friend	By the time the work is done, you feel like you've made a new friend.
	increase the odds – return	This increases the odds that you will return.

Q4
Integrated Task

(2) '답변 전개하기'를 참고하여 빈칸을 채워 답변을 완성해 보시오.

> **듣기 노트에서 잡은 주제 한 문장**
>
> In this lecture, the professor talks about customer loyalty.
>
> 강의에 따르면, 교수는 고객 충성도에 관해서 말하고 있다.
>
> **듣기 노트에서 잡은 개념 설명 방식**
>
> The professor gives the example of a hair salon. 교수는 미용실을 예로 들고 있다.
>
> **듣기 노트에서 잡은 한 가지 경험**
>
> 서론 → 본론 → 결론: Customers establish personal bonds with people styling hair. When you go to a new hair salon, and you've never met the stylist before, you don't know how skilled that person is. The stylist will try to make the atmosphere comfortable and start a conversation about everyday topics with you. By the time the work is done, you feel like you've made a new friend. This increases the odds that you will return.
>
> 고객들은 종종 그들의 머리를 꾸며주는 사람들과 유대감을 형성한다. 당신이 새로운 미용에 가면, 그 미용사를 만나 본 적이 없어서 그 사람이 얼마나 숙련되었는지 모른다. 미용사는 분위기를 편안하게 만들기 위해서 노력할 것이고 일상적인 주제에 관련한 대화를 시작할 것이다. 작업이 끝나갈 즈음 당신은 새로운 친구를 만들었다고 느낄 것이다. 이것은 당신이 재방문할 확률을 높인다.

🔊 Speaking Tip

노트테이킹을 기반으로 한 한 가지 예시 답변 전개 시 유용한 팁

1. 감정보다는 '사실/동작'에 초점을 맞추어 동사에 주목한다. 이야기가 길어지는 것은 중간에 등장인물들의 감정과 생각에 해당하는 내용이 들어갔기 때문이다.

   Ex make atmos. comfortable + start conver.
   → The stylist will try to make the atmosphere comfortable and start a conversation about everyday topics with you.
   미용사는 분위기를 편안하게 만들기 위해서 노력할 것이고, 당신과 일상적인 주제에 관련한 대화를 시작할 것이다.

2. 주어를 강의에서 나온 주어로 반드시 설정할 필요는 없다. 통상적으로 2인칭 주어인 'you'를 많이 쓴다.

   Ex You don't know how skilled that person is. 당신은 그 사람이 얼마나 숙련되었는지 모른다.

3. 한 가지 예시에서 중요한 핵심 부분은 중반부부터 후반부에 대거 나온다. 핵심 포인트는 여기에 있다.

   Ex By the time the work is done, you feel like you've made a new friend. This increases the odds that you will return.
   작업이 끝나갈 즈음, 당신은 새로운 친구를 만들었다고 느낄 것이다. 이는 당신이 재방문할 확률을 높인다.

PAGODA TOEFL 70+ Speaking

>> 각각의 듣기, 말하기 문제와 관련하여 아래에 노트테이킹을 해 보시오.

 듣기

01
___
문제 듣기
🎧 Q4_06
예시 답변
🎧 Q4_07

말하기

Using points and examples from the lecture, describe the potential drawbacks of operating a home-based business.

PREPARATION TIME
00 : 00 : 20

RESPONSE TIME
00 : 00 : 60

>> (1) 아래의 듣기 노트테이킹을 보면서 답변을 전개해 보시오.

듣기 노트

	노트테이킹	답변 전개하기
주제	catering business → disadv.	
소주제 1& 구체화	**x real border between business / private** if taking order baby starts crying stop conver. → take care of baby customer: feel – rude	_____ _____ _____ _____ _____
소주제 2& 구체화	**neighbors – inconvenienced by home busi.** park cars on the street → no space left for neighbors deal w/ large garbage – food waste → bother neighbors	_____ _____ _____ _____ _____

※ busi. → business

>> (2) 위의 '답변 전개하기'를 참고하여 아래의 빈칸을 채워 답변을 완성해 보시오.

말하기

듣기 노트에서 잡은 주제 한 문장

According to the lecture, _____

_____

듣기 노트에서 잡은 개념 설명 방식

The professor gives two examples of catering businesses.

듣기 노트에서 잡은 두 가지 소주제&구체화 표현

소주제 1&구체화: First, _____

_____

_____

소주제 2&구체화: Second, _____

_____

_____

Integrated Task

Q4

듣기

말하기

Give two reasons why we might remember certain things more easily than others with examples and points from the excerpt.

PREPARATION TIME
00 : 00 : 20

RESPONSE TIME
00 : 00 : 60

▶▶ (1) 아래의 듣기 노트테이킹을 보면서 답변을 전개해 보시오.

듣기 노트

	노트테이킹	답변 전개하기
주제	easier to recall than others	
소주제 1& 구체화	**previous knowledge** – go classical concert, x heard classical music, x remember specific details – if expert in classical music, have less difficulty remember details	_____ _____ _____ _____ _____ _____ _____
소주제 2& 구체화	**how unique the event is** – in big class w/ hundred students – recognize a few students a very tall / ask a lot of questions – easier to remember because noticed how different	_____ _____ _____ _____

▶▶ (2) 위의 '답변 전개하기'를 참고하여 아래의 빈칸을 채워 답변을 완성해 보시오.

말하기

듣기 노트에서 잡은 주제 한 문장

According to the lecture, _____

_____

듣기 노트에서 잡은 개념 설명 방식

The professor gives two different examples of it.

듣기 노트에서 잡은 두 가지 소주제&구체화 표현

소주제 1&구체화: First, _____

_____

_____

소주제 2&구체화: Second, _____

_____

_____

훈육 관련 표현

토플 시험에서 훈육은 정말 많이 출제되는 주제들 중 하나다. 이 부분은 시험에 등장할 때마다 항상 같은 구조와 내용을 담고 있다. 크게 두 가지의 훈육 기술을 포인트로 잡고 각 기술이 적용되는 예시 상황을 설명한다. 유일하게 변하는 것은 아이에게 훈육을 하는 대상이다. 하지만 대상만 바뀔 뿐 이들이 쓰는 훈육 방법과 기술은 매번 동일하다.

positive reinforcement 긍정 강화 기법

Ex Teachers and parents reinforce children's behavior by giving them a reward.
선생님들과 부모님들은 상을 줌으로써 아이들의 행동을 강화시킨다.

Giving children a reward encourages them to continue showing good behavior.
아이들에게 상을 주는 것은 그들이 좋은 행동들을 계속 보여줄 수 있도록 북돋아 준다.

positive punishment 긍정 처벌 기법

Ex Positive punishment discourages misbehaving children.
긍정 처벌 기법은 잘못된 행동을 하는 아이들이 그렇게 하지 않도록 말린다.

After disciplinary actions, the children conclude that if they maintain their misbehaviors, they will continue to receive unfavorable consequences.
훈육 관련 행동들 후에, 아이들은 잘못된 행동들을 계속하면 좋지 않은 결과를 맞이할 거라는 결론을 내리게 된다.

비언어적 신호 관련 표현

Linguistics(언어학)에서 정말 많이 나오는 주제 중 하나가 바로 Nonverbal signals(비언어적 신호)이다. 보통 제스처, 보이스 톤, 얼굴 표정 등을 예로 든다.

대표적으로 verbal message, 즉 소리로 전달하는 말/메시지가 nonverbal signals와 같은 맥락에서 합쳐지게 되면 그 말에 힘이 더 실리게 된다.

Verbal message: 오랜만에 만난 친구에게 '반가워'라고 말함

+ Nonverbal message: 너무 반가워서 웃는 표정으로 두 팔 벌려 환영함

= 결과: 듣는 사람이 '반가워'라는 메시지를 더 강하게 받아들임

만약 verbal message와 nonverbal message가 서로 같은 맥락에 있지 않으면 듣는 사람은 혼동에 빠지게 된다.

Verbal message: 진흙 묻은 발로 친구의 흰색 새 운동화를 밟았을 때 친구가 '괜찮아'라고 말함

+ Nonverbal message: 표정은 일그러진 상태이고 괜찮다는 말의 보이스 톤이 많이 다운되어 있음

= 결과: 괜찮다는 말과 친구의 표정이 일치가 안 되어 상대방이 정말 괜찮은지 확신이 안 들어 혼동에 빠짐

항상 등장하는 주요 표현 익히기

Ex Sometimes our body language is a conscious choice, but usually, it's subconscious.
때때로 우리의 제스처는 의식적인 선택이지만, 보통 우리는 잠재 의식적으로 그것들을 드러낸다.

Our nonverbal language reinforces what we are saying verbally if they both mean the same thing.
우리의 비언어적 신호는 만약 비언어적 신호와 말로 전달하는 것이 같은 것을 의미하면, 우리의 말을 더욱 강조해 준다.

Our verbal language and nonverbal ones are in conflict. This leads to the listener feeling confused.
우리의 말과 비언어적 언어들은 서로 간에 충돌을 겪는다. 이것은 듣는 사람을 혼란스럽게 만든다.

배경지식

재택 사업(Home-based Business)

재택 사업은 집에서도 업무를 볼 수 있다는 장점을 가지고 있는 동시에 단점도 있다. 예를 들어, 집이 곧 사업장이기 때문에 실제 본인의 사생활과 일이 구분되지 않을 수 있다. 또한, 이웃들과 더불어 살아가야 한다는 지역 공동체적인 측면에서 타인과 상호 교류할 기회가 적어진다는 점도 무시할 수 없다.

VOCA

❶ border 🔲 경계선

There is no real border between your business and your private life.

당신의 사업과 사생활 간의 진짜 경계가 없다.

❷ take care of ~를 돌보다

You have to stop the conversation to take care of the baby.

아기를 돌보기 위해 대화를 중단해야 한다.

❸ hang up 전화를 끊다

The customer may feel that this is rude and hang up.

고객은 이를 무례하다 느껴 전화를 끊을 수도 있다.

❹ home business 재택 사업

Your neighbors can be inconvenienced by your home business.

당신의 이웃들은 당신의 재택 사업으로 인해 불편을 겪을 수도 있다.

❺ catering 🔲 음식 공급(업)

Catering businesses also have to deal with large amounts of garbage.

음식 공급 사업은 또한 많은 양의 쓰레기를 취급해야 한다.

❻ bother 🔻 괴롭히다

The smell may bother your neighbors.

이 냄새가 이웃들을 괴롭게 할 수도 있다.

❼ aspect 🔲 측면

There are many potential negative aspects.

잠정적인 부정적 측면이 많이 있다.

❽ operate 🔻 운영하다

There are many potential negative aspects to operating a business from your home.

집에서 사업체를 운영하는 것에는 잠정적인 부정적 측면이 많이 있다.

배경지식

기억(Memory)

대부분의 사람들이 기억을 잘할 수 있는 것은 사람들의 머리가 뛰어나서가 아니다. 물론, 기억을 잘하는 천재적인 사람도 있지만, 대부분의 경우에는 크게 두 가지 요소에 의해 영향을 받는다. 첫째로, 사전 지식이 있는 경우다. 기억하려는 대상에 대해 미리 잘 알고 있다면 훨씬 더 잘 기억할 수 있다. 둘째로, 독특한 대상들인 경우다. 평범하고 일반적인 것들은 쉽게 기억할 수 없지만, 독특하고 일반적이지 않은 것들은 기억에 오랫동안 자리한다.

VOCA

❶ effect n 노력

We make an effort to remember something from the past.

우리는 과거의 무언가를 기억하려고 노력한다.

❷ recall v 회상하다

Certain memories are easier to recall than others.

몇몇 특정 기억은 다른 기억들보다 회상하기가 더 쉽다.

❸ previous knowledge 사전 지식

We had previous knowledge about it.

우리는 사전 지식을 가지고 있었다.

❹ stand out 두드러지다, 눈에 띄다

You could probably only recognize a few of the students that stood out.

당신은 아마 오로지 눈에 띄었던 몇 명의 학생들만 알아차릴 수 있을 것이다.

❺ notice v 알아차리다

You noticed how different they were.

당신은 그들이 다른 학생들과 얼마나 달랐는지 알아챘다.

❻ several adj 몇몇의

There could be several reasons.

몇 가지의 이유가 있다.

❼ expert n 전문가

You are an expert in classical music.

당신은 클래식 음악의 전문가이다.

❽ have difficulty -ing ~하는 데 어려움을 겪다

You will have less difficulty remembering more detailed information about it.

당신은 그것에 관해 더 자세한 정보를 기억하는 데 어려움이 덜할 것이다.

문제 듣기

예시 답변

01

문제 듣기
🎧 Q4_11

예시 답변
🎧 Q4_12

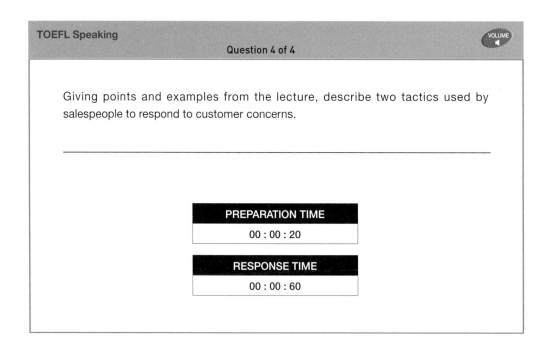

노트

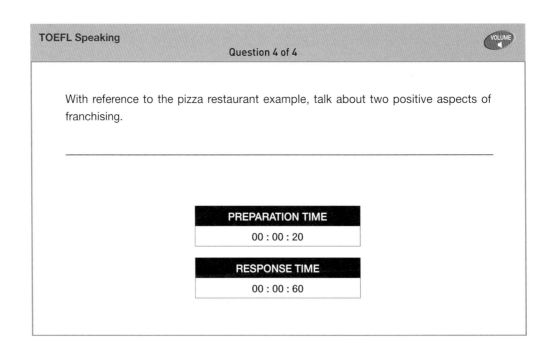

Integrated Task

Q4

TOEFL Speaking

Question 4 of 4

VOLUME

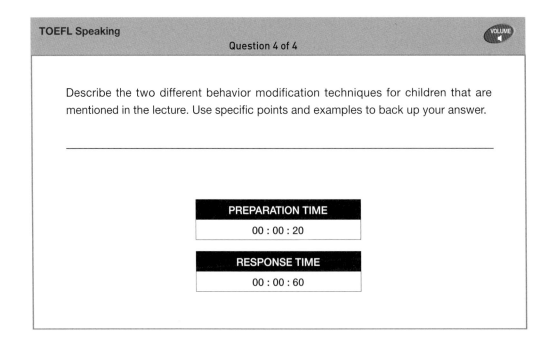

TOEFL Speaking

Question 4 of 4

VOLUME

Describe the two different behavior modification techniques for children that are mentioned in the lecture. Use specific points and examples to back up your answer.

PREPARATION TIME
00 : 00 : 20

RESPONSE TIME
00 : 00 : 60

TOEFL Speaking

Question 4 of 4

VOLUME

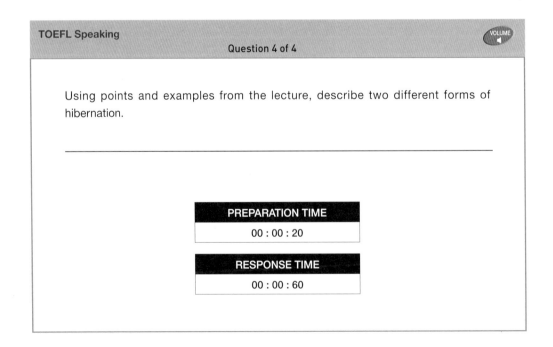

TOEFL Speaking

Question 4 of 4

VOLUME

Using points and examples from the lecture, describe two different forms of hibernation.

PREPARATION TIME
00 : 00 : 20

RESPONSE TIME
00 : 00 : 60

IV
Actual Test

Actual Test 1

Actual Test 2

Actual Test 1

문제 듣기   예시 답변

CONTINUE

Speaking Section Directions

In this section of the test, you will be able to demonstrate your ability to speak about a variety of topics. You will answer four questions by speaking into the microphone. Answer each of the questions as completely as possible.

In question one, you will speak about your personal opinion and preference. Your response will be scored on your ability to speak clearly and coherently about the topic.

In questions two and three, you will first read a short text. The text will go away and you will then hear a talk on the same topic. You will then be asked a question about what you read and heard. You will need to combine appropriate information from the text and the talk to provide a complete answer to the question. Your response will be scored on your ability to speak clearly and coherently and to accurately convey information about what you read and heard.

In question four, you will hear part of a lecture. You will then be asked a question about what you heard. Your response will be scored on your ability to speak clearly and coherently and to accurately convey information about what you heard.

You may take notes while you read and listen to the conversation and lectures. You may use your notes to help prepare your response.

Listen carefully to the directions for each question. The directions will not be written on the screen.

For each question, you will be given a short time to prepare your response. A clock will show how much preparation time is remaining. When the preparation time is up, you will be told to begin your response. A clock will show how much response time is remaining. A message will appear on the screen when the response time has ended.

TOEFL Speaking

VOLUME

Question 1 of 4

Some pupils study a broad range of subjects while others choose to specialize in fewer subjects. Out of these two options, which approach do you think is better? Support your opinion and give examples.

PREPARATION TIME
00 : 00 : 15

RESPONSE TIME
00 : 00 : 45

Actual Test 1

TOEFL Speaking

Question 2 of 4

Reading Time: 45 seconds

Update to Campus Housing Rules

A new policy is going to limit the period during which students can live on campus due to the heightened demand for housing on campus. The limit will be three years as this is the usual time it takes to complete a normal undergraduate degree. The demand for housing on campus has almost doubled due to the growing enrollment rate. If students wish to continue with graduate studies, there are other accommodation options, such as separate postgraduate apartments and nearby rental options.

TOEFL Speaking

Question 2 of 4

TOEFL Speaking

Question 2 of 4

The man expresses his opinion of a notice. State his opinion and explain the reasons he gives for holding that opinion.

PREPARATION TIME
00 : 00 : 30

RESPONSE TIME
00 : 00 : 60

TOEFL Speaking

Question 3 of 4

VOLUME

Reading Time: 50 seconds

Carrying Capacity

Due to competition for resources, any given habitat can only support as many animals as the resources allow. If there are no disruptions or imbalances in the relationship between the animals and the habitat, carrying capacity stays stable. But be aware that carrying capacity can change. Due to certain factors like the invasion of new species, climate or natural disasters, the habitat's capacity will probably change.

TOEFL Speaking

Question 3 of 4

VOLUME

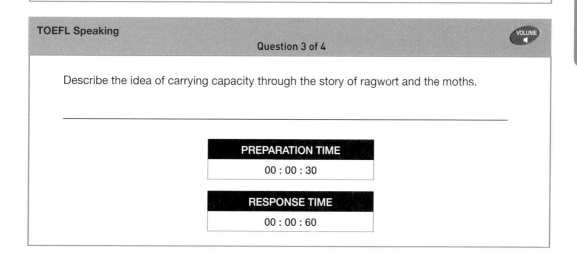

TOEFL Speaking

Question 3 of 4

VOLUME

Describe the idea of carrying capacity through the story of ragwort and the moths.

PREPARATION TIME
00 : 00 : 30

RESPONSE TIME
00 : 00 : 60

Actual Test 1

TOEFL Speaking

Question 4 of 4

VOLUME

TOEFL Speaking

Question 4 of 4

VOLUME

Using points and examples from the lecture, describe the two important functions sleep has on our bodies.

PREPARATION TIME
00 : 00 : 20

RESPONSE TIME
00 : 00 : 60

Actual Test 2

문제 듣기

예시 답변

Speaking Section Directions

In this section of the test, you will be able to demonstrate your ability to speak about a variety of topics. You will answer four questions by speaking into the microphone. Answer each of the questions as completely as possible.

In question one, you will speak about your personal opinion and preference. Your response will be scored on your ability to speak clearly and coherently about the topic.

In questions two and three, you will first read a short text. The text will go away and you will then hear a talk on the same topic. You will then be asked a question about what you read and heard. You will need to combine appropriate information from the text and the talk to provide a complete answer to the question. Your response will be scored on your ability to speak clearly and coherently and to accurately convey information about what you read and heard.

In question four, you will hear part of a lecture. You will then be asked a question about what you heard. Your response will be scored on your ability to speak clearly and coherently and to accurately convey information about what you heard.

You may take notes while you read and listen to the conversation and lectures. You may use your notes to help prepare your response.

Listen carefully to the directions for each question. The directions will not be written on the screen.

For each question, you will be given a short time to prepare your response. A clock will show how much preparation time is remaining. When the preparation time is up, you will be told to begin your response. A clock will show how much response time is remaining. A message will appear on the screen when the response time has ended.

TOEFL Speaking

Question 1 of 4

Some people insist on planning for their spare time in advance while others prefer to be spontaneous. Which of these two approaches do you prefer? Use examples to support your arguments.

PREPARATION TIME
00 : 00 : 15

RESPONSE TIME
00 : 00 : 45

Actual Test 2

TOEFL Speaking

Question 2 of 4

Reading Time: 45 seconds

Cafeteria TV Moving to Recreation Center

It has come to our attention that the projection TV in the main cafeteria is an unwanted distraction for students wanting to socialize and have meetings there. We have decided to move the TV to the recreation area on the third floor of Raleigh House. This move will help maintain a calmer atmosphere in the cafeteria and provide a new place for enjoying the projection TV comfortably.

TOEFL Speaking

Question 2 of 4

TOEFL Speaking

Question 2 of 4

The man expresses his opinion of a notice. State his opinion and explain the reasons he gives for holding that opinion.

PREPARATION TIME
00 : 00 : 30

RESPONSE TIME
00 : 00 : 60

TOEFL Speaking

Question 3 of 4

VOLUME

Reading Time: 50 seconds

Warning Coloration

One way animals or insects can defend themselves from predators is by having patterns with bright colors such as red, yellow, or black to warn predators that they are dangerous to attack. This defense mechanism is referred to as warning coloration. As a result of several failed or fatal attempts, predators learn that these animals are often poisonous or aggressive and no longer attack them.

TOEFL Speaking

Question 3 of 4

VOLUME

TOEFL Speaking

Question 3 of 4

VOLUME

Show an example from the class of how the professor explains warning coloration.

PREPARATION TIME
00 : 00 : 30

RESPONSE TIME
00 : 00 : 60

Actual Test 2

TOEFL Speaking

Question 4 of 4

TOEFL Speaking

Question 4 of 4

Use the points given in the lecture to explain what changed as a result of car ownership after the Second World War.

___

PREPARATION TIME

00 : 00 : 20

RESPONSE TIME

00 : 00 : 60

PAGODA TOEFL 70+ Speaking

Appendix

A

a busy/hectic schedule 바쁜 일정

absorb v 흡수하다

accept v 받아들이다, 수락하다

accommodation n 숙박 시설, 거처, 숙소

accordingly adv 부응해서, 그에 맞춰

accurate adj 정확한

acting n 연기

address v 해결하다

adjust v 적응하다

advantage n 장점, 이점

affect v 영향을 주다

aggressive adj 공격적인

all things considered 모든 것을 고려해 볼 때

allowance n 용돈

alternative n 대체품

amount n 양

appeal v 관심을 끌다

apply v 적용하다

appointment n 예약, 약속

approach v 접근하다

approve v 찬성하다, 승인하다

Arctic ground squirrel 북극 얼룩다람쥐

argue v 논쟁하다

around the corner 목전에 있는

arrive v 도착하다

artistic ability 예술적 재능

as far as I'm concerned 내 입장에선, 나로서는

aspect n 측면

assess v 가늠하다, 평가하다

assigned adj 할당받은

assignment n 과제

assistant n 조수

athlete n 운동선수

atmosphere n 대기, 분위기

attack v 공격하다

attempt n 시도

attend v 참석하다

audience n 관객, 청중

available adj 이용 가능한

avoid v 피하다

awful adj 형편없는

B

based on ~에 근거하여

be aware of ~를 인지하다

be familiar with ~에 친숙하다

be good at ~에 능숙하다

be grounded 외출금지 당하다

be involved ~에 참여하다

be related to ~와 관련이 있다

because of these 이러한 이유들 때문에, 이러한 이유로

behave v 행동하다

behavior n 행동

benefit v 이익을 얻다

besides adv 게다가, 더욱이

bias n 편향

board n 이사회

board of directors 이사

border n 경계

bother v 괴롭히다, 성가시게 하다

broaden relationship 인맥/인간관계를 넓히다

budget n 예산

business n 사업

C

cafeteria n 구내식당

cardio n 심장 강화 운동

career ⓝ 경력

carefully ⓐⓓⓥ 주의 깊게

carry ⓥ 운반하다

catering ⓝ 음식 공급

center ⓝ 중앙

challenging ⓐⓓⓙ 힘든

classical ⓐⓓⓙ 클래식의

clothing ⓝ 의류

coloration ⓝ 색깔의 조합

come up 떠오르다, 언급되다

commit ⓥ 저지르다, 범하다

communication ⓝ 소통

commute ⓥ 통학하다

companionship ⓝ 우정, 동료애

competition ⓝ 경쟁

competitor ⓝ 경쟁자

complementary ⓐⓓⓙ 보완하는

complete ⓥ 완성하다, 끝내다

complex ⓐⓓⓙ 복잡한

compose ⓥ 쓰다, 작성하다

concern ⓝ 염려, 걱정

condition ⓝ 상태

confident ⓐⓓⓙ 자신에 찬

conflict ⓝ 갈등, 충돌 ⓥ 충돌하다

confuse ⓥ 혼란시키다

confused ⓐⓓⓙ 혼란스러운

consequence ⓝ 결과

consider ⓥ 고려하다

consume ⓥ 소비하다

convenient ⓐⓓⓙ 편리한

convince ⓥ 납득시키다

cook ⓝ 요리사

create ⓥ 만들어내다

create memories 추억을 만들다

critical ⓐⓓⓙ 중요한

cruise ⓥ 돌아다니다

curfew ⓝ 통금

custom ⓝ 관습

customer base 고객층

D

debt ⓝ 빚

decide ⓥ 결정하다

decide to ~하기로 결심하다

defend ⓥ 수비하다, 옹호하다

demand ⓥ 요구하다

demonstrate ⓥ 보여주다, 입증하다

demonstration ⓝ 설명, 시연

detail ⓝ 세부 사항

detailed ⓐⓓⓙ 세부적인

diabete ⓝ 당뇨병

director ⓝ 감독

disadvantage ⓝ 단점

discourage ⓥ 좌절시키다

discussion ⓝ 회의

disgusting ⓐⓓⓙ 역겨운

disobey ⓥ 거역하다, 불복종하다

distraction ⓝ 소란

disturb ⓥ 방해하다

dormitory ⓝ 기숙사

downside ⓝ 단점

downtime ⓝ 휴식 시간

drawback ⓝ 결함, 단점

drive-in ⓝ 자동차 극장[식당]

duty ⓝ 의무

E

eat out 외식하다

effect ⓝ 효과, 영향

efficient **adj** 효율적인

effort **n** 노력

eligibility **n** 적격

eliminate **v** 제거하다

embarrass **v** 당황하게 하다

employee **n** 종업원

enable 대상 to ~ to 대상이 ~할 수 있게 하다

encounter **v** 맞닥뜨리다

encourage **v** 격려하다

energetic **adj** 에너지가 넘치는

engineering **n** 공학, 공학 기술

enjoyable **adj** 즐거운

enrollment **n** 등록

equipment **n** 장비

event **n** 행사

exam period 시험 기간

exception **n** 예외

excessive amounts of academic matters
과도한 양의 학업 문제들

exist **v** 존재하다

existence **n** 존재

existing **adj** 현존하는

expand **v** 확장하다, 확대하다

expect **v** 기대하다, 예상하다

expectation **n** 기대

experience **n** 경험

expert **n** 전문가

exposure to ~에의 노출

extra cash 여분의 돈

extremely **adv** 극도로, 극히

F

face-to-face 서로 얼굴을 맞대고

facility **n** 시설, 설비

factor **n** 요소

fair **adj** 공정한

fairly **adv** 꽤

familiarity **n** 친숙함

family dynamics 가족 간의 상호작용

feed **v** 먹이다

field trip 현장 학습

find **v** 요령을 익히다

first **adv** 첫째로

first of all 먼저

firstly **adv** 첫 번째로

first-year student 1학년생

fit **v** 맞다, 적절하다

flexible **adj** 유동적인

fluffy **adj** 복슬복슬한

focus **v** 집중하다

food cart 음식 카트

food waste 음식물 쓰레기

for a long time 오랫동안

for example 예를 들어

for these reasons 이러한 이유들 때문에, 이러한 이유로

franchise **n** 가맹점, 프랜차이즈

freedom **n** 자유

frustrated **adj** 좌절감을 느끼는

furry **adj** 복슬복슬한

furthermore **adv** 게다가, 더욱이, 뿐만 아니라

G

garbage **n** 쓰레기

generation **n** 세대

get close to ~에 가까워지다

get rid of ~을 제거하다

get stressed out from ~로부터 스트레스를 받다

get stuck 꼼짝 못 하게 되다

get the hang of it 요령을 익히다

get used to ~에 익숙해지다

grab v 쥐다

grade n 성적

graduate student 대학원생

gym n 체육관

H

habitat n 서식지

hallway n 복도

hang up (전화를) 끊다

hardship n 고난

harmful to ~에 해로운

have difficulty/trouble -ing ~하는 데 어려움을 겪다

hibernation n 동면

home business 재택 사업

home-based business 홈 비즈니스(자택을 사무실로 하는 사업)

housing n 숙소, 주거 옵션

I

I agree with the idea that 나는 ~라는 생각에 동의한다

I believe that ~ 나는 ~라고 믿는다

I would say that ~ 나는 ~라고 말하고 싶다

I'd like to say that ~ 나는 ~라고 말하고 싶다

If ~, I ~ 만약 ~. 나는 ~ 할 것이다

imbalance n 불균형

immune system 면역체계

impact n 영향

important to ~하는 것이 중요한

in addition 게다가. 그리고. 더욱이

in advance 미리

in an hour 한 시간 이내에

in detail 구체적으로 말하면

in general 일반적으로

in person 직접

in real time 실시간

in short 요컨대

in the first place 애초에

inactivity n 무활동

incongruent adj 일치하지 않는. 부조화스러운

inconvenience n 불편함

influence v 영향을 주다

insect n 곤충

interact v 소통하다

interact with ~와 소통하다

interest v ~에 관심을 보이다

interfere v 간섭하다

internal adj 내부의

invasion n 침입

involve v 참여하다

K

knowledge n 지식

L

lack v 부족하다

last v 지속하다

lay v 낳다

likewise adv 또한. 비슷하게

limit v 제한하다

line up 줄 서다

linguistic adj 언어적인

liquid n 액체

live on 살아가다. ~로 생계를 이어가다

location n 위치

loneliness **n** 외로움

look around 주변을 살피다, 둘러보다

look down 아래를 내려보다

look up 찾아보다

M

maintain **v** 유지하다

major **n** 전공

make memories 추억을 만들다

mammal **n** 포유동물

many homework assignments 과도한 양의 학업 문제들

marking **n** 표시

master **n** 대가

match **v** 일치시키다

material **n** 물질

memorable **adj** 기억에 남는

memory **n** 추억, 기억

mention **v** 언급하다

minimize **v** 최소화하다

misbehaving **adj** 행동이 올바르지 못한

modification **n** 수정

mood **n** 감정, 기분

moreover **adv** 게다가, 더욱이

moth **n** 나방

motivation **n** 동기

movie acting 영화 연기

multiple **adj** 다수의

my own experience 내가 직접 겪은 경험

N

native **adj** 고유의

neighbor **n** 이웃

neighborhood **n** 인근 지역

next **adv** 다음으로, 다음에는

noise **n** 소음

normal **adj** 정상인

not necessarily 꼭 그런 건 아니다

notice **n** 공지 **v** 알아차리다

O

obesity **n** 비만

obey **v** 복종하다, 따르다

obstacle **n** 장애물

occur **v** 일어나다

offer **v** 제공하다

on campus 학교 내의

on one's own 홀로, 스스로

on top of that 무엇보다도, 거기다, 무엇보다

on-campus housing 학교 내의 주거 시설

once in a while 가끔 한 번씩

operate **v** 운영하다

operator **n** 운영자

organized **adj** 계획적인

outdated **adj** 구식의

outstanding **adj** 뛰어난

outweigh **v** 능가하다, 압도하다, ~보다 더 크다

overall **adj** 전반적인

overlap **v** 겹치다

overseas **adj** 해외의

P

pack **v** 포장하다

pair up 짝을 만들다

park **v** 주차하다

path **n** 길

perceive **v** 인지하다

perform **v** 수행하다

performance **n** 공연

personally **adv** 개인적인 의견을 말하면

persuade **v** 설득하다

philosophy **n** 철학

pillow **n** 베개

pocket mouse 주머니쥐

point **v** 가리키다

poisonous **adj** 독이 있는

population **n** 수, 인구

postgraduate **n** 대학원생

post-war **adj** 전쟁 후의 (구체적으로는 제2차 세계대전)

potential **adj** 잠재적인 **n** 가능성, 잠재력

practically **adv** 사실상, 거의

practice **n** 연습

predator **n** 포식자

prepare **v** 준비하다

prepare for ~를 준비하다

pretend **v** ~인 척하다

previous **adj** 이전의

previous knowledge 사전 지식

prior **adj** 이전의

prioritize **v** 우선 순위를 매기다

private **adj** 개인적인

privilege **n** 특권

process **n** 과정

professional **adj** 전문적인

proper **adj** 적절한

pros and cons 장단점

provide **v** 제공하다

proximity **n** 가까움, 근접, 인접함

punishment **n** 처벌

pursue **v** 추구하다

Q

qualified **adj** 자격을 갖춘

quiet **adj** 조용한

quit **v** 그만두다

R

rainfall **n** 강수량

rarely **adv** 거의 ~하지 않는, 거의 ~ 없는[않는], 드물게

reaction time 반응 시간

realize **v** 깨닫다

rebellious **adj** 반항적인

recall **v** 회상하다

recap **v** 요점을 정리하다

recipe **n** 요리법

recognize **v** 인지하다, 알아보다

recreation center 레크리에이션 회관(학생들의 문화/체육
시설이 있는 장소)

reduce **v** 줄이다, 감소하다

reduction **n** 감소

regarding **prep** ~에 관하여

relax **v** 여유를 갖다

release **v** 출시하다, 배출하다

rely upon ~에 의지하다

remove **v** 제거하다, 없애다

renovation **n** 개·보수

rent **v** 임대하다, 임차하다

rental **n** 임대, 임차

rental fee 대여료

repeat **v** 반복하다

reputation **n** 평판

require **v** 요구하다

required **adj** 요구되는, 필수의

reserve **v** 예약하다

resource **n** 자원, 재원

rest **n** 휴식

restaurant **n** 식당

result **n** 결과

return **v** 반납하다

reverse **adj** 역의, 반대의

reverse mentoring 역 멘토링

reward **v** 상을 주다

rewarding **adj** 보람있는

risk **v** ~의 위험을 무릅쓰다

rude **adj** 무례한

rule **n** 규칙

rural **adj** 시골의, 지방의

S

sale **n** 판매

salespeople **n** 판매원

scalp **n** 두피

scarce **adj** 부족한

seasonal change 계절 변화

second **adv** 둘째로

secondly **adv** 두 번째로

self-discipline **n** 자기 훈련

self-doubt **n** 자기 회의

semester **n** 학기

senior **n** 선배, 연상

several **adj** 몇몇의

shout **v** 소리치다

show up 나타나다

since **conj** ~ 때문에, ~이므로

skilled **adj** 솜씨가 좋은, 숙련된

socialize **v** 사회화하다

solve **v** 해결하다

something that we have to spend a lot of time on
시간이 많이 걸리는

specifically (speaking) 구체적으로 말하면, 분명히

stable **adj** 안정적인

staff **n** 직원

stage performance 무대 공연

stand out 눈에 띄다

starve **v** 굶어 죽다

stay awake 깨어 있다

stay in 머무르다, 유지하다

stay up late 늦게까지 깨어 있다

strategy **n** 전략

striking **adj** 눈에 띄는

struggle **v** 고군분투하다

study hall 독서실

subject **n** 과목

substitute **n** 대체품

suburb **n** 교외 (도심지를 벗어난 지역)

suburban **adj** 교외의

succeed **v** 성공하다

success **n** 성공

suitable **adj** 적합한

supplement **v** 보충하다

supply **n** 공급

surge **v** (재빠르게) 밀려들다

surgeon **n** 외과 의사

surrounding area 주변 지역

survive **v** 살아남다

sweeping **adj** 전면적인, 광범위한

T

take care of ~를 돌보다

take into account ~을 고려하다

take out the trash 쓰레기를 버리다

take place 일어나다, 발생하다

take into account ~를 고려하다

talent ⓝ 재능

talk to ~와 소통하다

technology ⓝ 기술

thankful for ~에 감사하는

that is why 이러한 이유들 때문에, 이러한 이유로

thrive ⓥ 번영하다, 번성하다

time consuming 시간이 많이 걸리는, 시간이 많이 소모되는

time slot 시간 단위

to be specific 구체적으로 말하면, 확실히 말하면

to begin with 먼저

train ⓥ 훈련하다

trainee ⓝ 연습생

trash can 쓰레기통

trend ⓝ 유행

try to ~하려고 노력하다

turn down 거절하다

turn out ~로 드러나다

tutor ⓝ 개인 지도 교사 ⓥ 개인 지도 하다, 과외 하다

type ⓥ 타자를 치다

unavailable ⓐⓓⓙ 이용 불가능한

uncertainty ⓝ 불확실함

unconscious ⓐⓓⓙ 무의식적인

undergraduate degree 학사 학위

underground ⓝ 지하

unfair ⓐⓓⓙ 불공평한

unfamiliar ⓐⓓⓙ 친숙하지 않은

unharmed ⓐⓓⓙ 피해를 입지 않은

unique ⓐⓓⓙ 독특한

unusual ⓐⓓⓙ 평범하지 않은

unwind ⓥ 긴장을 풀다

useful ⓐⓓⓙ 유용한

value ⓝ 가치

vary ⓥ 달라지다, 다양하다

vendor ⓝ 행상인, 노점상

video conference 화상 회의

vote ⓥ 투표하다

warning ⓐⓓⓙ 경고를 하는

weed out 제거하다

weight room 역기실, 체력단련실

what I mean is that ~ 내 말은 ~라는 것이다

what I meant to say was that ~ 내 말은 ~라는 것이었다

what if 만약 ~한다면

what is more 더욱이, 게다가

when all is said and done 모든 것을 고려해 볼 때

when it comes to ~에 관해서, ~에 이르게 되면

willing ⓐⓓⓙ 자발적인, 기꺼이 하는

wind down 긴장을 풀다

witness ⓥ 목격하다

would rather ~하겠다

wrapper ⓝ 포장지

Y

youth ⓝ 젊음, 어린 시절

PAGODA TOEFL 70+ Speaking

PAGODA TOEFL

70+
Speaking

정답 및 해설

PAGODA Books

Bobby 안, 파고다교육그룹 언어교육연구소 | 저

PAGODA TOEFL

TOEFL

70+
Speaking

정답 및 해설

Lesson 01 답변할 대상 빠르게 선택하기

Practice

본서 | P. 53

01

As part of your major, you are required to take students from a middle school on a field trip. Which of these locations/events would you choose?

A science museum or a theater performance

당신의 전공의 일부로, 중학교 학생들을 현장학습에 데려가는 것이 요구된다. 당신은 이 장소들/행사들 중 어느 곳을 선택하겠는가?

과학 박물관 또는 연극 공연

노트 정리 예시

선택	a theater performance	연극 공연
문장으로 말하기	In my case, I would choose a theater performance.	내 경우에는, 연극 공연을 선택할 것이다.

Speaking Tip

양자택일의 경우, 간단하게 'I would choose ~'란 표현을 일상적으로 많이 쓴다.

어휘   major ⓝ 전공 | require ⓥ 요구하다 | field trip 현장 학습 | event ⓝ 행사 | performance ⓝ 공연

02

If you have some extra cash, would you save it and buy material things (e.g., books, clothing, etc.) or spend it on new experiences (e.g., taking a trip, going out, etc.)? Which of these options do you prefer?

만일 당신에게 여분의 돈이 있다면, 저축하고 물질적인 것들 (예를 들어, 책, 옷 등)을 구매하겠는가? 아니면 그 돈을 새로운 경험(예를 들어, 여행하는 것, 외출하는 것 등)을 하는 데 쓰겠는가? 이 선택지들 중 어느 것을 선호하는가?

노트 정리 예시

선택	spend extra cash on new experiences	새로운 경험을 하는 데 여분의 돈을 쓰는 것
문장으로 말하기	I would rather spend extra cash on new experiences.	나는 새로운 경험을 하는 데 여분의 돈을 쓰겠다.

Speaking Tip

'차라리 ~하겠다'라는 선택을 나타낼 때, 「주어 + would rather」로 표현한다.

어휘   material ⓝ 물질 | extra cash 여분의 돈 | option ⓝ 선택지 | clothing ⓝ 의류 | would rather ~하겠다

03

A lot of universities demand new students to live in dormitories on campus. Other universities do not have this rule. Of the two options, which do you think is better for first-year students?

많은 대학교들은 신입생이 교내 기숙사에서 생활하기를 요구한다. 다른 대학교들은 이러한 규칙을 가지고 있지 않다. 이 두 가지의 선택지 중에서 1학년 학생들에게 어떤 것이 더 낫다고 생각하는가?

노트 정리 예시

선택	live in dormitories on campus	학교 내의 기숙사에서 생활하기
문장으로 말하기	I think that, for first-year students, it's much better to live in dormitories on campus.	나는 1학년 학생들의 경우, 교내 기숙사에서 생활하는 것이 훨씬 더 낫다고 생각한다.

「for 대상, it's ~」 표현은 대상에게 해당하는 경우를 어필하고 싶을 때 쓴다.

어휘   demand ⓥ 요구하다 ㅣ dormitory ⓝ 기숙사 ㅣ on campus 학교 내의 ㅣ rule ⓝ 규칙 ㅣ first-year student 1학년생

04

Some people like preparing food at home while others prefer to eat out. Which option do you prefer?

어떤 사람들은 집에서 음식을 준비하는 것을 좋아하는 반면에 다른 사람들은 외식하는 것을 좋아한다. 당신은 어떤 선택지를 선호하는가?

노트 정리 예시		
선택	eating at home	집에서 먹는 것
문장으로 말하기	I think I'd have to say that I like eating at home.	나는 내가 집에서 먹는 것을 선호한다고 말해야 할 것 같다.

본인의 의견을 이야기할 때, 'I would have to say that ~'라는 표현을 활용할 수 있다.

어휘   prepare ⓥ 준비하다 ㅣ eat out 외식하다

05

Studying online and taking classes face-to-face both have advantages and disadvantages. Which option is better in your opinion?

온라인 공부와 대면 수업은 양쪽 모두 장점들과 단점들이 있다. 당신의 의견으로는 어떤 선택지가 더 나은가?

노트 정리 예시		
선택	studying online	온라인 공부
문장으로 말하기	When it comes to studying, my choice is very simple. Studying online is much better.	공부에 있어서, 내 선택은 매우 간단하다. 온라인으로 공부하는 것이 훨씬 더 낫다.

「when it comes to + 상황」을 쓰게 되면, 좀 더 주제의 배경과 포인트를 정확히 이해하는 것처럼 들린다.

어휘   face-to-face 서로 얼굴을 맞대고 ㅣ advantage ⓝ 장점 ㅣ disadvantage ⓝ 단점 ㅣ when it comes to ~에 관해서, ~에 이르게 되면

06

What advice would you give a friend who wants to pursue a career as a professional athlete but lacks any natural-born talent for sports?

Should you encourage his or her dream of becoming a professional athlete or help him or her give up and pursue something else he or she is good at?

프로 운동선수로서의 커리어를 추구하길 원하지만 운동에 대한 재능이 부족한 친구에게 당신은 어떤 조언을 하겠는가?

프로 운동선수가 되려는 그나 그녀의 꿈을 격려하겠는가? 아니면 친구가 그것을 포기하고 잘하는 다른 것을 추구하도록 도와주겠는가?

노트 정리 예시		
선택	encourage his or her dream	그나 그녀의 꿈을 격려한다
문장으로 말하기	In my opinion, I would encourage my friend's dream of becoming a professional athlete.	내 의견으로는, 나는 프로 운동선수가 되려는 내 친구의 꿈을 격려할 것이다.

'In my opinion, ~'으로 시작하여 본인의 '의견'이라는 점을 어필한다.

어휘   pursue ⓥ 추구하다 ㅣ career ⓝ 경력 ㅣ lack ⓥ 부족하다 ㅣ talent ⓝ 재능 ㅣ athlete ⓝ 운동선수

Lesson 02 선택 뒷받침하기

Practice

본서 | P. 58

01

As part of your major, you are required to take students from a middle school on a field trip. Which of these locations/events would you choose and why?

A science museum or a theater performance

당신의 전공의 일부로, 중학교 학생들을 현장학습에 데려가는 것이 요구된다. 당신은 이 장소들/행사들 중 어느 곳을 선택하겠는가, 그리고 그 이유는 무엇인가?

과학 박물관 또는 연극 공연

노트 정리 예시

이유 1	interact with audience	관객과의 소통
문장으로 말하기	First, most children have not had the chance to see a live theater performance. Plays are a unique experience because the acting is done in real time and the actors occasionally interact with the audience.	첫 번째로, 대부분의 아이들은 라이브 극장 공연을 볼 수 있는 기회가 없었다. 연극의 연기는 실시간으로 행해지고 배우들이 관객과 종종 소통하기 때문에 독특한 경험이다.
이유 2	interest in performing	공연에 대한 관심
문장으로 말하기	Second, seeing a play may interest the students in performing. Schools have drama programs, but seeing people act in person can have a much stronger impact.	두 번째로, 연극을 보는 것은 학생들에게 공연에 대한 관심을 불러일으키고 좋은 영향을 줄 수 있다. 학교에도 연극 프로그램이 있지만 직접 사람들이 연기하는 것을 보는 일은 훨씬 더 강력한 영향을 미칠 수 있다.

Speaking Tip

'관객과의 소통'과 '연기에 대한 관심'이라는 두 가지 포인트로 답변을 전개한다.

어휘 interact ⓥ 소통하다 ∣ in real time 실시간 ∣ audience ⓝ 관객, 청중 ∣ interest ⓥ ~에 관심을 보이다 ∣ in person 직접 ∣ impact ⓝ 영향

02

If you have some extra cash, would you save it and buy material things (e.g., books, clothing, etc.) or spend it on new experiences (e.g., taking a trip, going out, etc.)? Which of these options do you prefer and why?

만일 당신에게 여분의 돈이 있다면, 저축하고 물질적인 것들(예를 들어, 책들, 옷 등)을 구매하겠는가? 아니면 그 돈을 새로운 경험(예를 들어, 여행하는 것, 외출하는 것 등)을 하는 데 쓰겠는가? 이 선택지들 중 어느 것을 선호하는가, 그리고 그 이유는 무엇인가?

노트 정리 예시

이유 1	a gift for myself	나를 위한 선물
문장으로 말하기	First, I rarely have any extra money to spend on myself. It is nice to buy myself a little gift every once in a while. Plus, a book or a shirt can be used for a long time.	첫 번째로, 나는 내 자신을 위해 쓸 여분의 돈이 있을 때가 거의 없다. 때때로 한 번씩 나를 위해 선물을 사는 것이 기분 좋다. 그리고 책이나 옷은 오랫동안 사용할 수 있다.
이유 2	not many friends to make memories together	같이 추억을 만들 친구가 적음
문장으로 말하기	Second, I don't like going on trips or seeing shows by myself because I live overseas, and I don't have many friends here. Experiences are much more enjoyable when you have someone to make memories with.	두 번째로, 나는 외국에 살기 때문에 친구가 많이 없어서 혼자 여행하거나 공연을 보는 것을 좋아하지 않는다. 경험은 함께 추억을 만들 누군가가 있어야 훨씬 더 즐겁다.

'경제적 여유'와 '같이 여행 갈 수 있는 친구가 없음'을 포인트로 답변을 전개한다.

어휘   rarely **adv** 거의 ~ 없는[않는] | for a long time 오랫동안 | overseas **adj** 해외의 | enjoyable **adj** 즐거운 | memory **n** 추억

03

A lot of universities demand new students to live in dormitories on campus. Other universities do not have this rule. Of the two options, which do you think is better for first-year students and why?

많은 대학교들은 신입생들이 교내 기숙사에서 생활하기를 요구한다. 다른 대학교들은 이러한 규칙을 가지고 있지 않다. 이 두 가지의 선택지 중에서 1학년 학생들에게 어떤 것이 더 좋다고 생각하는가, 그리고 왜 그러한가?

노트 정리 예시

이유 1	get close to other students	다른 학생들과 가까워질 수 있음
문장으로 말하기	One of the biggest reasons is that they can easily get used to university life and enjoy more time on campus. Since they are in the campus community, they can get closer to other students. It is also easier to be involved in clubs or groups.	가장 큰 이유들 중 하나는, 그들이 대학교 생활에 쉽게 적응할 수 있고 교내에서 더 많은 시간을 즐길 수 있기 때문이다. 그들이 캠퍼스 커뮤니티 안에 있기 때문에, 다른 학생들과 더 가까워질 수 있다. 또한, 동아리나 모임에 더 쉽게 참여할 수 있다.
이유 2	save time	시간을 아낄 수 있음
문장으로 말하기	Living off campus and commuting to school is very time consuming. If a student lives in a dormitory, he or she can save time from not commuting and have more time to focus on schoolwork.	학교 밖에서 생활하고 통학하는 것은 시간이 많이 걸린다. 만일 학생이 기숙사에서 생활하면, 그는 또는 그녀는 통학하지 않아도 되므로 시간을 절약할 수 있고 학업에 집중할 수 있는 시간을 더 많이 가질 수 있다.

'쉽게 친구들을 사귈 수 있는 점' + '시간을 아낄 수 있는 점'을 포인트로 답변을 전개한다.

어휘   get close to ~에 가까워지다 | get used to ~에 익숙해지다 | involve **v** 참여하다 | commute **v** 통학하다

04

Some people like preparing food at home while others prefer to eat out. Which option do you prefer and why?

어떤 사람들은 집에서 음식을 준비하는 것을 좋아하는 반면에 다른 사람들은 외식하는 것을 좋아한다. 당신은 어떤 선택지를 선호하는가, 그리고 그 이유는 무엇인가?

노트 정리 예시

이유 1	awful cook	형편없는 요리 솜씨
문장으로 말하기	First of all, I'm an awful cook. Nothing I make turns out well. I have tried to cook my mom's recipes but it is never the same. I just can't seem to get the hang of it.	먼저, 나는 형편없는 요리사다. 무엇을 만들건 항상 결과가 좋지 않다. 나는 엄마의 요리법대로 요리를 하려고 노력했지만, 결코 똑같지 않았다. 나는 그 요령을 터득하지 못하는 것 같다.
이유 2	less time consuming	시간이 적게 듦
문장으로 말하기	On top of that, cooking is time consuming. Buying groceries, preparing ingredients, cooking, and washing up take much longer than going out to eat. If cooking is stressful, I can avoid it because there are so many options for eating out.	무엇보다도, 요리하는 것은 시간이 많이 걸린다. 식료품을 사는 것, 재료를 준비하는 것, 요리하고 설거지를 하는 것이 나가서 먹는 것보다 훨씬 더 시간이 오래 걸린다. 만일 요리가 스트레스를 준다면, 외식에는 많은 선택지들이 있기 때문에 나는 그것을 피할 수 있다.

'요리를 못한다는 점'과 '시간이 덜 소모된다는 점'을 포인트로 답변을 전개한다.

어휘 awful adj 형편없는 | cook n 요리사 | recipe n 요리법 | get the hang of it 요령을 터득하다, 감을 잡다

05

Studying online and taking classes face-to-face both have advantages and disadvantages. Which option is better in your opinion and why?

온라인 공부와 대면 수업은 양쪽 모두 장점들과 단점들이 있다. 당신의 의견으로는 어떤 선택지가 더 나은가, 그리고 그 이유는 무엇인가?

노트 정리 예시

이유 1	lack of self-discipline	자기 훈련 부족
문장으로 말하기	The first reason is that I lack self-discipline and I'm not very organized. Going to class encourages me to do my assigned homework and readings.	첫 번째 이유는, 나는 자기 훈련이 부족하고 그다지 계획적이지 않기 때문이다. 수업을 가는 것은 내가 부여된 과제와 읽기들을 하게끔 만들어 준다.
이유 2	interaction with people	사람들과의 소통
문장으로 말하기	Interacting with my teacher and peers is another important reason. I really enjoy connecting with people, but it's harder to do that online. I would miss social interaction and lack motivation if I had to take classes online.	선생님과 동료들과 소통하는 것이 또 다른 중요한 이유다. 나는 사람들과 연결되는 것을 정말 즐겨하는데, 온라인에서는 하기가 힘들다. 만약 온라인 수업을 들어야 한다면, 나는 사회적인 소통을 그리워할 것이고 동기가 부족해질 것이다.

Speaking Tip

'자신이 계획적이지 못하다는 점'과 '수업에서 소통할 수 있다는 점'을 포인트로 답변을 전개한다.

어휘 encourage v 격려하다 | assigned adj 할당받은 | interact v 소통하다 | motivation n 동기

06

What advice would you give a friend who wants to pursue a career as a professional athlete but lacks any natural-born talent for sports?

Should you encourage his or her dream of becoming a professional athlete or help him or her give up and pursue something else he or she is good at?

프로 운동선수로서의 커리어를 추구하길 원하지만 운동에 대한 재능이 부족한 친구에게 당신은 어떤 조언을 하겠는가?

프로 운동선수가 되려는 그나 그녀의 꿈을 격려하겠는가? 아니면 친구가 그것을 포기하고 잘하는 다른 것을 추구하도록 도와주겠는가?

노트 정리 예시

상황	want to be a basketball player, but lack natural talent	농구 선수가 되고 싶으나 재능 없음(문제 상황 이용)
문장으로 말하기	When I was 20 years old, I wanted to be a professional basketball player, but I didn't have any talent for basketball.	내가 20살이었을 때, 나는 프로 농구 선수가 되고 싶었지만 농구에 대한 어떤 재능도 없었다.

과정	go through a lot of hardship	많은 어려움을 겪음
문장으로 말하기	Because of this, while I was practicing basketball, I had to go through a lot of hardship and self-doubt, so I got stressed out a lot.	이 때문에 나는 농구를 연습하는 과정에서, 많은 고난과 자기 회의를 겪어야 했고, 스트레스를 많이 받았다.
결과	got a good	좋은 결과를 냄
문장으로 말하기	However, I put a lot of effort into being a professional basketball player. With a lot of practice, I finally got a good result.	하지만, 나는 프로 농구 선수가 되는 데 정말 많은 노력을 쏟아부었다. 많은 연습을 통해, 마침내 나는 좋은 결과를 얻게 되었다.

Speaking Tip

문제에서 나온 상황인 스포츠에 재능은 없는데, 프로 스포츠 선수가 되고 싶어하는 친구의 상황을 본인의 과거의 경험을 예로 들어 이야기해보자.

어휘 athlete **n** 운동선수 | encourage **v** 격려하다 | professional **adj** 전문적인 | talent **n** 재능 | practice **n** 연습

Lesson 03 답변 완성하기

Practice

본서 | P. 66

01

As part of your major, you are required to take students from a middle school on a field trip. Which of these locations/events would you choose and why? Use examples and give details in your explanation.

A science museum or a theater performance

당신의 전공의 일부로, 중학교 학생들을 현장 학습에 데려가는 것이 요구된다. 당신은 이 장소들/행사들 중 어느 곳을 선택하겠는가, 그리고 그 이유는 무엇인가? 예시와 세부 내용을 사용하여 설명하시오.

과학 박물관 또는 연극 공연

노트 정리 예시

서론	선택	If I were required to take middle school students on a field trip as part of my major, I would prefer to take them to a theater performance for two reasons.	만약 내가 전공의 일부로 중학생들을 현장 학습에 데려가야 한다면, 나는 두 가지 이유로 학생들을 연극 공연에 데려가는 것을 선호할 것이다.
본론	이유 1	First, most children have not had the chance to see a live theater performance.	첫 번째로, 대부분의 아이들은 라이브 극장 공연을 볼 수 있는 기회가 없었다.
	구체화	Plays are a unique experience because the acting is done in real time and the actors occasionally interact with the audience.	연극에서의 연기는 실시간으로 행해지고 배우들은 관객과 종종 소통하기 때문에 독특한 경험이다.
	이유 2	Second, seeing a play may interest the students in performing.	두 번째로, 연극을 보는 것은 학생들에게 공연에 대한 관심을 불러일으키고 좋은 영향을 줄 수 있다.
	구체화	Schools have drama programs, but seeing people act in person can have a much stronger impact.	학교에도 연극 프로그램이 있지만 직접 사람들이 연기하는 것을 보는 일은 훨씬 더 강력한 영향을 미칠 수 있다.
결론	재진술 /강조	For these reasons, I would prefer to take middle school students on a field trip to a theater performance.	이러한 이유들 때문에, 나는 현장 학습으로 중학생들을 연극 공연에 데려가는 것을 선호한다.

Q1 Lesson 03. 답변 완성하기 **7**

Speaking Tip

'실시간 공연과 관객과의 소통이 특별한 경험이 될 거라는 점'과 '학교에서의 연극보다 실제 공연을 보는 것이 더 영향력이 있다는 것'으로 구체화를 할 수 있다.

어휘 major **n** 전공 | field trip 현장 학습 | required **adj** 요구되는, 필수의 | performance **n** 공연

02

If you have some extra cash, would you save it and buy material things (e.g., books, clothing, etc.) or spend it on new experiences (e.g., taking a trip, going out, etc.)? Which of these options do you prefer and why? Use examples and give details in your explanation.	만일 당신에게 여분의 돈이 있다면, 저축하고 물질적인 것들 (예를 들어, 책, 옷 등)을 구매하겠는가? 아니면 그 돈을 새로운 경험(예를 들어, 여행하는 것, 외출하는 것 등)을 하는 데 쓰겠는가? 이 선택지들 중 어느 것을 선호하는가, 그리고 그 이유는 무엇인가? 예시와 세부 내용을 사용하여 설명하시오.

노트 정리 예시

서론	선택	If I have some spare money, I like spending it on buying material things instead of having new experiences for two reasons.	남는 돈이 있으면 나는 두 가지 이유에서, 그 돈을 새로운 경험을 하는 데 쓰는 대신 물건들을 사는 것에 쓰는 것을 선호한다.
본론	이유 1	First, I rarely have any extra money to spend on myself.	첫 번째로, 나는 내 자신을 위해 쓸 여분의 돈이 있을 때가 거의 없다.
	구체화	It is nice to buy myself a little gift every once in a while. Plus, a book or a shirt can be used for a long time.	때때로 한 번씩 나를 위해 선물을 사는 것이 기분 좋다. 그리고 책이나 옷은 오랫동안 사용할 수 있다.
	이유 2	Second, I don't like going on trips or seeing shows by myself because I live overseas, and I don't have many friends here.	두 번째로, 나는 외국에 살기 때문에 친구가 많이 없어서 혼자 여행하거나 공연을 보는 것을 좋아하지 않는다.
	구체화	Experiences are much more enjoyable when you have someone to make memories with.	함께 추억을 만들 누군가가 있을 때 경험은 훨씬 더 즐겁다.
결론	재진술 /강조	To sum up, if I have some extra money, I think spending it on material things is the most rewarding way to use it.	요약해 보자면, 만약 내가 여분의 돈이 있다면 물질적인 것을 사는 데 그 돈을 쓰는 것이 가장 보람 있는 방법이라고 생각한다.

Speaking Tip

'경제적 여유가 없는 관계로 가끔 본인에게 선물을 주는 것이 더욱 기분 좋은 경험이 될 수 있다는 것'과 '누군가가 옆에 있을 때 그 경험이 더 즐거운데 본인 곁에 아무도 없다는 점'을 이용하여 답변을 구체화한다.

어휘 experience **n** 경험 | rarely **adv** 거의 ~하지 않는 | once in a while 가끔 한 번씩 | overseas **adj** 외국의, 해외의 | enjoyable **adj** 즐거운 | memory **n** 추억, 기억 | rewarding **adj** 보람 있는

03

A lot of universities demand new students to live in dormitories on campus. Other universities do not have this rule. Of the two options, which do you think is better for first-year students and why? Use examples and give details in your explanation.	많은 대학교들은 신입생이 학교 내의 기숙사에서 생활하기를 요구한다. 다른 대학교들은 이러한 규칙을 가지고 있지 않다. 이 두 가지의 선택지 중에서 1학년 학생들에게 어떤 것이 더 좋다고 생각하는가, 그리고 그 이유는 무엇인가? 예시와 세부 내용을 사용하여 설명하시오.

노트 정리 예시

서론	선택	In my opinion, for students starting university, living in a dormitory on campus is much better.	내 의견으로는, 대학교 생활을 시작하는 학생들의 경우, 학교 안에 있는 기숙사에서 생활하는 것이 훨씬 좋다.

	이유 1	One of the biggest reasons is that they can easily get used to university life and enjoy more time on compus.	가장 큰 이유들 중 하나는, 그들이 대학교 생활에 쉽게 적응할 수 있고 캠퍼스에서 더 많은 시간을 즐길 수 있기 때문이다.
본론	구체화	Since they are in the campus community, they can get closer to other students. It is also easier to be involved in clubs or groups.	그들이 캠퍼스 커뮤니티 안에 있기 때문에, 다른 학생들과 더 가까워질 수 있다. 또한, 동아리나 모임에 더 쉽게 참여할 수 있다.
	이유 2	Another big reason is that it helps them save time.	또 다른 큰 이유는, 시간을 절약해주는 것에 도움 준다.
	구체화	Living off campus and commuting to school is very time consuming. If a student lives in a dormitory, he or she can save time from not commuting and have more time to focus on schoolwork.	학교 밖에서 생활하고 통학하는 것은 시간이 많이 걸린다. 만일 학생이 기숙사에서 생활하면, 그는 또는 그녀는 통학하지 않아도 되므로 시간을 절약할 수 있고 학업에 집중할 수 있는 시간을 더 많이 가질 수 있다.
결론	재진술/강조	All things considered, it's much better to live in campus accommodations for first-year students.	모든 것을 고려해 볼 때, 학교 내의 거주시설에서 생활하는 것이 1학년 학생들에게는 훨씬 더 좋다.

Speaking Tip

'친구들을 사귀기 용이하고 학교 활동에 더 쉽게 참여 가능한 점'과 '통학 시간을 절약해서 학업에 더 열중할 수 있다는 점'으로 구체화를 더할 수 있다.

어휘 be involved ~에 참여하다 | on campus 캠퍼스 안 | dormitory ⓝ 기숙사 | accommodation ⓝ 숙박 시설

04

Some people like preparing food at home while others prefer to eat out. Which option do you prefer and why? Clarify your response using examples and details where appropriate.

어떤 사람들은 집에서 음식을 준비하는 것을 좋아하는 반면에 다른 사람들은 외식하는 것을 좋아한다. 당신은 어떤 선택지를 선호하는가, 그리고 그 이유는 무엇인가? 예시와 세부 내용을 적절히 사용하여 명확히 설명하시오.

노트 정리 예시

	선택	If I had to choose between eating out and cooking at home, I definitely prefer going out or ordering takeout.	만일 내가 외식과 집에서 요리하는 것 사이에서 선택해야 한다면, 나는 외식을 하거나, 포장 메뉴를 주문하는 것을 확실히 선호한다.
서론			
	이유 1	First of all, I'm an awful cook.	먼저, 나는 형편없는 요리사다.
본론	구체화	Nothing I make turns out well. I have tried to cook my mom's recipes, but it is never the same. I just can't seem to get the hang of it.	무엇을 만들건 항상 결과가 좋지 않다. 나는 엄마의 요리법대로 요리를 하려고 노력했지만, 결코 똑같지 않았다. 나는 그 요령을 터득하지 못하는 것 같다.
	이유 2	On top of that, cooking is time consuming.	무엇보다도, 요리하는 것은 시간이 많이 걸린다.
	구체화	Buying groceries, preparing ingredients, cooking, and washing up take much longer than going out to eat. If cooking is stressful, I can avoid it because there are so many options for eating out.	식료품을 사는 것, 재료를 준비하는 것, 요리하고 설거지하는 것이 나가서 먹는 것보다 훨씬 더 시간이 오래 걸린다. 만일 요리가 스트레스를 준다면, 외식에는 많은 선택지들이 있기 때문에 나는 그것을 피할 수 있다.
결론	재진술/강조	On the whole, eating out saves time and energy, so I choose to eat at restaurants.	대체로, 외식하는 것이 시간과 에너지를 절약한다. 그래서 나는 식당에서 먹는 것을 선호한다.

'엄마의 요리법을 따라 해 보려고 시도했던 점'과 '시간 투자라는 관점에서 나가서 먹는 것'을 비교하면 내용이 더 구체화될 수 있다.

어휘   turn out ~로 드러나다 | recipe ⓝ 요리법

05

Studying online and taking classes face-to-face both have advantages and disadvantages. Which option is better in your opinion and why? Explain your answer by giving examples and details where appropriate.

온라인 공부와 대면 수업은 양쪽 모두 장점들과 단점들이 있다. 당신의 의견으로는 어떤 선택지가 더 나은가, 그리고 그 이유는 무엇인가? 예시와 세부 내용을 적절히 사용하여 설명하시오.

노트 정리 예시

서론	선택	Even though I haven't experienced online classes before, as far as I am concerned, I would prefer to take offline courses.	내가 온라인 수업을 이전에 들어보지 않았어도, 내 생각에 나는 오프라인 수업들을 더 선호하는 것 같다.
본론	이유 1	The first reason is that I lack self-discipline and I'm not very organized.	첫 번째 이유는, 나는 자기 훈련이 부족하고 그다지 계획적이지 않기 때문이다.
	구체화	Going to class encourages me to do my assigned homework and readings.	수업을 가는 것은 내가 부여된 과제와 일기들을 하게끔 만들어 준다.
	이유 2	Interacting with my teacher and peers is another important reason.	선생님과 동료들과 소통하는 것이 또 다른 중요한 이유다.
	구체화	I really enjoy connecting with people, but it's harder to do that online. I would miss social interaction and lack motivation if I had to take classes online.	나는 사람들과 연결되는 것을 정말 즐겨하는데, 온라인에서는 하기가 힘들다. 만약 온라인 수업을 들어야 한다면, 나는 사회적인 소통을 그리워할 것이고 동기가 부족해질 것이다.
결론	재진술/강조	In short, offline classes are a more comfortable environment for me.	간단히 말해, 현장 수업은 나에게 더 편안한 환경이다.

Speaking Tip

'수업을 가는 것이 자기 훈련이 부족한 본인을 끌어줄 수 있다는 점'과 '온라인에서 느낄 수 없는 주변 사람들과의 연결된 느낌이라는 감정'을 구체화의 내용으로 이용할 수 있다.

어휘   organized adj 계획적인 | self-discipline ⓝ 자기 훈련 | interact ⓥ 소통하다, 교류하다

06

What advice would you give a friend who wants to pursue a career as a professional athlete but lacks any natural-born talent for sports?

Should you encourage his or her dream of becoming a professional athlete, or help him or her give up and pursue something else he or she is good at?

프로 운동선수로서의 커리어를 추구하길 원하지만 운동에 대한 재능이 부족한 친구에게 당신은 어떤 조언을 하겠는가?

프로 운동선수가 되려는 친구의 꿈을 격려하겠는가? 아니면 친구가 그것을 포기하고 잘하는 다른 것을 추구하도록 도와주겠는가?

노트 정리 예시

서론	선택	In my opinion, I would encourage my friend's dream of becoming a professional athlete. Let me tell you my own experience with this.	내 의견으로는, 나는 프로 운동선수가 되려는 내 친구의 꿈을 격려할 것이다. 이것에 대한 내 경험을 말해주겠다.

본론	상황	When I was 20 years old, I really wanted to be a professional basketball player, but, unfortunately, I didn't have any talent for basketball.	내가 20살이었을 때, 나는 프로 농구 선수가 되고 싶었지만 농구에 대한 어떤 재능도 없었다.
	과정	Because of this, while I was practicing basketball, I had to go through a lot of hardship and self-doubt, so I got stressed out a lot.	이 때문에 나는 농구를 연습하는 과정에서, 많은 고난과 자기 회의를 겪어야 했고, 스트레스를 많이 받았다.
	결과	However, I put a lot of effort into being a professional basketball player. With a lot of practice, I finally got a good result.	하지만, 나는 프로 농구 선수가 되는 데 정말 많은 노력을 쏟아부었다. 많은 연습을 통해, 마침내 나는 좋은 결과를 얻게 되었다.
결론	재진술 /강조	From this experience, I would encourage my friend's dream of becoming a professional athlete.	이런 경험을 기반으로, 나는 프로 운동선수가 되려는 내 친구의 꿈을 독려할 것이다.

Speaking Tip

중간에 고생을 했던 과정을 꼭 표현하고, 그것을 이겨내는 이야기를 구체적으로 전개하면 이야기의 기승전결을 제대로 표현할 수 있다.

어휘   my own experience 내가 직접 겪은 경험 l talent ⓝ 재능 l hardship ⓝ 고난 l self-doubt ⓝ 자기 회의 l effort ⓝ 노력 l result ⓝ 결과

Test

분서 l P. 76

01

Some students participate in extracurricular activities in addition to their studies. Others focus on their academic goals only. Which type of lifestyle is more beneficial in your opinion? Clarify your reasons by giving specific details.

어떤 학생들은 그들의 공부 외에도 과외 활동들에 참여한다. 다른 학생들은 오로지 그들의 학업 목표에만 집중한다. 당신의 의견으로는 어떤 생활 방식이 더 유익한가? 구체적인 세부 내용을 제시하여 이유를 명확히 설명하시오.

노트 정리 예시

선택	academic goal	학업 목표

이유& 구체화	1. critical time
	  – huge effect on our success
	  – extracurricular activities negatively affect grades
	
	2. busy schedule → more stress
	  – study a lot + take time off to recover
		1. 중요한 시간
		  – 성공에 정말 큰 영향을 줌
		  – 과외 활동은 성적에 부정적인 영향을 줌
		
		2. 바쁜 일정 → 더 스트레스를 줌
		  – 학생들은 공부할 필요가 있고, 휴식을 위한 시간을 가질 필요가 있음

말하기 예시

선택	If you ask me, students should prioritize their academics.	만약 나에게 물어본다면, 학생들은 학업에 우선순위를 두어야 한다고 생각한다. 내 의견으로는, 학생들은 학업에 우선순위를 두어야 한다. 먼저, 고등학교는 중요
이유 1	To begin with, high school is a critical time and it can have a huge effect on our success, so it's important to put studying first.	한 시기이고, 이것은 성공에 큰 영향을 줄 수 있다. 그래서 공부를 최우선으로 하는 것이 중요하다. 과외 활동들은 재미있을 수 있으나 그 활동들은 성적에 부정
구체화	Extracurricular activities can be fun, but they can negatively affect grades.	적인 영향을 줄 수 있다. 게다가, 바쁜 스케줄이 있다는 것은 더 많은 스트레스를 유발할 수 있다. 구체적으로

이유 2	Additionally, having a busy schedule can cause more stress.
구체화	To be specific, students need to study a lot and take time off to recover.
재진술/ 강조	In short, I think students should focus on studying and not get involved in clubs during that time.

말하면, 학생들은 공부를 많이 하고, 회복하기 위해 휴식해야 한다. 간단히 말해, 나는 학생들이 그 시기 동안에는 공부에 집중하고 동아리 활동에 참여하지 않아야 한다고 생각한다.

어휘 prioritize **v** 우선순위를 매기다 | success **n** 성공 | grade **n** 성적

02

The university has announced that it will allow students to keep pets in the dormitories starting next semester. Do you think this is a good idea? Use details and examples to support your opinion.

대학교는 다음 학기부터 학생들이 기숙사에서 반려동물을 기르는 것을 허락하겠다고 발표했다. 당신은 이것이 좋은 아이디어라고 생각하는가? 세부 내용과 예시들을 사용하여 당신의 의견을 뒷받침하시오.

노트 정리 예시

선택	agree	동의
이유& 구체화	1. companionship – often get lonely + reduce feelings of loneliness 2. responsibility – feed + walk pets regularly → more responsibility	1. 우정, 동료애 – 자주 외로움을 느끼는데, 반려동물은 외로운 감정을 줄여줌 2. 책임감 – 먹이를 주고 규칙적으로 산책을 시켜줘야 한다면 → 더 책임감을 갖게 될 것임

말하기 예시

선택	I think it is a good idea for the university to allow students to keep pets in the dormitories.
이유 1	First, having pets can provide companionship.
구체화	To be specific, students living in dormitories often get lonely, and pets can give support and reduce feelings of loneliness.
이유 2	Second, keeping pets can make students responsible.
구체화	For example, if students have to feed and walk their pets regularly, it is more likely that they will behave with more responsibility.
재진술/ 강조	For these reasons, I think it is a good idea to keep pets in the dormitories.

나는 대학교에서 학생들이 기숙사에 반려동물을 키울 수 있도록 허락하는 것이 좋은 생각이라고 본다. 첫 번째로, 반려동물을 키우는 것은 동료애를 갖게 해준다. 구체적으로 말하면, 기숙사에서 생활하는 학생들은 자주 외로움을 느끼는데, 반려동물은 힘이 되고 외로운 감정을 줄여줄 수 있다.
두 번째로, 반려동물을 키우는 일은 학생들을 책임감 있게 만들어 줄 수 있다. 예를 들어, 만약 학생들이 자신의 반려동물들에게 먹이를 주고 규칙적으로 산책을 시켜야 한다면, 그들은 더 책임감을 가지고 행동하게 될 가능성이 더 높다. 이러한 이유들 때문에, 나는 기숙사에서 반려동물을 키우는 것이 좋은 생각이라고 본다.

어휘 companionship **n** 우정, 동료애 | provide **v** 제공하다 | loneliness **n** 외로움 | feed **v** 먹이다

03

Some people think that getting an education abroad as early as possible is the best method while others think it is better to study abroad later in life. Which option do you think is better? Give support for your answer in the form of details and examples.

어떤 사람들은 가능한 한 일찍 해외에서 교육받는 것이 최고의 방법이라고 생각하는 반면에 다른 사람들은 늦게 해외에서 공부하는 것이 더 낫다고 생각한다. 당신이 생각하기에는 어떤 선택지가 더 나은가? 세부 내용과 예시들을 넣어 답변을 뒷받침하시오.

노트 정리 예시

선택	agree	동의
이유 & 구체화	1. absorb information better 　- learn language skills + adjust more easily 2. accept new cultures 　- make new friends different from them	1. 정보를 더 잘 흡수할 수 있음 　- 언어를 배우고 환경에 더 쉽게 적응함 2. 새로운 문화들을 받아들임 　- 그들과 다른 새로운 친구들을 사귐

말하기 예시

선택	If I had the choice, I think studying overseas at an early age is most effective.	만약 내게 선택권이 있다면, 나는 어릴 때 해외에서 공부하는 것이 가장 효과적이라고 생각한다. 먼저, 어린 아이들은 나이가 더 있는 아이들이나 성인들보다 더 잘 정보를 흡수하고 새로운 경험을 받아들일 수 있다. 이는 그들이 언어를 배우고 그들의 환경에 더 쉽게 적응하는 데 도움이 될 것이다. 두 번째, 일반적으로 더 어린 학생들은 새로운 관습과 문화를 더 잘 받아들인다. 예를 들어, 어린아이들은 그들과 다른 새로운 친구들을 만드는 데 더 즐거워할 수도 있다. 반면에 더 나이 많은 학생들은 익숙함을 찾을 것이다. 요약하자면, 어린 나이에 해외 경험이 언어와 문화적 경험에 더 많은 도움을 주기 때문에 어린 나이에 해외 경험을 하는 것이 더 낫다.
이유 1	To begin with, young children are able to absorb information and accept new experiences better than older children or adults.	
구체화	This can help them learn language skills and adjust to their environment more easily.	
이유 2	Secondly, in general, younger students are more accepting of new customs and cultures.	
구체화	For example, younger children might be excited to make new friends that are different from them whereas older students might look for familiarity.	
재진술 / 강조	To sum up, it is better to have experience abroad from an early age as it will help them more with linguistic and cultural experience.	

어휘　absorb **v** 흡수하다 I accept **v** 받아들이다. 수락하다 I custom **n** 관습 I familiarity **n** 친숙함 I linguistic **adj** 언어적인

04

Some believe that you are born with artistic abilities while others believe that it is something that you can learn. Which do you think is more accurate and why?

어떤 사람들은 당신이 예술적 재능을 천부적으로 타고 태어난다고 생각하고, 다른 사람들은 당신이 배울 수 있는 어떤 것이라고 생각한다. 당신은 어떤 것이 더 정확하다고 생각하는가, 그리고 그 이유는 무엇인가?

노트 정리 예시

선택	learn	배울 수 있는 것
상황	artistic talent	예술적 재능이 없었던 상황
과정	go through hardship, practice a lot	고난을 겪어야만 했음. 많이 연습함
결과	good result	좋은 결과를 얻어냄

선택	In my opinion, artistic ability is something that you can learn. Let me tell you my own experience with this.	내 의견으로는, 예술적 재능은 당신이 배울 수 있는 것이다. 이것에 대한 내 경험을 말해주고 싶다. 내가 20살 이었을 때, 나는 정말 예술가가 되고 싶었지만 유감스럽게도, 나는 어떠한 예술적 재능도 없었다. 이 때문에, 내가 예술을 공부하고 연습하는 과정에서 많은 고난과 자기 회의를 겪어야 했고, 스트레스를 많이 받았다. 하지만 나는 예술가가 되는 데 정말 많은 노력을 쏟아부었다. 많은 연습을 통해 결국 나는 좋은 결과를 얻게 되었다. 이 경험을 기반으로, 나는 예술적 재능을 배울 수 있는 것이라고 생각한다.
상황	When I was 20 years old, I really wanted to be an artist, but unfortunately, I didn't have any artistic talent.	
과정	Because of this, while I was studying and practicing art, I had to go through a lot of hardship and self-doubt, so I got stressed out a lot.	
결과	However, I put a lot of effort into being an artist. With a lot of practice, I finally got a good result.	
재진술/ 강조	From this experience, I think artistic talents can be learned.	

어휘   artistic ability 예술적 재능 | process ⓝ 과정 | hardship ⓝ 고난 | self-doubt ⓝ 자기 회의 | effort ⓝ 노력 | result ⓝ 결과

III. Integrated Task | Q2. 읽고 듣고 말하기: 대학 생활

Lesson 01 읽기 정리

Practice

본서 | P. 86

01

읽기 지문&해석

Recreation Center Renovations	레크리에이션 센터 보수공사
Due to a planned renovation this summer, the Recreation Center will be unavailable for use between June 1 and August 15. Taking into account the expansion of our student population, the current facilities are no longer able to meet the demands of our campus body. This summer's renovation project will increase the number of racquetball courts, and improve the main gymnasium. We will also be expanding the number of free weights, treadmills, and other cardio machines in the weight room.	이번 여름에 계획된 보수공사 때문에, 레크리에이션 센터는 6월 1일부터 8월 15일까지 사용이 불가능합니다. 우리의 학생 수 증가를 고려해 볼 때, 현재 시설들은 더 이상 캠퍼스 전체의 요구를 충족시켜 줄 수 없게 되었습니다. 이번 여름의 보수공사 계획은 라켓볼 코트의 수를 늘릴 것이고, 주 체육관도 향상시킬 것입니다. 우리는 또한 체력단련실에 역기들, 러닝머신들, 그리고 다른 유산소 운동 기구들의 숫자도 확대할 것입니다.

읽기 노트 정리 예시

주제	recreation center → x available due to renovation	레크리에이션 센터 → 개·보수 관계로 사용 불가능
이유 1	increase racquetball courts + improve gym	라켓볼 코트 증가 + 체육관 시설 향상
이유 2	expand the number of many facilities	많은 시설의 수 확장

개보수 계획의 자세한 내용까지 말해줄 필요는 없다. 45초 내에 적고 나중에 말해야 할 부분은 학교가 개보수를 이유로 레크리에이션 센터를 잠시 동안 닫는다는 내용이다.

어휘 take into account ~를 고려하다 ㅣ facility **n** 시설, 설비 ㅣ expand **v** 확장하다, 확대하다 ㅣ unavailable **adj** 이용 불가능한

02

읽기 지문&해석

Making Appointments for Computer Use	컴퓨터 사용을 위한 예약
Starting on the first of March, the computers in the computer labs may be used for one hour only. This will make it more efficient and convenient for students to work on assignments, and it will reduce the amount of noise in the hallway because students will not need to wait there for other students to leave in order to get a machine.	3월 1일부터 컴퓨터실의 컴퓨터는 1시간 단위의 예약제로만 사용이 가능합니다. 이 방법은 학생들이 과제를 하는 것을 더 효율적이고 편리하게 만들 것이며, 컴퓨터를 쓰기 위해 다른 학생들이 자리를 뜨기를 복도에서 기다리지 않아도 되므로 복도의 소음을 줄여 줄 것입니다.

읽기 노트 정리 예시

주제	computers in the labs → used for 1 hour only	컴퓨터실의 컴퓨터는 1시간 단위로 예약을 해야만 사용할 수 있음
이유 1	efficient and convenient	효율적이고 편리함
이유 2	reduce noise in hallway BC students don't need to wait	학생들이 기다리지 않아도 되기 때문에 복도의 소음을 줄일 수 있음

한 시간 단위의 컴퓨터 사용 예약제 시행이 핵심 주제이다. 주제 문장에서 주어 부분은 최대한 간단하게 말하고 핵심을 포함해야 하므로 The computers in the labs라고 말한 후 핵심 내용인 may be used for 1 hour가 바로 다음에 이어져야 한다.

어휘 appointment **n** 예약, 약속 ㅣ efficient **adj** 효율적인 ㅣ convenient **adj** 편리한 ㅣ assignment **n** 과제 ㅣ hallway **n** 복도

Lesson 02 듣기 정리

Practice

본서 ㅣ P. 90

01

Now listen to two students discussing the announcement. | 두 학생이 공지에 대해 이야기하는 것을 들으시오.

듣기 지문&해석

M Are you kidding me? The Recreation Center is closed the whole summer?	**남** 장난하는 건가? 레크리에이션 센터가 여름 내내 문을 닫는다고?
W Yeah, the renovations will make it a lot bigger and more modern. I guess it makes sense since it's an old building, and we have so many more students now.	**여** 응, 이 보수공사 센터를 좀 더 크고 현대적으로 만들어 줄 거야. 내 생각에 센터가 오래된 건물이고, 우리는 현재 너무 많은 학생들이 있어서, 일리 있는 결정인 것 같아.
M What are you talking about? There's no need to make any changes to the Center. I've been using the gym about 5 times a week, and it's practically empty. Even during the peak hours when most people are there, I've never waited more than 10 minutes to use any of the weights or cardio equipment. This expansion is pointless.	**남** 대체 무슨 소리 하는 거야? 센터를 변경할 필요가 없어. 나는 일주일에 5번 체육관을 이용하는데, 사실상 비어 있어. 가장 많은 사람들이 있는 피크 시간대에도, 근력 운동 기구들이나 유산소 운동 장비를 이용하기 위해서 10분 이상 기다려 본 적이 없어. 이 확장 공사는 의미가 없어.

<table>
<tr>
<td>

- Ⓦ But don't you think the facilities are outdated? That's why they're purchasing a lot of new equipment.
- Ⓜ The current equipment is fine. All the weights are still in good condition, and we don't need any new racquetball courts.
- Ⓦ I hear you, but what can you do if the school believes it's time to renovate?
- Ⓜ If you ask me, it's just a big waste of time, money, and resources. A simple paint job is all they really need to do, and that would take just a couple of weeks, not three months.

</td>
<td>

- Ⓒ 근데, 시설들은 조금 구식인 것 같지 않아? 그런 이유로 많은 새 장비를 사는 것이기도 해.
- Ⓗ 현재 장비들은 멀쩡해. 모든 근력 운동 기구들은 여전히 좋은 상태를 유지하고 있어. 그리고 새로운 라켓볼 코트도 필요치 않아.
- Ⓒ 무슨 말인지 알겠어, 근데 만약 학교가 보수공사를 할 시기라고 생각하고 있다면 어떤 것을 할 수 있겠어?
- Ⓗ 만약 내게 묻는다면, 이건 그냥 시간, 돈, 자원의 큰 낭비야. 정말로 그들이 할 필요가 있는 건 그저 단순한 페인트칠이야, 그리고 그건 석 달이 아닌 2주 정도만 걸릴 거고.

</td>
</tr>
</table>

듣기 노트 정리 예시

주제	recreation center → x available due to renovation	레크리에이션 센터 → 보수공사 때문에 사용 불가능
의견	man: no	남자: 반대

이유	이유 1&구체화
	gym - empty
	  - during peak, x wait 〉 10 min. for equipment
	    → expansion - pointless
	
	이유 2&구체화
	facilities - fine
	  - x need new racquetball courts
	  - waste of time, $, & resource
	  - simple paint job - needed
		체육관 - 비어 있음
		  - 가장 붐비는 시간에도, 시설 사용을 위해서 10분 이상을 기다리지 않아도 됨 → 확장 공사는 의미가 없음
		시설 - 문제없이 좋음
		  - 새로운 라켓볼 코트를 필요로 하지 않음
		  - 시간, 돈, 자원 낭비
		  - 간단한 페인트칠만 필요함

Speaking Tip

대부분의 채점관이 고득점을 주는 포인트는 주인공의 이유를 뒷받침하는 구체화 내용에 있다. 단순하게 체육관이 붐비지 않는다는 사실을 언급하는 것에서 그칠 것이 아니라, 제일 붐비는 피크 타임에도 10분 이상을 기다려 본 적이 없다는 말로 구체화를 시켜주어야 한다. 또한 두 번째 이유에서 학생이 시간, 돈, 자원 낭비라고 말하는 부분은 Task 2 대학 생활 문제에서 정말 자주 나오는 표현이니, 이 부분은 꼭 여러 번의 발화 연습을 통해서 익숙하게 만들어 놓아야 한다.

어휘 renovation ⓝ 보수 ㅣ cardio ⓝ 심장 강화 운동 ㅣ facility ⓝ 시설, 설비 ㅣ outdated 죠ɟ 구식의

02

Now listen to two students discussing the notice.　두 학생이 공지에 대해 이야기하는 것을 들으시오.

듣기 지문&해석

<table>
<tr>
<td>

- Ⓜ Hello, Nancy, did you hear about the computer labs?
- Ⓦ Huh? No, I guess I didn't.
- Ⓜ Oh, well, they posted notices around campus. Starting next month, the computers in the labs can be used by reservation only. They are trying to make things more efficient.
- Ⓦ More efficient... how long can they be used for?
- Ⓜ It said that we can reserve them in one-hour time slots.

</td>
<td>

- Ⓗ 안녕, Nancy. 컴퓨터실에 관한 얘기 들었어?
- Ⓒ 어? 아니, 못 들었던 것 같아.
- Ⓗ 아, 캠퍼스에서 공지를 했어. 다음 달부터 컴퓨터실의 컴퓨터는 예약제로만 사용 가능하다고 해. 일을 더 효율적으로 하려고 하나 봐.
- Ⓒ 더 효율적이라... 얼마나 오래 사용할 수 있는데?
- Ⓗ 컴퓨터를 한 시간 단위로 예약해야 한다고 나와 있었어.

</td>
</tr>
</table>

Ⓦ That will only be more efficient for the lab assistants. Most students won't be able to finish writing a paper in an hour, so they will have to come back later to finish their work. Stopping and restarting much later when you are composing an essay makes it very hard to do your best work.

Ⓜ Yeah, that is probably true. But it would be quieter without people lining up out in the hallway, wouldn't it?

Ⓦ Maybe, but what if someone shows up late for their time slot? If that student shows up late and his or her seat is given to someone else, that student will be upset. And he or she will probably have an argument with the assistants and the other student. That would disturb other students in the lab. It doesn't matter if the hallway is quieter when that happens.

Ⓦ 그건 컴퓨터실 조교들에게만 더 효율적이게 될 텐데. 대부분의 학생은 한 시간 안에 과제를 끝낼 수 없을 거야. 그래서 과제를 끝내려면 다시 돌아와야 해. 에세이를 쓸 때 중단했다가 한참 시간이 흐른 뒤에 다시 시작하면 최선의 실력을 발휘해 글을 쓰는 게 아주 힘들어져.

Ⓜ 그래, 그 말이 맞을지도 몰라. 하지만 복도에 줄을 서는 사람들이 없으면 더 조용할 거야. 그렇지 않아?

Ⓦ 그럴지도 모르지만, 만약 누군가가 자기 예약 시간에 늦게 온다면? 만약 그 학생이 늦게 왔고 컴퓨터실에서 이미 다른 사람에게 그 사람의 시간을 줘 버렸다면, 그 학생은 기분 나빠할 거야. 그리고 컴퓨터실 조교와 다른 학생이랑 말싸움을 할지도 모르지. 그것은 컴퓨터실의 다른 학생들을 방해할 거야. 말다툼이 일어나면 복도가 조용하고 말고는 별로 상관이 없지.

듣기 노트 정리 예시

주제	com in lab – used for 1 hour only	한 시간 단위 예약제로만 컴퓨터를 사용하는 것
의견	woman: no	여자: 반대
이유	이유 1&구체화 **x efficient** – x write a whole paper in 1 hour 이유 2&구체화 **disturb other students** – show up late – give that time to someone – arguing with assistants + the other students	효율적이지 않음 – 1시간 이내에 과제를 끝내지 못함 다른 학생들을 방해함 – 예약자가 늦게 나타날 수도 있음 – 예약 시간을 다른 사람에게 줄 수도 있음 – 컴퓨터실 조교나 타 학생과의 논쟁이 생김

Speaking Tip

노트테이킹에서는 문장을 쉽게 전개시킬 수 있도록 끌어주는 '동사'와 '형용사'가 중요하다. 예를 들어, 'x efficient'만 적어도, 앞에서 전체적인 대화 주제, 즉 공지를 읽고 대화를 들었기 때문에 가볍게 주어를 'It'으로 처리해서 "It's not efficient."라고 말할 수 있다.

어휘 time slot 시간 단위 | quiet ᴀᴅᴊ 조용한 | what if 만약 ~한다면 | arrive ᴠ 도착하다

Lesson 03 정리해서 말하기

Practice

본서 | P. 96

01

The man expresses his own opinion about the school's announcement. State his opinion and explain the reasons he gives for having that opinion.

남자는 학교의 공지에 대한 자신의 의견을 표현하고 있다. 그의 의견을 진술하고, 그 의견을 뒷받침하는 이유들을 설명하시오.

The Recreation Center will be unavailable for use due to a renovation between June and August.	레크리에이션 센터는 보수공사 때문에 6월과 8월 사이에 사용이 불가능해질 것이다.
The man does not think it is a good idea.	남자는 이것이 좋은 아이디어라고 생각하지 않는다.
The gym is practically empty.	체육관은 사실상 비어 있다.
During peak hours, the students have never waited more than 10 minutes for any equipment.	사람들이 가장 많이 붐비는 피크 시간대에도, 학생들은 시설 이용을 위해서 절대로 10분 이상 기다려 본 적이 없다.
This expansion is pointless.	이 확장 공사는 의미가 없다.
The current facilities are fine.	현재의 시설들은 문제없이 좋다.
The students don't need any new racquetball courts.	학생들은 새로운 라켓볼 코트를 필요로 하지 않는다.
It's just a big waste of time, money, and resources.	이것은 단지 큰 시간, 돈, 자원의 큰 낭비일 뿐이다.
A simple paint job is just needed.	간단한 페인트칠만 필요할 뿐이다.

Speaking Tip

노트테이킹할 때 대부분 특수한 경우를 제외하고는 전부 주어를 생략한다. 하지만 문장을 만들 때는 주어가 꼭 포함되어야 하는 경우가 많기 때문에, 대학 생활에서 반복되는 student, school 등의 주어를 이용하면 답변 전개가 훨씬 더 쉬워진다.

어휘 recreation center 레크리에이션 회관(학생들의 문화/체육 시설이 있는 장소) I practically **adv** 사실상, 거의 I weight room 역기실, 체력단련실

According to the announcement, the Recreation Center will be unavailable for use due to a renovation between June and August. The man does not think it is a good idea for two reasons. First, the gym is practically empty. During peak hours, the students have never waited more than 10 minutes for any equipment. So, this expansion is pointless. Second, the current facilities are fine, and the students don't need any new racquetball courts. So, it's just a big waste of time, money, and resources. A simple paint job is just needed. For these reasons, the man does not think it is a good idea.	공지에 따르면, 레크리에이션 센터는 보수공사 때문에 6월과 8월 사이에 사용이 불가능해질 것이라고 한다. 남자는 두 가지 이유 때문에 이것이 좋은 아이디어라고 생각하지 않는다. 무엇보다도, 체육관은 사실상 비어 있다. 사람들이 가장 많이 붐비는 피크 시간대에도, 학생들은 시설 이용을 위해서 절대로 10분 이상 기다려 본 적이 없다. 따라서, 이 확장 공사는 의미가 없다. 두 번째로, 현재의 시설들은 문제없이 좋고, 학생들은 새로운 라켓볼 코트를 필요로 하지 않는다. 그래서, 이것은 단지 시간, 돈, 자원의 큰 낭비이다. 간단한 페인트칠만 필요할 뿐이다. 이러한 이유들 때문에, 남자는 이것이 좋은 아이디어라고 생각하지 않는다.

Speaking Tip

남자의 "So, it's just a big waste of time, money, and resources." 대사는 Task 2의 건설·개보수 상황에서 반복해서 나오는 표현이다. 이러한 부분은 노트테이킹 하지 않더라도 바로 입에서 자연스럽게 나올 수 있도록 미리 연습해 두어야 한다.

어휘 equipment **n** 장비 I condition **n** 상태 I gym **n** 체육관 I resource **n** 자원, 재원

02

The woman expresses her opinion of a notice posted around campus. State her opinion and explain the reasons she gives for that opinion.	여자는 캠퍼스 주변에 게시된 공지에 대한 자신의 의견을 표현하고 있다. 그녀의 의견을 진술하고, 그 의견을 뒷받침하는 이유들을 설명하시오.

Computers in the computer labs may only be used for one-hour-long appointments.	컴퓨터실의 컴퓨터는 3월 1일부터 한 시간 예약을 해야만 사용할 수 있다.

The woman thinks it is a bad idea.

It will not be efficient as students cannot write a whole paper in just an hour.

Some students might show up late for their time slots. If the lab assistant gives the seat to someone else there will be argument with the assistant and the other student. Plus, it will disturb other students.

여자는 이것이 좋은 아이디어라고 생각하지 않는다.

이 방침이 효율적이지 않을 것이라고 말하는 이유는 학생들이 한 시간 만에 과제물을 전부 완성할 수 없기 때문이다.

일부 학생들이 예약 시간에 늦을 수도 있다. 만약 실험실 조교가 다른 학생에게 주게 되면 실험실 조교와 다른 학생과 말싸움이 일어날 수도 있다. 이는 다른 학생들을 방해하게 될 것이다.

Speaking Tip

이 주제에서 가장 많이 반복되는 주어는 'students' 정도일 것이다. 노트테이킹을 말로 옮길 때, 'Students'는 'They'로 대신 사용하면 답변이 더 담백하게 들린다.

어휘 in an hour 한 시간 이내에 | show up 나타나다 | argue v 논쟁하다 | disturb v 방해하다 | line up 줄 서다

말하기 예시

According to the notice, computers in the computer labs may only be used for one-hour beginning in March. The woman does not think it is a good idea. First, she says that it will not be efficient for students because they cannot write a whole paper in just an hour. Second, some students might be late for their appointments. If the lab assistant gives the seat to another student, there will probably be an argument. It will also disturb other students. For these reasons, the woman does not think it is a good idea.

공지에 따르면, 컴퓨터실의 컴퓨터는 3월 1일부터 한 시간 단위로 예약을 해야만 사용할 수 있다. 여자는 이것이 좋은 아이디어라고 생각하지 않는다. 먼저, 여자는 학생들이 한 시간 내에 과제물을 완성할 수 없기 때문에 이 방침이 효율적이지 않을 것이라고 말한다. 두 번째로, 일부 학생들이 예약 시간에 늦을 수도 있다. 만약 실험실 조교가 다른 학생에게 자리를 주게 되면 말싸움이 일어날 수도 있다. 이는 또한 다른 학생을 방해하게 될 것이다. 이러한 이유들 때문에, 여자는 이것이 좋은 아이디어라고 생각하지 않는다.

Speaking Tip

컴퓨터실 예약제라는 공지사항, 이것에 반대하는 주인공의 입장, 그리고 그 입장을 설명하는 첫 번째 이유(시간 부족)와 두 번째 이유(말싸움 발생으로 인한 소란)에 대한 내용이 꼭 답변에 포함되어야 한다.

어휘 appointment n 예약, 약속 | rely upon ~에 의지하다 | complete v 완성하다, 끝내다 | assignment n 과제, 숙제 | reserve v 예약하다 | time slot n 시간대 | in advance 미리 | efficient adj 효율적인 | convenient adj 편리한 | reduce v 줄이다, 감소하다 | noise n 소음 | hallway n 복도

Test

본서 / P. 104

01

The reading passage below is related to removing the food carts. Read the passage for 50 seconds. Begin reading now.

아래의 리딩 지문은 푸드 카트들을 없애자는 것에 관련된 글이다. 해당 지문을 50초 동안 읽으시오. 지금 읽기 시작하시오.

읽기 지문&해석

Remove the Food Carts

I think the food carts in the center of campus should be removed. Since the university began allowing local vendors to place food carts along paths in the center of campus, it has created many problems. First, the area around the food carts is disgusting. Second, the food carts are bad for students'

푸드 카트를 없애자

저는 캠퍼스 중앙에 위치한 푸드 카트들이 없어져야 한다고 생각합니다. 학교에서 지역 노점상들이 캠퍼스 중앙의 길을 따라 푸드 카트를 설치하도록 허용한 이래 이것은 많은 문제를 야기했습니다. 첫 번째로, 푸드 카트들이 있는 구역은 몹시 지저분합니다. 두 번

health. For these reasons, I do not think that food carts should be allowed.

Nathan Bankuist

| 째로, 이 푸드 카트들은 학생들의 건강에 나쁩니다. 이러한 이유들 때문에, 저는 푸드 카트가 허용되어서는 안 된다고 생각합니다.

Nathan Bankuist

Now listen to two students discussing the letter.

편지에 대해 논의하는 두 학생의 대화를 들으시오.

듣기 스크립트&해석

M Did you see the letter in the paper about the food carts?

W Yes, I did, but I don't agree with the writer.

M Really? You haven't noticed the mess that they make?

W I have noticed it, but I do not think that is really the cart operators' fault. Yes, they serve the food, but are they the people that throw the wrappers on the ground?

M Uh, no, I guess that would be the students.

W Exactly, so the food cart operators aren't causing that problem. The real issue with the garbage is that there aren't any trash cans nearby. The university should put some trash cans near the food carts. If people had somewhere to put their trash, it would probably eliminate most of the garbage on the ground.

M Okay, but what about the food that they serve? It's all junk food: hot dogs, nachos, pizza, etc. It isn't healthy.

W Is it? Sure, some of them serve burgers and chips and such. But others actually have some pretty healthy options. I go to one of those carts almost every morning. I buy fruit, yogurt, and granola bars there. Those are pretty healthy foods, and they really help me get through the morning. It is very hard to concentrate on an empty stomach.

M Oh, that doesn't sound so bad.

남 캠퍼스 신문에서 푸드 카트에 대한 편지 봤어?

여 응, 봤어. 하지만 난 그 사람의 의견에 동의하지 않아.

남 정말이야? 푸드 카트가 야기한 그 아수라장을 보지 못한 거야?

여 봤어. 하지만 그게 실제로 푸드 카트 운영자들의 잘못은 아니라고 생각해. 맞아, 그 사람들은 음식을 판매하지만, 그 사람들이 땅에 음식 포장지를 던지는 사람들은 아니잖아?

남 음, 아니지. 그건 학생들이겠지.

여 바로 그거야. 그러니까 푸드 카트 운영자들이 그 문제를 일으킨 게 아니지. 쓰레기에 대한 진짜 문제는, 근처에 쓰레기통이 하나도 없다는 거야. 학교에서 푸드 카트 근처에 쓰레기통을 좀 설치해야 해. 쓰레기를 버릴 곳이 있으면 땅에 있는 대부분의 쓰레기는 없어질 거야.

남 알겠어. 하지만 푸드 카트에서 판매하는 음식은? 모두 정크 푸드잖아: 핫도그, 나초, 피자 등. 건강에 좋지 않아.

여 그럴까? 맞아, 일부는 버거와 칩이나 그런 걸 팔아. 하지만 다른 카트들의 경우 사실 상당히 건강에 좋은 선택지를 갖고 있어. 나는 거의 매일 아침에 그 카트 중 한 곳에 가. 과일과 요거트, 그리고 그래놀라 바를 구입해. 이것들은 꽤 건강에 좋은 음식이고, 내가 아침을 잘 보내는 데 정말 도움이 돼. 아무것도 안 먹고 뭔가에 집중하는 건 정말 어렵잖아.

남 오, 그렇게 나쁘지 않네.

읽기&듣기 노트 정리 예시

주제	food carts in the center of campus → remove	캠퍼스 중앙에 있는 푸드 카트 → 없애자
의견	woman: no	여자: 반대
이유	이유 1&구체화 x any trash cans nearby - more trash cans – solve problem	푸드 카트 근처에 쓰레기통이 없음 - 더 많은 쓰레기통을 설치 – 해당 문제를 해결할 수 있음

| 이유 2&구체화
some sell junk food
  – others offer healthy options
  – help through morning | 몇몇 카트들은 정크 푸드를 판매함
  – 다른 카트들은 건강한 음식을 제공함
  – 아침을 잘 보내는 데 도움이 됨 |

어휘 notice **v** 알아차리다 | operator **n** 운영자 | wrapper **n** 포장지 | eliminate **v** 제거하다 | garbage **n** 쓰레기

| The woman expresses her opinion of a letter in the campus newspaper. State her opinion and explain the reasons she gives for that opinion. | 여자는 학교 신문에 게재된 편지에 대한 자신의 의견을 표현하고 있다. 그녀의 의견을 진술하고, 그 의견을 뒷받침하는 이유들을 설명하시오. |

말하기 예시

| The letter in the school newspaper says that the food carts in the center of campus should be removed. The woman disagrees with the woman writer. First, there aren't any trash cans nearby. The woman said that the university should put some trash cans near the food carts, and it would solve the problem. Second, the woman said that some carts serve junk food, but others actually offer healthy options. They really help students get through the morning. So the woman does not think the carts should be removed. | 학교 신문에 실린 편지는 캠퍼스 중앙에 있는 푸드 카트들이 없어져야 한다고 말한다. 여자는 편지 작성자의 말에 동의하지 않는다. 첫째로, 근처에 쓰레기통이 하나도 없다. 여자는 학교가 푸드 카트 주변에 쓰레기통을 설치해야 하고 이것이 그 문제를 해결할 것이라고 말한다. 두 번째로, 여자는 몇몇 카트는 정크 푸드를 팔고 있지만 다른 카트들은 실제로 건강에 좋은 음식들을 제공하고 있다고 말한다. 그 음식들은 학생들이 아침을 잘 보내는 데 정말 도움이 된다. 그래서 여자는 이 카트들이 사라져야 한다고 생각하지 않는다. |

Speaking Tip

듣기 대화에서 주인공이 자신의 의견을 뒷받침하는 이유를 들 때, 읽기 지문에서 언급된 상황의 '진짜 원인'을 분석하고 대화 속 주인공이 제안하는 나름대로의 '해결책'을 제시했다는 점을 기억한다.

어휘 food cart 푸드 카트 | trash can 쓰레기통

02

| The school is planning on ending the tutoring program for Eng. Dept. Read the notice for 50 seconds. Begin reading now. | 학교는 공학부의 개인 지도 프로그램을 종료하려고 계획 중이다. 50초 동안 공지를 읽으시오. 지금 읽기 시작하시오. |

읽기 지문&해석

| Ending the Tutoring Program for Engineering Dept.

The university board of directors has decided to end the tutoring program for the engineering department. Over the past few semesters, fewer and fewer engineering students have been using the service. In addition, the tutoring program has had difficulty finding engineering students who are both qualified and willing to work at the center. For these reasons, the tutoring center will no longer offer tutoring for engineering students. | 공학부 개인 지도 프로그램 중단

대학교 이사회는 공학부의 개인 지도 프로그램을 종료하기로 결정했습니다. 지난 몇 학기 동안 점점 더 적은 수의 공학부 학생들이 이 서비스를 이용해 왔습니다. 또한 개인 지도 프로그램에서는 자격을 갖춘 동시에 센터에서 일하고자 하는 공학부 학생을 찾는 데 어려움을 겪어 왔습니다. 이러한 이유들 때문에, 개인 지도 센터에서는 공학부 학생들에게 더 이상 개인 지도를 제공하지 않고자 합니다. |

어휘 tutor **n** 개인 지도 교사 **v** 개인 지도 하다, 과외 하다 | engineering **n** 공학, 공학 기술 | semester **n** 학기 | have difficulty -ing ~하는 데 어려움을 겪다 | willing **adj** 자발적인, 기꺼이 하는

Now listen to two students discussing the notice.　　｜　공지에 대해 논의하는 두 학생의 대화를 들으시오.

W　Hello, Grant. Did you see the notice about the tutoring center?

M　You mean how they aren't going to have tutors for engineering students anymore? I don't think it's a good idea.

W　Well, they said that not many students are using it, so it must not be very useful.

M　I don't agree with that. I often visit the tutoring center when I have trouble understanding my homework. It's also really helpful right before exams. It can be hard to understand an unfamiliar topic just from my notes.

W　Okay, I can see that it is useful for you, but how many other students do you see going there with engineering questions?

M　In my experience, the engineering tutors were just as busy as the tutors for other subjects.

W　The notice also said that they are having trouble getting students to be tutors for engineering.

M　That may be true, but again, I think that is probably true for any subject. You know what they could do though… they could get the graduate students to do it. The graduate students are clearly qualified for it.

여　안녕, Grant. 개인 지도 센터에 대한 공지 봤어?

남　공학부 학생들에게 더 이상 개인 지도 교사를 제공하지 않는다는 공지 말이야? 난 그게 좋은 아이디어라고 생각하지 않아.

여　뭐, 그렇게 많은 학생들이 개인 지도 프로그램을 이용하지 않는다고 말했잖아. 그러니까 그다지 유용하지 않았나 봐.

남　난 그렇게 생각하지 않아. 난 과제를 이해하기 어려울 때 개인 지도 센터를 자주 찾거든. 그리고 시험 바로 전에 아주 도움이 많이 돼. 필기한 것만 보고 생소한 주제를 이해하기 어려울 수도 있거든.

여　그래, 너에게 도움이 됐다는 건 알겠어. 하지만 공학 관련 질문을 들고 거기 가는 다른 학생들이 몇 명이나 되는데?

남　내 경험으로는, 공학부 개인 지도 교사들은 다른 과목 교사들과 마찬가지로 바빴어.

여　저 공지에서는 공학부를 위한 지도 교사를 구하는 데 어려움이 있었다고도 말하던데.

남　그럴 수 있어. 그래도 다시 말하지만 그건 어떤 과목이든 마찬가지일 거라고 생각해. 학교에서 무엇을 할 수 있을까… 대학원생들에게 이 일을 하도록 할 수 있지. 그들은 당연히 자격이 되니까.

주제	end tutoring program for Eng. Dept.	공학부의 튜터링 프로그램 종료
의견	man: no	남자: 반대
이유	이유 1&구체화 **visit center - when trouble H.W.** - helpful before exam - hard to understand just from notes 이유 2&구체화 **get grad. students to do it** - qualified for it	숙제를 하는 데 어려움을 겪을 때 센터를 방문함 - 시험 전에 도움이 됨 - 수업 노트만으로는 그 내용을 이해하기가 어려움 대학원생들을 기용할 수 있음 - 그들은 튜터의 자격을 충분히 가지고 있음

어휘　useful **adj** 유용한 ｜ unfamiliar **adj** 친숙하지 않은 ｜ have trouble -ing ~하는 데 어려움을 겪다 ｜ subject **n** 과목 ｜ graduate student 대학원생

The man expresses his opinion of a notice. State his opinion and explain the reasons he gives for holding that opinion.

남자는 학교의 공지에 대한 자신의 의견을 표현하고 있다. 그의 의견을 진술하고, 그 의견을 뒷받침하는 이유들을 설명하시오.

The notice from the university board of directors says that they have decided to end the tutoring program for the engineering department. The man disagrees with the reasons given in the notice. First, students often visit the center when they have trouble understanding their homework. It's helpful right before exams. It can sometimes be hard to understand an unfamiliar topic just from notes. Second, it says the center is having trouble getting students to be tutors for engineering. However, the center could get graduate students to work for the center. They are clearly qualified for it. So the man does not think that they should end tutoring for engineering students.

대학교 이사회에서 올린 공지는 공학부 학생들을 위한 튜터링 프로그램을 종료하기로 결정했다고 말하고 있다. 남자는 공지에서 언급한 이유에 동의하지 않는다. 먼저, 학생들은 숙제를 하는 데 어려움을 겪게 될 때, 자주 센터를 방문한다. 이 서비스는 시험 직전에 도움이 많이 된다. 때때로 필기한 것만 가지고 낯선 주제를 이해하는 것이 힘들 때도 있다. 두 번째로, 센터는 공학부 튜터로 일할 학생을 구하는 데 어려움을 겪고 있다. 하지만 센터는 대학원생들에게 이 일을 하도록 할 수 있다. 그들은 분명히 이 일에 자격이 된다. 그래서 남자는 학교에서 공학부 학생들을 위한 개인 지도를 그만두어서는 안 된다고 생각한다.

Speaking tip

대학교에서의 개인 지도(튜터링) 프로그램은 어느 학교나 전부 가지고 있을 정도로 흔하다. 각 학교마다 모든 전공에 대한 개인 지도 프로그램을 가지고 있으며, 특히 시험을 앞두고는 학생들의 개인 지도 센터 이용도가 급증해서 이용 시 줄을 서야 할 정도로 학생들에게 도움을 주는 학교 측의 서비스라고 보면 된다. 학생들은 이곳에서 각 학과목의 도움을 받을 수 있을 뿐만 아니라, 3, 4학년의 경우 직접 해당 전공의 개인 교사로도 활동할 수 있다.

어휘 board of directors 이사 | qualified **adj** 자격을 갖춘 | graduate **n** 대학원생

03

The school is planning on getting rid of early morning classes. Read the notice for 45 seconds. Begin reading now.

학교는 이른 아침 수업들을 폐지하려고 계획하고 있다. 45초 동안 공지를 읽으시오. 지금 읽기 시작하시오.

Getting Rid of Early Morning Classes

The university's board of directors voted in their last meeting to eliminate 8 A.M. classes. This change will allow students to get the proper amount of rest, and it will give professors more time to prepare for their classes. It will also provide both students and professors with more time to get to their classes.

이른 아침 수업 폐지

대학교 이사회는 지난 회의에서 투표를 하여 오전 8시 수업을 폐지하기로 했습니다. 이 변화는 학생들이 적절한 휴식을 취할 수 있도록 해줄 것이며, 교수들에게 강의 준비를 할 수 있는 시간을 더 갖게 해줄 것입니다. 또한 학생들과 교수들 모두에게 강의실에 도착할 시간을 더 충분히 갖도록 해줄 것입니다.

어휘 board **n** 이사회 | vote **v** 투표하다 | amount **n** 양 | rest **n** 휴식

Now listen to two students discussing the notice.

공지에 대해 논의하는 두 학생의 대화를 들으시오.

W Did you see the notice about morning classes?

M Yes, but I'm not sure if getting rid of 8 A.M. classes is a good idea.

W Really? Do you like taking classes that early?

M No, but that isn't the point. The notice said that getting rid of 8 A.M. classes will give students more time to sleep.

W Yes, and I think that would be great.

M But, we are talking about students. If students can sleep later in the morning, then they will stay up later at night.

W Not necessarily… I wouldn't do that…

여 아침 수업에 대한 공지 봤어?

남 그래, 하지만 난 오전 8시 수업을 폐지하는 게 좋은 생각인지 잘 모르겠어.

여 정말? 그렇게 일찍 수업을 듣는 게 좋니?

남 아니. 하지만 그게 요점이 아니야. 공지에서는 8시 수업을 없애는 게 학생들에게 잠 잘 시간을 더 주게 될 거라고 했잖아.

여 그래, 그리고 난 정말 좋을 것 같아.

남 하지만 우린 학생들을 말하고 있는 거잖아. 학생들이 아침 늦게까지 잘 수 있다면 밤에는 더 늦게 잘걸.

여 딱히 그런 건 아니야… 난 그러지 않을 거야…

Ⓜ Okay, not every student would, but many students are not as responsible as you.		Ⓝ 그래. 모두가 그러진 않겠지만 많은 학생들이 너처럼 책임감이 있지는 않아.
Ⓦ You're probably right about that. But what about the professors? They would have more time to prepare for their classes.		Ⓞ 네 말이 맞을지도 몰라. 하지만 교수님들은? 강의 준비할 시간이 더 많아질 거야.
Ⓜ I agree that giving professors more time to prepare their materials would be good, but is that actually what would happen?		Ⓝ 교수님들에게 자료 준비를 하도록 시간을 더 주는 게 좋다는 것에는 동의하지만, 과연 그렇게 될까?
Ⓦ I'm not sure I follow you.		Ⓞ 네가 무슨 말을 하는 건지 잘 모르겠어.
Ⓜ If the professors have classes that start later, then they will have to leave home later. If they do, they will be more likely to get stuck in traffic because more people are on the roads then.		Ⓝ 만약 교수님들이 더 늦게 시작하는 수업을 가르치게 되면 집에서 더 늦게 나오실 거야. 그렇게 되면 그때쯤에는 길에 사람들이 더 많을 테니 교통 체증에 걸릴 가능성이 더 높을 거야.

읽기&듣기 노트 정리 예시

주제	eliminate 8 a.m. class	아침 8시 수업을 없앰
의견	man: no	남자: 반대
이유	이유 1&구체화 **sleep later in morn.** - stay up late @ night 이유 2&구체화 **Prof. leave home later** - get stuck in traffic BC more people on road	아침 늦게까지 잘 수도 있음 - 밤늦게까지 깨어 있을 수도 있음 교수는 집에서 늦게 나올 것임 - 많은 사람들(차량들)이 도로에 있기 때문에 교통 체증에 시달리게 됨

※ morn. → morning

어휘   get rid of ~을 제거하다 ∣ notice Ⓝ 공지 ∣ stay up late 늦게까지 깨어 있다 ∣ prepare Ⓥ 준비하다 ∣ get stuck 꼼짝 못 하게 되다 ∣ not necessarily 꼭 그런 건 아니다 ∣ prepare for ~를 준비하다 ∣ material Ⓝ 자료

The man expresses his opinion of a notice. State his opinion and explain the reasons he gives for holding that opinion.

남자는 공지에 대한 자신의 의견을 표현하고 있다. 그의 의견을 진술하고, 그 의견을 뒷받침하는 이유들을 설명하시오.

말하기 예시

According to the notice, the university will eliminate 8 a.m. classes. The man does not think it is a good idea. First, if students can sleep later in the morning, then they will stay up late at night. Second, if there are no early morning classes, then the professors will have to leave home later. This will make them get stuck in traffic because there will be more people on the roads then. For these reasons, the man does not think it is a good idea.

공지에 따르면, 대학은 오전 8시 수업을 폐지할 것이다. 남자는 이것이 좋은 아이디어라고 생각하지 않는다. 먼저, 학생들은 아침 늦게까지 잘 수 있고, 그들은 밤 늦게까지 깨어 있을 것이다. 두 번째로, 만약 이른 아침 수업이 없다면, 교수들은 집에서 더 늦게 나오게 될 것이다. 이는 그들을 교통 체증에 걸리게 할 것이다. 왜냐하면 그때쯤이면 더 많은 사람들이 도로에 있기 때문이다. 이러한 이유들 때문에 남자는 이것이 좋은 아이디어라고 생각하지 않는다.

Speaking Tip

[실제 대학 생활] 실제 아침 수업을 없애자는 의견이 나오는 것에 대한 배경은, 단순히 학생들에게 더 많은 수면 시간을 보장해 주고, 교수들에게 더 많은 수업 준비 시간을 제공하기 위해서만은 아니다. 학교에서 등록률이 높지 않은 아침 수업을 없앤다는 것은, 그만큼 학생들이 많이 참여하지 않는 수

업이기 때문에 여러 경제적 손실을 줄이는 것이라고도 본다. 이는 북미 지역의 대학교에서 흔히 발생할 수 있는 일이므로, 이 대화에 나오는 모든 어휘와 문장을 익숙하게 공부해 두도록 한다.

어휘 board of directors 이사진 | proper **adj** 적절한 | stay up late 늦게까지 안 자고 있다 | get stuck 꼼짝 못 하게 되다

04

The school is planning to offer a textbook rental service. Read the notice for 45 seconds. Begin reading now.

학교는 교과서 대여 서비스를 제공하려고 계획하고 있다. 45초 동안 공지를 읽으시오. 지금 읽기 시작하시오.

읽기 지문&해석

Textbook Rental Service

Starting next year, the university will offer a textbook rental service. Instead of having to purchase a new textbook, students will be able to borrow the book for a semester. Since textbooks can be very expensive, this will provide many students with a way to save money. Students will be allowed to use rented books for the entire semester until the end of the final exam period. If a student fails to return a book, that student will be sent a bill for the full price of the book.

교과서 대여 서비스

내년부터 학교는 교과서 대여 서비스를 제공할 예정입니다. 새 교과서를 구매하는 대신 학생들은 한 학기 동안 책을 대여할 수 있습니다. 교과서는 매우 비싸기 때문에 이는 많은 학생들이 돈을 아낄 수 있도록 해줄 것입니다. 학생들은 기말시험 기간이 끝날 때까지 한 학기 내내 대여한 책을 사용할 수 있습니다. 만약 책을 반납하지 못할 경우 그 학생에게는 책의 원가에 해당하는 청구서가 보내질 것입니다.

어휘 rental **n** 임대, 임차 | offer **v** 제공하다 | exam period 시험 기간 | return **v** 반납하다

Now listen to two students discussing the notice.

공지에 대해 논의하는 두 학생의 대화를 들으시오.

듣기 스크립트&해석

W Hey Tory, did you see that notice at the university bookstore?

M You mean the one about renting textbooks? Yeah, I saw it…

W You sound like you don't approve of it.

M No, I don't. Everyone knows that textbooks are too expensive, but I don't think this really solves the problem. If you rent a textbook, what do you have after the semester is over? You have to give the book back, and all you have is one more debt. You will not have the books to look up information that you need later.

W Okay, that is a good point. Are there any other reasons that you are against this idea?

M Yeah, there are. Many students will forget to return their books at the end of finals week. That means they have to pay for the rental fees but still buy their books.

W So you think that renting textbooks is a completely bad idea?

M No, not necessarily. I'm sure this will appeal to some students. But not to me.

여 안녕, Tory? 학교 서점에 있는 공지 봤어?

남 교과서 대여에 대한 공지 말이지? 어, 봤어…

여 너는 별로 좋아하는 것 같지 않네.

남 그래, 별로야. 교과서가 비싸다는 건 모두들 알지만 난 이 서비스가 문제를 정말로 해결한다고 생각하지 않아. 만약 교과서를 대여하게 되면 학기가 끝난 뒤에는 뭐가 남겠어? 책을 다시 반납해야 하고, 남는 건 빚뿐이지. 나중에 필요한 정보를 찾아볼 수 있는 책들도 없을 거야.

여 알았어, 좋은 지적이야. 네가 이 생각에 반대하는 또 다른 이유가 있니?

남 어, 있어. 많은 학생들이 기말고사 끝날 때 반납해야 한다는 것을 잊어버릴 거야. 그 말인즉, 대여료도 지불해야 하지만, 그들의 책도 사야만 된다는 거야.

여 그래서, 넌 교과서 대여가 완전히 나쁘다고 생각하니?

남 아니, 꼭 그런 건 아냐. 일부 학생들에게는 매력적일 거라고 확신해. 하지만 난 아니야.

읽기&듣기 노트 정리 예시

주제	offer textbook rental service	교과서 대여 서비스 제공
의견	man: no	남자: 반대

| 이유 | 이유 1&구체화

give book back

– have debts @ end of seme.

– x have books to look up info.

이유 2&구체화

forget to return @ end of final

– pay for rental / buy books | 다시 책을 돌려줘야 함

– 학기가 끝나면 빚만 남음

– 나중에 필요한 정보를 찾아보려고 할 때 책이 없음

기말고사 끝날 때 책을 돌려주는 것을 잊어버릴 수도
있음

– 대여료를 내고 책도 사야 함 |

어휘 approve **v** 찬성하다, 승인하다 ㅣ rent **v** 임대하다, 임차하다 ㅣ debt **n** 빚 ㅣ appeal **v** 관심을 끌다 ㅣ solve **v** 해결하다 ㅣ not necessarily **adv** 꼭 그런 건 아니다

The man expresses his opinion of a notice. State his opinion and explain the reasons he gives for holding that opinion.

남자는 공지에 대한 자신의 의견을 표현하고 있다. 그의 의견을 진술하고, 그 의견을 뒷받침하는 이유들을 설명하시오.

말하기 예시

According to the notice, the university will offer a textbook rental service next year. The man does not think it is a good idea for two reasons. First, he says that since the students will have to give the books back, they will only have debt at the end of the semester. They will not have the books to look up information that they need later. Second, he explains that students may forget to return their books at the end of finals week. That will mean that they have to pay for the rental fees but still buy their books. For these reasons, the man does not think it is a good idea.

공지에 따르면, 대학은 내년부터 교과서 대여 서비스를 제공할 것이다. 남자는 두 가지 이유로 이것이 좋은 아이디어라고 생각하지 않는다. 첫 번째로, 남자는 학생들이 다시 책을 돌려줘야 하기 때문에 학기가 끝나면 빚만 남는 것이라고 말한다. 나중에 필요한 정보를 찾아보려고 할 때 책이 없을 것이다. 두 번째로, 남자는 학생들이 기말고사 끝날 때에 책을 반납하는 것을 잊어버릴 거라고 설명한다. 이는 학생들이 대여료를 내고 여전히 책을 구매해야 한다는 의미이다. 이러한 이유들 때문에 남자는 교과서 대여가 좋은 생각이라고 보지 않는다.

Speaking Tip

실제 대학에서 등록한 과목의 교과서를 새 책으로 산다는 것은 엄청난 경제적 부담을 준다. 이러한 이유로 대부분의 학생들이 인터넷 사이트에서 중고책을 사거나, 선배로부터 그 책을 물려받곤 하는데, 일부 학교들은 교과서 대여 서비스를 학생들에게 제공하기도 한다. 하지만 만약 책을 대여한 학생이 대여한 책을 기한 내에 반납하지 못하면, 오히려 학생들의 부담을 덜어주기 위한 서비스가 더 큰 부담을 가중시키는 서비스가 되기도 한다.

어휘 rental **n** 대여 ㅣ semester **n** 학기 ㅣ look up ~을 찾아보다 ㅣ rental fee 대여료

III. Integrated Task | Q3. 읽고 듣고 말하기: 대학 강의

Lesson 01 읽기 정리

Practice 본서 ㅣ P. 116

01

읽기 지문&해석

Learning Transfer	학습 전이
Learning transfer is the process by which a person applies their prior experience to learning a new skill or completing an	학습 전이는 한 사람이 새로운 기술을 배우거나 낯선 일을 완수하는 데 이전 경험을 적용하는 과정을 말한

unfamiliar task. What one has learned in the past can easily influence the way one learns new things or how well one performs a new task, but this is not always a good thing. If the overall effect is positive, it is viewed as a positive learning transfer, but if it is negative, it is viewed as a negative learning transfer.

다. 한 사람이 과거에 배운 것은 그 사람이 새로운 것들을 배우는 방식이나 새로운 임무를 얼마나 잘 해낼 수 있는지에 쉽게 영향을 줄 수 있다. 하지만 이것이 항상 좋은 것만은 아니다. 만일 전반적인 결과가 긍정적이라면, 이것은 긍정적 학습 전이로 여겨진다. 하지만 만일 그 결과가 부정적이면, 이것은 부정적 학습 전이로 여겨진다.

읽기 노트 정리 예시

주제	apply prior experiences to learning a new skill	새로운 기술을 배우는 데 이전 경험을 적용함
예시 1	positive transfer	긍정적 학습 전이
예시 2	negative transfer	부정적 학습 전이

Speaking Tip

읽기 후반부에 있는 positive transfer(긍정적 학습 전이)와 negative transfer(부정적 학습 전이)를 읽으면서 미리 적어 놓으면 노트테이킹과 그것을 기반으로 한 답변 전개 시에 큰 도움이 된다.

어휘 apply ⓥ 적용하다 | prior adj 이전의 | unfamiliar adj 친숙하지 않은 | perform ⓥ 수행하다 | overall adj 전반적인

02

읽기 지문&해석

Choice-Supportive Bias

Considering the pros and cons of a decision is a good way to make a choice. However, when someone makes a choice, they tend to demonstrate a choice-supportive bias. In short, by making a choice, people begin to give it much more value than before and ignore the negative parts. This unconscious bias causes people to perceive their choices differently.

선택 지지 편향

결정의 장단점을 고려하는 것은 선택을 하는 데 있어서 좋은 방법이다. 하지만, 누군가가 선택을 할 때, 그들은 선택 지지 편향을 보여주는 경향이 있다. 간단히 말해서, 선택을 함으로써, 사람들은 이전보다 훨씬 더 많은 가치를 그 대상에게 부여하고 부정적인 부분들은 무시한다. 이 무의식적인 편향은 사람들이 그 선택들을 다르게 인지하도록 만든다.

읽기 노트 정리 예시

주제	choice-supportive bias	선택 지지 편향
예시 1	give much more value than before	이전보다 훨씬 더 많은 가치를 둠
예시 2	ignore negative parts	부정적인 부분들은 무시함

Speaking Tip

리딩의 중·후반부에 나오는 '선택을 한 후에 본인의 선택에 디 많은 가치를 부여하게 된다'고 하는 특징은 바로 다음에 이어질 리스닝 강의 내용을 그대로 나타낸다.

어휘 consider ⓥ 고려하다 | pros and cons 장단점 | bias ⓝ 편향 | value ⓝ 가치 | unconscious adj 무의식적인 | perceive ⓥ 인지하다

Practice

01

Listen to the excerpt from a psychology class.

심리학 수업의 일부를 들으시오.

듣기 스크립트&해석

W When we learn how to do something, it has the potential to affect things that we learn later on. Learning transfer is the concept of how this occurs. We often do not realize that it is happening when it does, but we see the connection later on. But this is not always a good thing.

An example of positive learning transfer comes from my own youth. When I was in elementary school, I took two years of piano lessons. I became fairly good at playing, but I never really enjoyed it, so I stopped taking lessons. Later, when I was in high school, I had to take a typing class. In order to type quickly, especially if you are reading a document as you type it, you need to be able to type without looking down at the keyboard. Thanks to my piano lessons, I learned to do that very quickly.

Now, an example of negative learning transfer would be my friend from university, Sean. He was a drama major, so he was trained in stage performance. Sean learned how to speak very loudly without shouting so that people in the back of the theater could hear him. Many years after he graduated, he decided to quit the theater and go to Hollywood to get into movie acting. He kept getting turned down for roles. The directors said that he was too loud.

대 우리가 무언가를 하는 방법을 배울 때, 거기에는 우리가 나중에 배우는 것들에 영향을 줄 가능성이 있습니다. 학습 전이는 이러한 것이 어떤 방식으로 일어나는가에 관한 개념입니다. 우리는 종종 이러한 것이 일어날 때 이 현상이 일어나고 있다는 것을 깨닫지 못하지만, 나중에 이 연관성을 알게 됩니다. 그러나 이것은 언제나 좋은 것만은 아닙니다.

긍정적 학습 전이의 한가지 예는 저의 어린 시절로부터 나옵니다. 초등학교에 다닐 때 피아노 레슨을 2년간 받았습니다. 전 연주를 꽤 잘하게 되었지만 정말로 그 연주를 즐기지는 않아서 그 레슨 받는 것을 그만두었습니다. 나중에 제가 고등학교 다녔을 때, 타이핑 수업을 들어야만 했었습니다. 타자를 빠르게 치기 위해서 특히 당신이 타이핑을 하면서 문서를 읽어야만 할 때, 키보드를 내려다보지 않고 타자를 칠 수 있어야 합니다. 피아노 레슨 덕분에, 저는 매우 빠르게 타자를 배울 수 있었습니다.

이제, 부정적 학습 전이의 한 가지 예는 대학교 친구인 Sean일 것입니다. 그는 드라마 전공이어서, 무대 연기 훈련을 받았습니다. Sean은 소리치지 않고 매우 크게 말하는 방법을 배워서, 극장 뒤에 있는 사람들까지 그의 목소리를 들을 수 있었습니다. 그가 졸업을 하고 많은 해가 지나, 그는 연극을 그만두고 영화 연기를 위해서 할리우드에 가기로 했습니다. 그는 계속 배역을 거절당했습니다. 감독들은 그의 목소리가 너무 크다고 말했습니다.

듣기 노트 정리 예시

예시	learn something → affect things later	무언가를 배우면 → 나중에 다른 것에 영향을 미침
(긍정적) 예시 1& 구체화	took 2 years of piano lessons good at playing x enjoy, stop lesson later, take typing class type w/ out looking @ keyboard BC of piano lesson, learned quickly	피아노 레슨을 2년간 받음 연주를 꽤 잘하게 됨 즐기지 않아서, 그만둠 나중에 타이핑 수업을 들어야 했음 키보드 쳐다보지 않고 타자를 쳐야 했음 피아노 레슨 덕분에 빨리 배울 수 있었음

| (부정적)
예시 2&
구체화 | trained stage performance

speak loud w/ out shout
PPL in back hear
later, quit theater
go to Hollywood for movie acting
kept getting turned down BC too loud | 무대 연기 훈련을 받았음
소리를 지르지 않고 크게 말하는 법을 배웠음
뒤에 있는 사람들도 그를 들을 수 있었음
나중에, 연극을 그만둠
영화 연기를 위해서 할리우드에 감
목소리가 너무 크기 때문에 거절당함 |

Speaking Tip

첫 번째 예시에서는 take, type, learn을, 두 번째 예시에서는 speak, quit, kept를 노트테이킹할 때 앞에 배치하면 답변 전개 시 바로 원활한 문장을 말하는 데 큰 도움을 준다.

어휘 potential ⓝ 가능성, 잠재력 ㅣ occur ⓥ 일어나다 ㅣ realize ⓥ 깨닫다 ㅣ youth ⓝ 젊음, 어린 시절 ㅣ type ⓥ 타자를 치다 ㅣ turn down 거절하다

02

This excerpt is from a psychology class.　　　이것은 심리학 수업의 일부이다.

듣기 스크립트&해석

Ⓜ Alright, I have a story that happened to me. Several years ago, my friend needed help deciding on a house. He had looked around and finally found a house he was excited about. His favorite part about the house was the excellent location. The neighborhood was great and it was just around the corner from his workplace. He could avoid a long commute, which was a big bonus. However, the disadvantage this house had was that he hoped to buy a bigger house. This house was smaller than he expected so the choice was tough. He finally made a decision and bought the house. One day, a few years later, this situation came up in conversation. When I asked him if he still wished it were bigger, he acted confused. He only talked about the neighborhood and proximity to work.

Ⓗ 자, 저한테 일어났던 일입니다. 몇 년 전, 제 친구는 집을 결정하는 데 도움이 필요했습니다. 그는 주변을 둘러보았고 마침내 그가 매우 좋아할 만한 집을 찾게 되었습니다. 그 집에 관해 그가 가장 좋아한 점은 훌륭한 위치였습니다. 주변 인근 지역이 정말 좋았고 그의 일터에서 정말 가까웠습니다. 그는 긴 통근 거리를 피할 수 있었고, 이것은 그에게 큰 보너스였습니다. 그러나, 이 집의 단점은 그가 좀 더 큰 집을 사기를 희망했다는 것이었습니다. 이 집은 그가 기대했던 것보다는 작아서 그의 선택은 매우 힘들었습니다. 그는 마침내 결정을 했고 집을 샀습니다. 몇 년이 지난 어느 날, 이 상황이 대화 중에 언급되었습니다. 제가 그에게 여전히 집이 더 컸으면 좋겠느냐고 물어봤을 때, 그는 갸우뚱했습니다. 그는 오로지 그의 주변 지역과 일터까지 가는 가까움에 대해서만 이야기했습니다.

듣기 노트 정리 예시

예시	F – needed help deciding on a house	친구 – 살 집을 결정하는 데 도움이 필요했음
구체화	needed to decide on a house found house → excellent condition avoid long commute HW, disadvantage smaller 〈 expected later, came up in conver. asked him if still want bigger confused, only talked about neighbor + proximity	친구가 살 집을 결정했어야 함 살 집을 찾았고, 훌륭한 조건이었음 긴 통근길을 피할 수 있음 나중에 하지만, 단점도 존재함 그의 기대보다 작았음 후에, 이것이 대화에서 대두됨 그에게 아직도 여전히 더 큰 집을 원하는지 물어봄 갸우뚱거리면서, 오로지 동네와 일터까지의 가까움만 이야기함

강의의 핵심 내용은 읽기 지문의 중·후반부에서 주로 나온다. 좋은 주변 인근 지역과 가까운 통근 거리라는 장점과, 기대보다 집의 크기가 작다는 단점은 듣기에서 핵심 내용으로 다룰 부분이니 반드시 자세하게 읽어두어야 한다.

어휘   look around 주변을 살피다, 둘러보다 ㅣ location ⓝ 위치 ㅣ around the corner 목전에 있는 ㅣ expect ⓥ 기대하다, 예상하다 ㅣ avoid ⓥ 피하다

Lesson 03 정리해서 말하기

Practice

본서 ㅣ P. 126

01

| Explain what "Learning Transfer" means with the examples listed in the lecture. | 강의에서 언급된 예시들을 통해서 '학습 전이'가 무엇인지를 설명하시오. |

답변 전개하기 예시

He took two years of piano lessons.	그는 피아노 레슨을 2년간 받았다.
He became fairly good at playing.	그는 연주를 꽤 잘하게 되었다.
He never enjoyed it and stopped playing.	그는 즐기지 않았고, 그만두었다.
Later, he had to take a typing class.	나중에, 그는 타이핑 수업을 들어야 했다.
He needed to type without looking at the keyboard.	그는 키보드 쳐다보지 않고 타자를 쳐야 했다.
Thanks to the piano lessons, he learned typing quickly.	피아노 레슨 덕분에, 그는 타자치는 것을 빨리 배울 수 있었다.
He was trained in stage performance.	그는 무대 연기 훈련을 받았다.
He could speak loudly without shouting.	그는 소리를 지르지 않고 크게 말하는 법을 배웠다.
People in the back could hear him.	뒤에 있는 사람들도 그의 목소리를 들을 수 있었다.
Later, he decided to quit the theater.	나중에, 연극을 그만두기로 결정했다.
He went to Hollywood for movie acting.	그는 영화 연기를 위해 할리우드에 갔다.
He kept getting turned down because he was too loud.	그의 목소리가 너무 컸기 때문에 계속 거절당했다.

말하기 예시

| According to the lecture, the professor talks about learning transfer. There are two different examples to explain this concept. First, the professor took two years of piano lessons, and he became fairly good at playing. However, he never enjoyed it and stopped playing. Later, he had to take a typing class. He needed to type without looking at the keyboard. Thanks to the piano lessons, he learned typing quickly. Second, one of the professor's friends was trained in stage performance. He could speak loudly without shouting, so people in the back could hear him. Later he decided to quit the theater and go to Hollywood for movie acting. However, he kept getting turned down because he was too loud. | 강의에 따르면, 교수는 학습 전이에 대해서 말하고 있다. 이 개념을 설명하는 두 가지의 서로 다른 예시들이 있다. 첫 번째, 교수는 피아노 레슨을 2년간 받았고, 그는 연주를 꽤 잘하게 되었다. 하지만, 그는 즐기지 않았고, 그만두었다. 나중에, 그는 타이핑 수업을 들어야 했다. 그는 키보드를 쳐다보지 않고 타자를 쳐야 했다. 피아노 레슨 덕분에, 그는 타자치는 것을 빨리 배울 수 있었다. 두 번째, 교수의 친구들 중 한 명이 무대 연기 훈련을 받았다. 그는 소리를 지르지 않고 크게 말하는 법을 배웠다. 그래서 뒤에 있는 사람들도 그의 목소리를 들을 수 있었다. 나중에, 연극을 그만두고 영화 연기를 위해서 할리우드에 가기로 결정했다. 하지만, 그는 목소리가 너무 커서 계속 거절당했다. |

Speaking Tip

두 가지 예시에서 중요한 부분은 각 예시의 중·후반부에 나온다. 예를 들어, 긍정적 학습 전이에서는 이전에 겪었던 피아노 레슨이 타이핑 수업에 도움이 되었다는 점이, 부정적 학습 전이에서는 연극 무대의 경험이 영화 연기에는 안 좋은 영향을 미쳤다는 점이 핵심 내용이다.

어휘 fairly `adv` 꽤 I be good at ~에 능숙하다 I type `v` 타자를 치다 I train `v` 훈련하다 I shout `v` 소리치다 I quit `v` 그만두다 I acting `n` 연기

02

Explain what "Choice-Supportive Bias" means with an example listed in the lecture.

강의에 언급된 예시를 통해 '선택 지지 편향'이 무엇인지를 설명하시오.

답변 전개하기 예시

One of the professor's friends needed to decide on a house.
He found a house, and it was an excellent location.
He could avoid a long commute.
However, the disadvantage was that the house was smaller than he expected.
Later, this came up in conversation.
He asked his friend if his friend still wants a bigger house.
He acted confused and only talked about his neighborhood and proximity to work.

교수의 친구들 중 한 명이 살 집을 결정할 필요가 있었다.
그는 살 집을 찾았고, 훌륭한 위치였다.
그는 긴 통근 거리를 피할 수 있었다.
하지만, 단점은 그가 기대했던 것보다 집이 작다는 것이었다.
나중에 이것이 대화에서 언급되었다.
그는 친구에게 아직도 여전히 더 큰 집을 원하는지 물어보았다.
그는 갸우뚱거리면서, 오로지 주변 지역과 일터까지의 가까움만 이야기했다.

말하기 예시

According to the lecture, the professor talks about choice-supportive bias. The professor takes an anecdote as an example to explain this. One of the professor's friends needed to decide on a house. He found a house, and it was an excellent location. He could avoid a long commute. However, the disadvantage was that the house was smaller than he expected. Later, this came up in conversation. He asked his friend if his friend still wants a bigger house. He acted confused and only talked about his neighborhood and proximity to work.

강의에 따르면, 교수는 선택 지지 편향에 관해서 이야기하고 있다. 교수는 이를 설명하기 위해 한 일화를 예로 들고 있다. 교수의 친구 중 한 명이 살 집을 결정해야 했다. 그는 살 집을 찾았고, 훌륭한 위치였다. 그는 긴 통근길을 피할 수 있었다. 하지만, 단점은 그가 기대했던 것보다 집이 작았다는 것이다. 나중에 이것이 대화에서 언급되었다. 그는 친구에게 아직도 여전히 더 큰 집을 원하는지 물어보았다. 그는 갸우뚱거렸고, 오로지 주변 지역과 일터까지의 가까움만 이야기했다.

Speaking Tip

두 가지 예시가 아닌 한 가지 경험을 설명하는 강의에서도 중·후반부의 내용이 중요하다. 단점인 집의 작은 사이즈는 잊어버리고, 오로지 본인의 선택에 대한 장점, 즉 주변 인근 지역과 가까운 통근 거리에만 가치를 두고 이야기한다는 내용이 답변 속에 반드시 포함 되어야 한다.

어휘 commute `n` 통근, 통학 I disadvantage `n` 단점 I confused `adj` 혼란스러운 I neighborhood `n` 인근 지역 I proximity `n` 가까움, 근접

Test 본서 / P. 134

01

Now read the passage about complementary and substitute goods. You have 50 seconds to read the passage. Begin reading now.

이제 보완재와 대체재에 관한 지문을 읽으시오. 지문을 읽는 데 50초가 주어진다. 이제 읽기 시작하시오.

읽기 지문&해석

Complementary and Substitute Goods

보완재와 대체재

The law of demand and supply is an economic theory

수요 공급의 법칙은 판매자들의 수(공급)와 상품을 사

Q3 Test 31

that explains how the price of goods and services varies depending on the number of sellers (supply) and the number of buyers (demand) for the products. However, this theory can be affected by other factors, such as the existence of substitute or complementary products. Complementary products are products that are not very useful alone but are consumed together, like pillows and pillowcases. An alternative, or substitute product, is an item that can be used instead of another product, so it reduces the demand. An example is iPhones and Android phones.

려는 구매자들의 수(수요)에 따라 상품과 서비스의 가격이 어떻게 달라지는지 설명하는 경제 이론이다. 그러나, 이 이론은 다른 요소들의 영향을 받을 수 있다. 예를 들어, 대체재나 보완재의 존재이다. 보완재는 개별적으로는 유용하지 않지만, 같이 사용되는 상품들이다. 예를 들어, 베개와 베갯잇이 있다. 대체재는 다른 상품 대신 쓰여질 수 있는 제품이어서 수요를 감소시킨다. 아이폰이나 안드로이드 폰이 한 예다.

어휘 supply ⓝ 공급 ㅣ demand ⓝ 요구 ㅣ substitute ⓝ 대체품 ㅣ vary ⓥ 달라지다. 다양하다 ㅣ pillow ⓝ 베개 ㅣ affect ⓥ 영향을 주다 ㅣ existence ⓝ 존재 ㅣ consume ⓥ 소비하다 ㅣ alternative ⓝ 대체품

Now listen to part of a lecture in an economics class.

경제학 강의의 일부를 들으시오.

Ⓜ So far, in this class, we have discussed the law of demand and supply. This law is pretty accurate in general. However, the situation is never that simple in reality. That is because sometimes the prices of other goods can influence the price and demand for other products. Now, I'd like to explain the specific ways that prices can be influenced by each other.

The first influential factor is complementary goods – these are products that are consumed together. Something like fried chicken and beer. People who buy fried chicken often buy it together with beer, too. So let's pretend that this summer there is a huge increase in demand for fried chicken. This will have an effect on the demand for beer, too. On the other hand, there are often a competitor or substitute products available. To put it simply, products that are similar. This could be Coca Cola and Pepsi, or iPhones and Android phones. When a high-performance Android phone is released for a lower price than an iPhone, people will buy that and sales of iPhones will decline.

Ⓗ 현재까지, 우리는 수업에서 수요 공급 법칙에 대해서 이야기해왔습니다. 이 법칙은 일반적으로 꽤 정확합니다. 그러나, 현실에서 상황은 결코 그렇게 단순하지만은 않습니다. 때때로 다른 상품들의 가격이 다른 상품들의 가격과 수요에 영향을 미칠 수 있기 때문입니다. 이제 가격들이 서로 영향을 미치는 구체적인 방식들에 대해서 이야기 해봅시다.

영향을 주는 첫 번째 요소는 보완재입니다. 이들은 서로 함께 소비되는 제품들입니다. 후라이드 치킨과 맥주 같은 것입니다. 후라이드 치킨을 사는 사람들은 맥주와 같이 삽니다. 그래서 이번 여름에 후라이드 치킨에 대한 큰 수요가 있다고 가정해봅시다. 이것은 맥주에 대한 수요에도 크게 영향을 미칠 것입니다.

반면에, 종종 경쟁사 혹은 선택 가능한 대체품들이 있습니다. 간단하게 설명해 보자면, 비슷한 상품들입니다. 이것은 코카콜라와 펩시, 혹은 아이폰과 안드로이드 폰들이 될 수 있습니다. 고성능의 안드로이드 폰이 아이폰보다 낮은 가격으로 출시되면, 사람들은 그것을 살 것이고, 아이폰의 판매는 줄어들 것입니다.

읽기&듣기 노트 정리 예시

주제	complementary and substitute goods	보완재와 대체재
예시&구체화	예시 1&구체화 **complementary goods** - If the demand for fried chicken increases 　→ demand for beer will too 예시 2&구체화 **substitute goods**	보완재 - 만일 후라이드 치킨에 대한 수요가 높아지면 　→ 맥주에 대한 수요도 같이 올라감 대체재 - 아이폰과 안드로이드 폰 혹은 코카콜라와 펩시 - 만약 아이폰 가격이 너무 올라가면 　→ 더 많은 사람들이 안드로이드 폰을 사게 될 것임

- iPhones and Android phones or Coca-Cola and Pepsi
- If the price of iPhones too high
  → more people will buy Android phones

어휘 accurate **adj** 정확한 ㅣ in general 일반적으로 ㅣ pretend **v** ~인 척하다 ㅣ competitor **n** 경쟁자 ㅣ release **v** 출시하다, 배출하다

Now get ready to answer the question.

The lecturer defines and explains the meaning and relevance of complementary and substitute goods. Describe the two concepts and then use the examples given in the lecture to describe the effect that they have on demand and supply.

이제 질문에 답하시오.

교수는 보완재와 대체재의 의미와 관계를 정의하고 설명하고 있다. 두 개념을 설명하고, 강의 속에 나온 예시들을 활용하여 그것들이 수요와 공급에 미치는 영향을 설명하시오.

말하기 예시

The class is about economic theory, specifically on substitute and complementary goods. The basic law of the market is demand and supply, but sometimes it is complicated due to the influence of other products. The professor uses fried chicken and beer to demonstrate complementary goods. If the demand for fried chicken increases, the demand for beer will too, so it is affected by the demand for chicken. In relation to, substitute goods, the professor uses iPhones and Android phones or Coca-Cola and Pepsi as examples. If the price of iPhones is too high, more people will buy Android phones. So, the sales of Android phones are related to the price of iPhones.

이 강의는 경제 이론, 구체적으로 대체재와 보완재와 관련한 것이다. 시장의 기본 법칙은 수요와 공급이지만, 때때로 이는 다른 상품들의 영향 때문에 복잡하다. 교수는 보완재를 설명하기 위해 후라이드 치킨과 맥주를 예시로 들고 있다. 만약, 후라이드 치킨의 수요가 증가하면 맥주에 대한 수요도 같이 증가할 것이므로, 이것은 치킨의 수요에 따라 영향을 받는다. 대체재와 관련해서 교수는 아이폰과 안드로이드 폰 혹은 코카콜라와 펩시를 예시로 들고 있다. 만약 아이폰의 가격이 너무 높으면, 더 많은 사람들이 안드로이드 폰을 사용할 것이다. 그래서 안드로이드 폰의 판매는 아이폰의 가격과 연관성이 있다.

Speaking Tip

[보완재와 대체재] 보완재는 서로 간에 같이 사용될 경우 시너지를 발휘할 수 있는 품목이다. 치킨과 맥주처럼 둘 중 하나만 먹을 수도 있지만, 같이 있을 때 그 효과를 극대화시켜줄 수 있는 점을 고려해 보면 그 개념을 쉽게 이해할 수 있다. 대체재는 한 제품과 똑같지만 브랜드가 다르거나 디자인만 다른 같은 카테고리의 상품이라고 보면 된다. 휴대폰이라는 공통적인 카테고리에서도 우리가 서로 다른 제품을 구매하는 이유는 가격을 비롯한 여러 가지 요소가 그 구매에 영향을 미치기 때문이다.

어휘 supply **n** 공급 ㅣ demand **n** 수요 ㅣ substitute **adj** 대체의 ㅣ complementary **adj** 보완하는 ㅣ sale **n** 판매

02

Read the passage about role conflict. You will have 50 seconds to read the passage. Begin reading now.

역할 갈등에 관한 지문을 읽으시오. 지문을 읽는 데 50초가 주어진다. 이제 읽기 시작하시오.

읽기 지문&해석

Role Conflict

Every person in society has a role, and we rely on each other for our social system to work. These societal roles come with certain responsibilities. The behavior of an individual is mostly governed by how other people expect them to behave. However, most individuals have multiple roles in society, for example, in their family, school, the workplace, and community. "Role Conflict" is a phenomenon which occurs when these roles overlap and cause incongruent expectations for a member of society.

역할 갈등

사회의 모든 개인은 역할이 있고, 우리의 시스템이 제대로 돌아가기 위해서 우리는 서로에게 의존한다. 이러한 사회적 역할은 특정한 책임감을 동반한다. 개인의 행동은 주로 다른 사람들이 그들에게 어떻게 행동하기를 기대하는지에 따라 좌우된다. 하지만, 대부분의 개인들은 사회, 예를 들어, 가족, 학교, 직장, 그리고 공동체 등에서 여러 가지 역할을 하고 있다. '역할 갈등'은 이러한 역할들이 서로 겹쳐서 사회의 구성원에게 일치하지 않는 기대들을 야기할 때 일어난다.

어휘　conflict **n** 갈등, 충돌 ｜ behave **v** 행동하다 ｜ multiple **adj** 다수의 ｜ overlap **v** 겹치다 ｜ incongruent **adj** 일치하지 않는, 부조화스러운

Now listen to part of a lecture in an economics class.　｜　이제 경제학 강의의 일부를 들으시오.

들기 스크립트&해석

W Everybody has some sort of role in society that relates to how others view them and expect them to behave. We call these people "role partners." Husbands and wives, parents and children, bosses and employees are all role partners with specific expectations for how their partners should behave. Usually, people perform multiple roles at the same time. If these roles cause problems with each other, it is referred to as "role conflict."

Many of you have experienced something like this. You're all college students, and so you have to attend your classes and do your homework. However, some of you also need to work part-time jobs. You are also employees. Well, how about if your boss asked you to come to work instead of class? This would cause a conflict between your role as a student and employee. Which is more important?

In my own case, I also experience role conflict occasionally. As an employee of the university, I am expected to prioritize that. I am also a parent and wife, so I must take care of my family. From time to time, I have difficulty behaving in a suitable way for both roles.

예 모든 사람들은 사회에서 다른 사람들이 그들을 어떻게 바라보는가와 그들이 어떻게 행동하기를 기대하는지와 관련된 어떤 종류의 역할을 가지고 있습니다. 우리는 이러한 사람들을 '역할 파트너들'이라고 부릅니다. 남편과 아내, 부모와 자식, 직장 상사와 직원은 그들의 파트너들이 어떻게 행동해야 하는가와 관련하여 특정한 기대를 가지고 있는 역할 파트너들입니다. 보통 사람들은 동시에 많은 역할들을 수행하고 있습니다. 만약 이러한 역할들이 서로 간에 문제를 일으키게 되면, 이것을 '역할 갈등'이라고 합니다.

여러분 중 많은 사람들이 이와 같은 것을 경험해 보았을 것입니다. 여러분이 모두 대학생들이고, 그래서 당신은 수업을 듣고 숙제를 해야만 합니다. 하지만, 여러분 중 일부는 또한 파트타임으로 일을 해야 합니다. 당신은 또한 종업원이기도 합니다. 음, 만약 여러분의 상사가 당신에게 수업에 가는 것 대신에 일터로 오라고 요구하면 어떨까요? 이는 학생과 종업원이라는 당신의 역할 사이의 갈등을 야기할 것입니다. 어떤 것이 더 중요할까요?

제 경우에, 저는 역할 갈등을 종종 경험합니다. 대학교의 직원으로써, 제가 그 일을 우선순위로 둘 것으로 기대됩니다. 저는 또한 부모이자 아내이기도 합니다. 그래서 저는 제 가족을 돌봐야 합니다. 때때로, 저는 두 가지 역할 모두에서 적합한 방식으로 행동하는 데 어려움을 겪고 있습니다.

읽기&들기 노트 정리 예시

주제	role conflict	역할 갈등
이유&구체화	**이유 1&구체화** **conflict with part-time jobs and studying** – responsibility of being an employee conflict with duty as student **이유 2&구체화** **duty to her family and career** – spend time with family + outstanding at job	파트타임 일과 공부 사이에서의 갈등 – 종업원으로서의 책임감과 학생으로서의 의무 사이에서 발생하는 갈등 가족에 대한 의무와 경력 – 가족과 시간을 보내야 하는 것과 일터에서 업무 능력이 탁월해야 하는 것

어휘　expectation **n** 기대 ｜ attend **v** 참석하다 ｜ conflict **n** 충돌, 갈등 ｜ prioritize **v** 우선순위로 두다 ｜ suitable **adj** 적합한

Now get ready to answer the question.　｜　이제 질문에 답하시오.

The professor defines a topic. Using examples and descriptions contained in the lecture, describe how and why role conflict might arise.　｜　강의에서 교수는 주제를 정의하고 있다. 강의에 포함된 예시와 서술을 이용하여 역할 갈등이 어떻게, 그리고 왜 일어날 수 있는지를 묘사하시오.

The professor attempts to explain the meaning of role conflict. The professor says that your role in society puts various expectations on you, and these expectations can interfere with each other sometimes. The professor uses two examples to show this. The first example is the conflict between part-time jobs and studying. The responsibility of being an employee may conflict with your duty as a student. The other example is her personal experience of conflict between her duty to her family and her career. She not only must spend time with her family but also be outstanding at her job. These situations both demonstrate role conflict.

교수는 역할 갈등의 의미를 설명하려고 한다. 교수는 사회에서의 당신의 역할이 당신에게 다양한 기대들을 부여하고, 이러한 기대들이 때때로 서로 불협화음을 낸다고 말하고 있다. 교수는 이를 보여주기 위해 두 가지 예시들을 사용한다. 첫 번째 예시는 아르바이트와 공부 사이에서의 갈등이다. 직원으로서의 책임감은 학생으로서의 당신의 의무와 충돌할지도 모른다. 또 다른 예시는 가족에 대한 의무와 경력 사이에서의 갈등에 관한 교수 자신의 개인적인 경험이다. 그녀는 그녀의 가족과 시간을 보내야 하지만 그녀의 직장에서도 뛰어나야 한다. 이러한 상황들은 모두 역할 갈등을 보여주고 있다.

Speaking Tip

우리는 사회에서 다양한 역할을 수행하고 있다. 각자 속해 있는 환경이 사람마다 다르긴 하겠지만, 보통 일반인의 경우 둘 이상의 환경에서 서로 다른 역할을 수행하고 있다. 예를 들어, 학교에서는 학생으로서의 역할을 하고 동시에 파트타임 일을 하는 장소에서는 종업원으로서의 역할을 하게 된다. 만약, 시험을 위해서 공부를 해야 하지만 일터에서 사장의 부탁으로 초과 근무를 해야 하는 일이 발생한다면 두 역할 사이에서의 역할 갈등이 불가피하게 된다.

어휘 interfere ☑ 간섭하다 | outstanding adj 뛰어난 | conflict ☑ 충돌하다 | duty ⋒ 의무 | expectation ⋒ 기대

03

Read a passage about sweeping generalizations. You have 50 seconds to read. Begin reading now.

포괄적 일반화에 관한 지문을 읽으시오. 지문을 읽는 데 50초가 주어진다. 이제 읽기 시작하시오.

A Sweeping Generalization

There are always exceptions to general rules. So, when one applies a general rule to a situation where it does not fit, that person has committed a sweeping generalization. To avoid doing this, one should carefully consider the situation and evaluate what would do more good—obeying or disobeying the general rule—and act accordingly.

포괄적 일반화

일반적 규칙들에는 항상 예외가 존재한다. 그래서 누군가 들어맞지 않은 상황에 일반적 규칙을 적용하면, 그 사람은 포괄적 일반화를 범한 것이다. 이러한 일을 피하기 위해 상황을 주의 깊게 고려하고 일반적인 규칙에 따르는 것이 더 좋을지, 아니면 따르지 않는 것이 더 좋을지 평가를 내린 뒤 그에 따라 행동해야 한다.

어휘 sweeping adj 전면적인, 광범위한 | exception ⋒ 예외 | apply ☑ 적용하다 | commit ☑ 저지르다, 범하다 | obey ☑ 복종하다, 따르다 | fit ☑ 맞다, 적절하다 | avoid ☑ 피하다 | carefully adv 주의 깊게 | disobey ☑ 거역하다, 불복종하다 | accordingly adv 부응해서, 그에 맞춰

Listen to the excerpt from a logic class.

논리학 강의의 일부를 들으시오.

🅜 Not long ago, I was in a crowded coffee shop. I realized that I was going to be late for my next class, so I grabbed my coffee and ran out the door. After I arrived at my classroom, I realized that I had left my backpack behind. I went back to the coffee shop. I searched the room, and the woman who was seated at the table next to mine was still there. I asked her if she had seen my bag. She smiled and pointed to the other chair at her table. My bag was sitting

🅜 얼마 전에 난 사람이 많은 카페에 갔었어요. 다음 수업에 늦으리라는 걸 깨닫고 커피를 집어 들고 밖으로 뛰어나왔어요. 교실에 도착한 후에 가방을 놓고 왔다는 사실을 깨달았어요. 나는 카페로 다시 돌아갔어요. 가게 안을 찾아보는데 내 테이블 옆에 앉아 있던 여자분이 여전히 그 자리에 있었어요. 그분에게 내 가방을 봤는지 물어봤어요. 그분이 웃으며 자기 테이블의 다른 의자를 가리

on the chair. She wanted to shout at me to stop when I was leaving, but she didn't want to be rude. Shouting at me would have embarrassed me and disturbed the other customers.

켰어요. 그 의자에 내 가방이 있었어요. 그녀는 내가 떠날 때 나에게 멈추라고 소리치고 싶었지만, 무례하게 행동하고 싶지 않았다고 했어요. 소리를 지르면 내가 당황했을 거고, 근처의 다른 손님들의 대화에 방해가 됐을 거라고 했어요.

주제	general rule to one specific situation	일반적인 규칙을 한 특정 상황에 적용
예시	sweeping generalization carefully consider – obey or disobey rule	포괄적 일반화 신중히 고려해야 함 – 따라야 할지, 말아야 할지
구체화	in coffee shop late for my next class → grabbed coffee + ran out door realized – left backpack behind went back to coffee shop W next to me → still there asked if seen bag pointed to other chair bag – sitting on chair W wanted to shout x want to be rude shouting embarrass + disturb the others	커피숍 다음 수업에 늦음 → 커피를 쥐고 문을 박차고 나감 가방을 놓고 왔다는 것을 깨달음 다시 커피숍으로 돌아감 옆에 앉아 있던 여자 → 여전히 있었음 가방을 보았는지 물어봄 다른 의자를 가리킴 그 의자 위에 가방이 있었음 여자는 큰 소리로 부르고 싶었다고 함 공공장소에서 무례해지고 싶지 않았음 소리치는 것은 나를 당황시키고, 다른 손님들을 방해하는 것이라고 생각했기 때문

어휘　realize **v** 깨닫다 | grab **v** 쥐다 | point **v** 가리키다 | rude **adj** 무례한 | shout **v** 소리치다 | disturb **v** 방해하다

Show with an example from the class how the professor explains a sweeping generalization.

수업에서 다루어진 예시를 사용하여 교수가 포괄적 일반화를 어떻게 설명했는지 보여주시오.

According to the lecture, the professor talks about a sweeping generalization. The professor takes his experience as an example to explain this. The professor was in a coffee shop. He was going to be late for his next class. He grabbed the coffee and ran out the door. Soon after, he realized that he left his backpack behind. He went back to the coffee shop. The woman sitting next to him was still there. He asked if she had seen his bag. She pointed to the other chair at her table. The bag was sitting on the chair. She had wanted to shout at him when he was leaving, but she didn't want to be rude. She thought it would embarrass him and disturb the other customers.

강의에 따르면, 교수는 포괄적 일반화에 대해서 말하고 있다. 교수는 이것을 설명하기 위해 그의 경험을 예로 들고 있다. 교수가 카페에 있었다. 그는 다음 수업에 늦을 것 같았다. 그는 커피를 집어 들고 밖으로 뛰어나왔다. 얼마 지나지 않아, 그는 가방을 놓고 나왔다는 사실을 깨달았다. 그는 카페로 되돌아갔다. 그 옆에 앉아 있었던 여자가 여전히 거기에 있었다. 그는 그녀가 그의 가방을 봤는지를 물어봤다. 그녀는 그녀 테이블의 다른 의자를 가리켰다. 그 의자에 그의 가방이 있었다. 그녀는 그에게 소리치고 싶었지만 무례하게 행동하고 싶지 않았다. 그녀는 이 행동이 그를 당황시켰을 것이고, 다른 손님들에게 방해가 될 것이라고 생각했다.

성급한 일반화는 논리학에서 빼놓을 수 없는, 꼭 시험 전에 보고 가야 하는 개념이다. 모든 상황에는 예외라는 것이 존재한다. 이때 일반적인 규칙을 예외가 되는 상황에 적용하려고 하면, 옳지 않은 결과가 일어날 수 있다. 항상 주어진 상황을 먼저 보고, 과연 보편적인 상황인지, 특수한 경우인지를 판단해야 하고 상황에 따라 규칙을 적용해야 한다.

어휘   embarrass ☑ 당황하게 하다 ㅣ disturb ☑ 방해하다

04

Read a passage about reverse mentoring. You have 50 seconds to read. Begin reading now.

역 멘토링에 관한 지문을 읽으시오. 지문을 읽는 데 50초가 주어진다. 이제 읽기 시작하시오.

읽기 지문&해석

Reverse Mentoring	역 멘토링
Reverse mentoring is a situation where a newer employee is partnered with a much older employee to provide the older one with skills he lacks. In a normal mentoring relationship, the senior employee provides the junior one with guidance and the wisdom he or she has gained over the years. This still occurs, but the goal here is to supplement the older employee's knowledge.	역 멘토링은 더 늦게 들어온 직원이 훨씬 더 오래된 직원과 파트너가 되어 그 직원에게 부족한 기술을 제공해주는 상황이다. 보통의 멘토 관계에서는 선배 직원이 후배 직원에게 지도를 해주고 수년간 얻은 지혜를 제공해준다. 이는 역 멘토링에서도 여전히 일어나지만, 역 멘토링의 목적은 선배 직원의 지식을 보충하는 데 있다.

어휘   reverse ᴀᴅᴊ 역의, 반대의 ㅣ employee ⋒ 종업원 ㅣ lack ☑ 부족하다 ㅣ occur ☑ 일어나다 ㅣ supplement ☑ 보충하다

Now listen to part of a lecture in a business class.

경영학 강의의 일부를 들으시오.

듣기 스크립트&해석

| 🅜 Reverse mentoring is a fairly new trend where junior employees are paired up with senior employees to help the senior ones learn skills that they need.
For example, I have a friend who has worked in the magazine industry for over thirty years. She is a very skilled editor, and she has a lot of experience managing a staff of journalists. But she isn't very good with modern technology. She has had a lot of trouble with more complex things like video conferencing. She became very frustrated with her work.
One day, one young woman was chosen to work with my friend. She didn't know much of anything about journalism, but she was very skilled with computers. For that reason, she worked in my friend's office as her assistant and showed her how to do many things with computers. Both of them benefited from the time that they spent working together. | 🅗 역 멘토링은 후배 직원이 선배 직원과 파트너가 되어 그 선배 직원이 필요로 하는 기술을 익힐 수 있도록 도와주는, 상당히 새로운 트렌드입니다.
예를 들어, 저는 30년이 넘는 시간 동안 잡지 업계에서 일해 온 친구가 한 명 있습니다. 그녀는 아주 숙련된 편집자였고, 저널리스트 직원들을 관리한 경력도 많았죠. 하지만 현대의 기술을 잘 다루진 못했습니다. 화상 회의 같은 더 복잡한 것들에는 굉장히 어려움을 겪었죠. 그녀는 일에 좌절감을 느끼기 시작했습니다.
어느 날, 한 젊은 여성이 제 친구와 함께 일하게 되었습니다. 그 여성은 저널리즘에 대해서는 거의 몰랐지만 컴퓨터를 아주 잘 다뤘어요. 그러한 이유로 이 여성은 제 친구의 사무실에서 보조로 일하게 되었습니다. 컴퓨터로 많은 일을 하는 방법을 알려주었습니다. 두 사람 모두 함께 일하며 혜택을 받았습니다. |

읽기&듣기 노트 정리 예시

주제	reverse mentoring	역 멘토링
예시	supplement older employee's knowledge	선배 직원의 지식을 보충/보완하는 것

구체화	friend worked in the magazine industry for many years skilled editor + has a lot of experience x good with modern tech had trouble w/ complex things video conferencing frustrated with work woman chosen to work w/ my friend x know much about journalism/skilled w/ computers worked in friend's office as assistant showed her how to do many w/ computers. both benefited from each other	친구가 오랜 시간 동안 잡지 업계에서 일하고 있었음 매우 숙련된 편집자 + 많은 경험 현대의 기술을 잘 다루지는 못함 화상 회의 같은 복잡한 것에 대해서는 어려움을 겪음 일에 좌절감을 느끼게 됨 한 여성이 내 친구와 같이 일하게 됨 그 여성은 저널리즘에 대해서는 거의 알지 못했지만, 컴퓨터를 아주 잘 다루었음 내 친구의 보조로 일하게 되었음 내 친구에게 컴퓨터로 많은 일을 하는 방법을 알려 주었음 두 사람은 일하며 서로에게 혜택을 받음

어휘 trend 🔲 유행 l pair up 짝을 만들다 l senior 🔲 선배, 연상 l skilled 🔲 솜씨가 좋은, 숙련된 l frustrated 🔲 좌절감을 느끼는

The professor talks about a friend's experience. Describe how that experience illustrates the benefits of reverse mentoring.

교수는 친구의 경험에 관하여 이야기를 하고 있다. 그 경험이 어떻게 역 멘토링의 장점들을 설명할 수 있는지 묘사하시오.

말하기 예시

According to the lecture, the professor talks about the benefits of reverse mentoring. The professor takes his friend's experience as an example to explain this. His friend has worked in the magazine industry for many years. She was a very skilled editor and had a lot of experience in the field. However, she wasn't good with modern technology. She had a lot of trouble with complex things like video conferencing, so she was frustrated with her work. One day, one young woman was chosen to work with the professor's friend. She didn't know much about journalism, but she was skilled with computers. For this reason, she got to work in the professor's friend's office as her assistant, and she showed his friend how to do many things with computers. Both of them benefited from each other.

강의에 따르면, 교수는 역 멘토링의 장점들에 관해서 이야기하고 있다. 교수는 이를 설명하기 위해서 그의 친구의 경험을 예로 들고 있다. 그의 친구는 오랜 시간 동안 잡지 업계에서 일하고 있었다. 그녀는 매우 숙련된 편집자였고 그 분야에서 많은 경험이 있었다. 그러나 그녀는 현대의 기술을 잘 다루진 못했다. 그녀는 화상 회의 같은 복잡한 것에 대해서는 굉장히 어려움을 겪었다. 그래서 그녀는 그녀의 일에 좌절감을 느꼈다. 어느 날 어느 젊은 여성이 교수의 친구와 같이 일하게 되었다. 그 여성은 저널리즘에 대해서는 거의 알지 못했지만, 컴퓨터를 아주 잘 다루었다. 이러한 이유에서 그녀는 교수 친구의 사무실에서 보조로 일하게 되었다. 그녀는 교수 친구에게 컴퓨터로 많은 일을 하는 방법을 알려 주었다. 두 사람은 함께 일하며 서로에게 혜택을 받았다.

Speaking Tip

일반적으로 멘토링은 나이와 직급이 위인 사람이 아랫사람을 위해 진행하는 경우가 일반적이라고 할 수 있다. 이는 그들이 멘토로서 많이 알고 있고, 가르쳐줄 것이 많다는 전제가 깔려 있기 때문이다. 하지만 사회가 변해가고 새롭고 낯선 것들이 많이 나오면서 특정 측면에서는 젊은 세대들이 기성 세대의 어른들보다 훨씬 그 지식에 뛰어난 경우를 많이 볼 수 있다. 역 멘토링은 그러한 젊은이들이 어른들에게, 혹은 회사에서 일반 사원이 상사에게 새로운 지식과 조언을 주는 것이며, 사회가 더욱더 진화하면서 더 빈번하게 보이는 편이다.

어휘 reverse mentoring 역 멘토링 l complex 🔲 복잡한 l video conference 화상 회의 l frustrated 🔲 좌절감을 느끼는 l assistant 🔲 조수 l benefit 🔲 이익을 얻다 l technology 🔲 기술

Lesson 01 듣기 정리

Practice 본서 | P. 146

01

Listen to part of a lecture in a business class.   경영학 수업의 강의 일부를 들으시오.

듣기 스크립트&해석

W Operating a small home-based business can have many advantages. However, they also have many drawbacks. We'll use a home-based catering business as an example. First and foremost, there is no real border between your business and your private life. If you are taking a client's order for catering a party over the phone and your baby starts crying, you have to stop the conversation from taking care of the baby. The customer may feel that this is rude and hang up.

Another serious issue comes from the fact that your neighbors can be inconvenienced by your home business. Your employees may need to park their cars on the street. This could mean that there will be no space left for your neighbors. Catering businesses also have to deal with large amounts of garbage, particularly food waste, and the smell may also bother your neighbors. So as you can see, there are many potential negative aspects to operating a business from your home.

여 작은 홈 비즈니스를 운영하는 것은 많은 장점들이 있습니다. 하지만, 많은 단점들도 있습니다. 우리는 케이터링 사업을 예로 들어볼 것입니다.

무엇보다도, 여러분의 사업과 사생활 간의 진짜 경계가 없습니다. 만약 당신이 유선상으로 파티에 음식을 공급하는 주문을 받고 있는데 아기가 울기 시작하면, 당신은 대화를 중단하고 아기를 돌봐야 합니다. 고객은 이를 무례하다고 느끼고 전화를 끊을 수도 있습니다.

또 다른 심각한 문제는 당신의 홈 비즈니스에 의해 이웃이 불편함을 느낄 수도 있다는 사실에서 비롯됩니다. 당신의 직원들이 길거리에 주차를 할 수도 있습니다. 이는 당신의 이웃들에게는 주차 공간이 남아 있지 않다는 것을 의미합니다. 케이터링 사업은 많은 쓰레기, 특히 음식물 쓰레기를 처리해야 하고, 이 냄새는 당신의 이웃을 성가시게 할 수도 있습니다. 그래서 여러분이 알다시피, 집에서 사업을 운영하는 것에는 잠재적인 부정적 요소들이 많이 있습니다.

듣기 노트 정리 예시

주제	catering business → disadv.	케이터링 사업 → 단점들
소주제 1& 구체화	x real border between business / private if taking order baby starts crying stop conver. → take care of baby customer: feel - rude	사업과 사생활 간의 진짜 경계가 없음 당신이 주문을 받고 있는데, 아기가 울기 시작하면 대화를 중단, 아기를 돌봐야 함 고객은 이를 무례하다고 느낄 수 있음
소주제 2& 구체화	neighbors - inconvenienced by home busi. park cars on the street → no space left for neighbors deal w/ large garbage - food waste → bother neighbors	당신의 이웃은 홈 비즈니스로 인해 불편함을 느낄 수 있음 길거리에 주차를 하면 이웃들에게는 주차 공간이 남아 있지 않음 케이터링 사업은 많은 쓰레기, 특히 음식물 쓰레기를 다루어야 하고 이는 이웃들을 괴롭힐 것임

※ busi. → business

Q4
Integrated Task

첫 번째는 고객에게 끼칠 수 있는 피해를, 두 번째는 이웃들에게 피해될 수 있는 점들을 핵심 포인트로 잡아 답변에 반드시 포함시켜야 한다.

어휘 home-based business 홈 비즈니스(자택을 사무실로 하는 사업) | drawback **n** 결함, 단점 | catering **n** 음식 공급 | border **n** 경계 | private **adj** 개인적인 | rude **adj** 무례한 | hang up (전화를) 끊다

02

This excerpt is from a psychology class.　　　　　　　이것은 심리학 수업의 일부이다.

듣기 스크립트&해석

M When thinking about the past... when we make an effort to remember something from the past, certain memories are easier to recall than others. Why is this case?

Well, there could be several reasons.

One factor affecting how much we remember is whether we had previous knowledge about it or not. If you go to a classical concert and you have never heard classical music in your life, you might find it hard to remember specific details. For example, one year later, your memory of the pieces from the concert may be completely gone. However, if you are an expert in classical music, then you will have less difficulty remembering more detailed information about it.

Another factor that influences our memory is how unique and unusual the event is. Take this example, you are in a big class at university with about a hundred students. You only recognize a few of the students that stood out; a very tall man or a person who asks a lot of questions. These students are easier to remember because you noticed how different they were and that was memorable.

해 과거에 관해서 생각해 볼 때... 우리가 과거에 있었던 무언가를 기억하려고 노력할 때, 특정 기억들은 다른 기억들보다 회상하기가 더 쉽습니다. 왜 이런 경우가 일어날까요?

그게, 몇 가지 이유가 존재합니다.

우리가 얼마나 많은 것을 기억할 수 있는지에 영향을 미치는 한 가지 요소는 우리가 그것에 관하여 사전 지식을 가지고 있는지, 아닌지입니다. 만약 당신이 클래식 콘서트에 갔는데, 인생에서 클래식 음악을 한 번도 들어 본 적이 없다면 당신은 구체적인 세부 사항을 기억하기 어렵다는 걸 알게 될 것입니다. 예를 들어서, 1년이 지나고 나면, 콘서트에 대한 당신의 기억의 일부가 완전히 잊힐 것입니다. 하지만, 만약 당신이 클래식 음악의 전문가라면, 그 세부 사항을 기억하는 데 어려움이 덜할 것입니다.

기억에 영향을 주는 또 다른 요소는 그 일이 얼마나 독특하고 특이한지입니다. 예시를 들어보겠습니다. 당신이 100명의 학생들과 같이 대규모 수업에 있습니다. 당신은 아마도 키가 매우 큰 학생이나 질문을 많이 하는 학생과 같이 오직 몇 명의 눈에 띄는 학생들만 인지합니다. 이러한 학생들이 다른 이들과 얼마나 다른지 당신이 인지하고 있기 때문에, 그리고 그것이 기억에 남기 때문에 그 학생들은 기억하기 더 쉽습니다.

듣기 노트 정리 예시

주제	easier to recall than others	특정 기억은 다른 것들보다 기억하기 더 쉬움
소주제 1& 구체화	previous knowledge go classical concert, x heard classical music, x remember specific details if expert in classical music, have less difficulty remember details	사전 지식 클래식 콘서트에 감. 들어본 적이 없다면 구체적인 세부사항을 기억하지 못함 만약 클래식 음악의 전문가라면 그 세부 사항을 기억하는 데 어려움이 덜할 것임
소주제 2& 구체화	how unique the event is in big class w/ hundred students recognize a few students a very tall / ask a lot of questions easier to remember because noticed how different	그 일이 얼마나 독특한 일인지 100명의 학생들과 같이 대규모 수업에 있음 오직 몇 명의 학생들만 눈에 띔 매우 큰 학생 / 질문을 많이 하는 학생 그들이 얼마나 다른지 알기 때문에 훨씬 더 기억하기 쉬움

어휘 effort ⓝ 노력 | recall ⓥ 회상하다 | factor ⓝ 요소 | previous ⓐⓓⓙ 이전의 | detail ⓝ 세부 사항 | expert ⓝ 전문가 | influence ⓥ 영향을 끼치다 | recognize ⓥ 알아보다

Lesson 02 정리해서 말하기

Practice   본서 | P. 152

01

Using points and examples from the lecture, describe the potential drawbacks of operating a home-based business.

강의의 요점과 예시를 사용하여 홈 비즈니스 운영의 잠재적인 단점을 묘사하시오.

답변 전개하기 예시

There is no real border between your business and your private life. If you are taking an order, your baby starts crying. You have to stop the conversation and take care of your baby. The customer may feel that this is rude.	당신의 사업과 사생활 간의 진짜 경계가 없다. 만일 당신이 주문을 받고 있는데, 아기가 울기 시작한다. 당신은 대화를 중단하고 아기를 돌봐야 한다. 고객은 이를 무례하다고 느낄 수 있다.
Your neighbors can be inconvenienced by your home business. Your employees may park their cars on the street. There will be no space left for your neighbors. You have to deal with large amounts of garbage, particularly food waste. This may bother your neighbors.	당신의 이웃은 당신의 홈 비즈니스로 인해 불편함을 느낄 수 있다. 당신의 직원들이 길거리에 주차를 할지도 모른다. 이웃들에게는 주차 공간이 남아 있지 않을 것이다. 케이터링 사업은 많은 쓰레기, 특히 음식물 쓰레기를 처리해야 한다. 이는 이웃들을 괴롭힐지도 모른다.

말하기 예시

According to the lecture, the professor talks about home-based business. The professor gives two examples of catering businesses. First, there is no real border between your business and your private life. If you are taking an order and your baby starts crying, you have to stop the conversation from taking care of your baby. The customer may feel that this is rude. Second, your neighbors can be inconvenienced by your home business. For example, your employees may park their cars on the street, so there will be no space left for your neighbors. You also have to deal with large amounts of garbage, particularly food waste. This may bother your neighbors.

강의에 따르면, 교수는 홈 비즈니스(재택 사업)로 두 가지 예시를 들고 있다. 교수는 케이터링(음식 공급) 사업을 예시로 들고 있다. 첫 번째, 당신의 사업과 사생활 간의 실제 경계가 없다. 만일 당신이 주문을 받고 있는데 아기가 울기 시작하면, 당신은 대화를 중단하고 아기를 돌봐야 한다. 고객은 이를 무례하다고 느낄 수 있다. 두 번째, 당신의 홈 비즈니스로 인해 이웃들이 불편함을 느낄 수 있다. 예를 들이, 딩신의 직원들이 길거리에 주차를 할 수도 있어서, 이웃들에게는 거리에 주차 공간이 남아있지 않게 될 것이다. 당신은 또한 많은 쓰레기, 특히 음식물 쓰레기를 처리해야 한다. 이는 이웃들을 괴롭힐지도 모른다.

Speaking Tip

첫 번째 예시에서는 아기가 울게 되는 상황과 관련해 고객에게 주는 부정적인 인상을 자세히 설명하고, 두 번째 예시에서는 주차 공간의 부족 문제와 음식물 쓰레기로 빚어지는 갈등 등을 자세하게 설명해주어야 구체화의 점수가 높아진다는 점을 명심하자.

Integrated Task / Q4

어휘 neighbor 🄝 이웃 ㅣ inconvenience 🄝 불편함 ㅣ employee 🄝 종업원 ㅣ park 🅥 주차하다 ㅣ garbage 🄝 쓰레기 ㅣ food waste 🄝 음식물 쓰레기 ㅣ bother 🅥 괴롭히다, 성가시게 하다

02

Give two reasons why we might remember certain things more easily than others, with examples and points from the excerpt.	왜 우리가 특정한 것들을 다른 것들보다 더 쉽게 기억할 수 있는지 강의의 예시와 요점들을 이용하여 두 가지 이유를 설명하시오.

답변 전개하기 예시

The professor talks about previous knowledge. – You go to classical concert, and you've never heard classical music. You cannot remember specific details. – If you are an expert in classical music, you have less difficulty remembering specific details.	교수는 사전 지식에 관하여 말하고 있다. – 당신이 클래식 콘서트에 가는데, 클래식 음악을 들어본 적이 없다. 구체적 세부 사항을 기억하지 못한다. – 만약 당신이 클래식 음악의 전문가라면, 그 세부 사항을 기억하는 데 어려움이 덜할 것이다.
The professor also talks about how unique the event is. – You are in a big class with a hundred students. – You could only recognize a few of the students who were very tall or ask many questions. – These students are easier to remember because you can notice how different they are.	교수는 또한 그 일이 얼마나 독특한지에 관해 말하고 있다. – 당신이 100명의 학생들과 대규모 수업에 있다. – 당신은 키가 매우 큰 학생이나 질문을 많이 하는 학생과 같은 단지 몇 명의 학생들만 인지할 수 있을 것이다. – 그들이 얼마나 다른지 알기 때문에 이러한 학생들은 기억하기 더 쉽다.

어휘 influence 🅥 영향을 주다 ㅣ unusual 🄳 평범하지 않은 ㅣ stand out 눈에 띄다 ㅣ memorable 🄳 기억에 남는

말하기 예시

According to the lecture, the professor talks about why we might remember certain things more easily than others. The professor gives two different examples of it. First, the professor talks about previous knowledge. You go to classical concert, and you've never heard classical music. You cannot remember specific details. If you are an expert in classical music, you have less difficulty remembering specific details. Second, the professor also talks about how unique the event is. You are in a big class with a hundred students. You could only recognize a few of students who are very tall or ask many questions. These students are easier to remember because you can notice how different they are.	강의에 따르면, 교수는 왜 우리가 어떤 특정한 것을 다른 것들보다 더 쉽게 기억할 수 있는지에 관해 이야기하고 있다. 교수는 이것에 대한 두 가지 예시들을 제공하고 있다. 첫 번째, 교수는 사전 지식에 관하여 말하고 있다. 당신이 클래식 콘서트에 가는데, 클래식 음악을 들어 본 적이 없다. 당신은 구체적인 세부 사항을 기억하지 못한다. 만약 당신이 클래식 음악의 전문가라면, 그 세부 사항을 기억하는 데 어려움이 덜할 것이다. 두 번째, 교수는 또한 그 일이 얼마나 독특한지에 관해 말하고 있다. 당신이 100명의 학생들과 대규모 수업에 있다. 당신은 키가 매우 큰 학생이나 질문을 많이 하는 학생과 같은 단지 몇 명의 학생들만 인지할 수 있을 것이다. 그들이 얼마나 다른지 알기 때문에 이러한 학생들은 기억하기 더 쉬운 것은

Speaking Tip

첫 번째 예시에서의 클래식 음악에 대해서 모르고 알 때의 차이와, 두 번째 예시에서의 수 많은 학생들 중 유독 크고 질문을 많이 하는 학생들이 더 기억에 남는 것처럼 독특한 일일수록 더 기억에 오래 남는다는 점을 강조해서 말해야 한다.

어휘 recognize 🅥 인지하다 ㅣ notice 🅥 알아차리다 ㅣ knowledge 🄝 지식 ㅣ classical 🄳 클래식의 ㅣ unique 🄳 독특한

01

Listen to the excerpt from a business class.

경영학 수업에서 한 강의의 일부를 들으시오.

듣기 스크립트&해석

W Good salespeople are masters of communication. Here are some common strategies used to address customers' concerns.

The first strategy is to talk about the benefits of the product – this benefit should outweigh the potential downsides. For example, if the customer's worry is regarding the price, the salesperson can convince the customer that it will last for many years. This may persuade the customer to be less concerned about the price.

Impressive demonstrations are another great way to make them buy the product. To take the laptop as an example, the customers could worry that the laptop would be big and heavy. A good salesman will practice packing the laptop away quickly and carrying it with a smile on his face. This will make the customers believe they can do it too.

역 좋은 판매원들은 의사소통의 대가들입니다. 고객들의 염려를 해결하기 위해 사용하는 몇 가지 일반적인 전략들이 있습니다.

첫 번째 전략은 상품의 장점들에 대해 이야기하는 것입니다. 이러한 장점은 잠재적인 단점을 능가해야 합니다. 예를 들어, 만일 고객의 걱정이 가격에 관련한 것이라면, 판매원은 고객에게 이 제품이 수년 동안 지속 가능할 것이라고 설득시킬 수 있습니다. 이를 통해 고객이 가격에 대해서 덜 걱정하도록 설득할 수 있습니다.

인상 깊은 시연은 고객들이 상품을 사게 만드는 또 다른 좋은 방법일 수 있습니다. 노트북을 다시 예로 들어보면, 고객들은 노트북이 크고 무겁다고 걱정할 수도 있습니다. 좋은 판매원은 노트북을 빨리 짐에 싸고 웃으면서 가지고 다닐 수 있다는 것을 보여줄 것입니다. 이는 고객들이 그들도 이를 할 수 있다고 믿게 만들어줍니다.

듣기 노트 정리 예시

주제	some common strategies used to address customers' concerns	고객들의 염려를 해결하기 위해 사용하는 몇 가지 일반적인 전략들
소주제 1& 구체화	talk about benefits – product outweigh potential downsides customer worry – price convince last many years make less concerned about price	상품의 장점들에 관련해 이야기를 함 잠재적인 단점들을 압도할 수 있음 고객들이 가격에 대해서 걱정 제품이 수년 동안 지속 가능 할 것이라고 설득 가격에 대해서 덜 걱정하도록 함
소주제 2& 구체화	impressive demonstrations – great way worry laptop big + heavy practice packing away quickly + carrying it with smile believe they do it too	인상 깊은 시연은 또 다른 좋은 방법 노트북이 크고 무겁다고 걱정 노트북을 빨리 짐에 싸고 웃으면서 가지고 다닐 수 있다는 것을 직접 행동으로 보여줌 고객들이 그들도 이를 할 수 있다고 믿음

어휘 salespeople n 판매원 | communication n 소통 | strategy n 전략 | concern n 염려, 걱정 | master n 대가 | address v 해결하다 | strategy n 전략 | outweigh v 능가하다, 압도하나 | convince v 납득시키다 | pack v 포장하다 | carry v 운반하다

Giving points and examples from the lecture, describe two tactics used by salespeople to respond to customer concerns.

강의의 예시와 요점을 이용하여, 판매원이 고객들의 염려에 대응하는 두 가지 전략에 대해서 묘사하시오.

말하기 예시

According to the lecture, the professor talks about tactics used by salespeople. There are two different tactics. First of

강의에 따르면, 교수는 판매원들이 사용하는 전략에 대해 말하고 있다. 두 가지의 전략이 있다. 첫 번째

all, good salespeople talk about the benefits of the product to the customers. This can outweigh the potential downsides. For example, if the customers worry about the price, the salespeople can convince them that it will last for many years. This makes them less concerned about the price. Second, impressive demonstrations can also be a good way. If the customers worry that a laptop would be big and heavy, a good salesperson will practice packing the laptop away quickly and carrying it with a smile. This can make the customers believe that they can do it too.

는, 훌륭한 판매원들은 고객들에게 상품의 장점들에 관해 이야기를 한다. 이러한 장점은 잠재적인 단점들을 압도할 수 있다. 예를 들어서, 만약 고객들이 가격에 대해서 걱정을 하면, 판매원들은 고객들에게 이 제품이 수년 동안 지속 가능할 것이라고 설득시킬 수 있다. 이것은 고객이 가격에 대해서 덜 걱정하도록 설득할 수 있다. 두 번째는, 인상 깊은 시연이 또 다른 좋은 방법이 될 수 있다. 만약 고객들이 노트북 컴퓨터가 크고 무겁다고 걱정하면, 좋은 판매원은 노트북을 빨리 짐에 싸고 웃으면서 가지고 다닐 수 있다는 것을 보여줄 것이다. 이것은 고객들이 그들도 이를 할 수 있다고 믿게 만들어준다.

Speaking Tip

고객들은 항상 제품을 구매하기 전에 우려하는 요소들이 있다. 진정한 판매원이라면 이 부분을 최소화해서, 구매를 유도해야 하는데, 크게 이 부분에는 두 가지 방법이 있다. 첫 번째로는 고객이 우려하고 있는 것보다 더 큰 장점이 있다는 것을 각인시키는 것이고, 둘째는 우려하는 점을 종식 시킬 수 있게, 바로 눈앞에서 시연하는 것이다.

어휘 outweigh ⓥ ~보다 크다 l potential adj 잠재적인 l downside ⓝ 단점 l regarding ~에 관하여 l persuade ⓥ 설득하다 l demonstration ⓝ 설명, 시연 l pack ⓥ 짐을 싸다 l carry ⓥ 운반하다

02

You will now hear an excerpt from a business lecture.　　　이제 경영학 강의의 일부를 들으시오.

듣기 스크립트&해석

Ⓜ Alright, when I saw you last time, we talked about how to start a business on your own and the obstacles new business owners often encounter. One easy way to avoid uncertainty is through franchising. Here are some advantages to franchising.

One of the biggest advantages is you can receive training and follow their plan for success. For example, let's say you open a new franchise of a popular pizza restaurant. The company will provide detailed plans and budgets related to all aspects of the business, including training for you and all your staff.

The other big advantage of joining a franchise is that customers recognize the brand. When you open your restaurant, people will know what to expect. So, to recap, if you join a pizza franchise, you can take advantage of an existing customer base and reputation.

Ⓜ 자, 제가 여러분을 저번에 보았을 때, 우리는 어떻게 사업을 시작하는지와 새로운 사업자가 자주 맞닥뜨리는 장애물에 관하여 이야기를 했습니다. 불확실성을 피하는 한 가지 쉬운 방법은 프랜차이징입니다. 프랜차이징에 대한 몇 가지 장점들이 있습니다.

가장 큰 장점들 중 하나는 여러분이 트레이닝을 받을 수 있고 성공을 위한 그들의 계획을 따른다는 것입니다. 예를 들어, 당신이 유명한 피자 레스토랑의 새로운 프랜차이즈를 연다고 가정해 봅시다. 회사는 당신과 당신의 직원들을 위한 연수를 포함하여, 그 사업체의 모든 부분과 관련된 상세한 계획과 예산을 당신에게 제공해 줄 것입니다.

프랜차이즈 사업의 또 다른 큰 장점은 고객들이 브랜드를 이미 인지하고 있다는 것입니다. 당신이 식당을 연다고 할 때, 사람들은 예상되는 것을 알고 있습니다. 그래서 요점을 정리해 보면, 만일 당신이 피자 프랜차이즈에 가입하면, 당신은 기존 고객층과 평판을 이용할 수 있습니다.

듣기 노트 정리 예시

주제	some advantages to franchising	프랜차이징에 대한 몇 가지 장점들

소주제 1& 구체화	receive training + follow plan for success open new franchise for popular pizza restaurant provide detailed plans + budgets	트레이닝을 받을 수 있고, 성공을 위한 계획을 따름 유명한 피자 레스토랑의 새로운 프랜차이즈를 연다고 가정 상세한 계획과 예산을 제공받을 수 있음
소주제 2& 구체화	customers recognize brand open your restaurant → know what to expect take advantage of existing customer base + reputation	고객들이 해당 브랜드를 이미 인지함 식당을 열었을 때 → 사람들은 이미 예상되는 것을 알고 있음 기존 고객층과 평판을 이용할 수 있음

어휘   business **n** 사업 | obstacle **n** 장애물 | avoid **v** 피하다 | uncertainty **n** 불확실함 | franchise **n** 가맹점, 프랜차이즈 | detailed **adj** 세부적인 | staff **n** 직원 | existing **adj** 현존하는 | on one's own 홀로, 스스로 | encounter **v** 맞닥뜨리다 | staff **n** 직원 | recap **v** 요점을 정리하다

With reference to the pizza restaurant example, talk about two positive aspects of franchising.

피자 레스토랑의 예시를 참조하여, 체인점의 두 가지 장점들에 관해 이야기해 보시오.

말하기 예시

According to the lecture, the professor talks about franchising. There are two positive aspects of this. One advantage is that you can receive training and follow the company's plan for success. For example, you open a new franchise of a popular pizza restaurant. The company can provide you with detailed plans and budgets. One more advantage is that customers recognize the brand. You open your restaurant, and people know what to expect. Therefore, you can take advantage of existing customer base and reputation.

강의에 따르면, 교수는 프랜차이징에 관해서 말하고 있다. 여기에는 두 가지 장점들이 있다. 하나의 장점은 트레이닝을 받을 수 있고, 성공을 위한 그들의 계획을 따른다는 것이다. 예를 들어 네가 유명한 피자 레스토랑의 새로운 프랜차이즈를 연다고 가정해 보자. 그 회사는 당신에게 상세한 계획과 예산을 제공할 수 있다. 또 하나의 장점은 고객들이 브랜드를 이미 인지하고 있다는 것이다. 당신이 식당을 열었을 때 사람들은 예상되는 것을 알고 있다. 그러므로, 당신은 기존 고객층과 평판을 이용할 수 있다.

Speaking Tip

프랜차이즈 사업은 사업에 대한 불확실성이 있는 모든 사람들에게 가장 안전한 시작을 보장해주는 방법 중 하나다. 가장 큰 장점은 사업 계획과 어떤 식으로 사업을 운영해 나가야 할지를 본사가 미리 정해주는 대로 따라가기만 하면 된다는 것이다. 또 다른 장점은 이미 존재해 있는 소비자 집단이다. 이미 고객들은 해당 브랜드의 평판을 알고 있기 때문에 따로 소비자를 모객해야 한다는 부담을 줄일 수 있다는 것이다.

어휘   restaurant **n** 식당 | detailed **adj** 세부적인 | budget **n** 예산 | recognize **v** 인지하다 | expect **v** 예상하다, 기대하다 | existing **adj** 존재하는 | customer base 고객층 | reputation **n** 평판

03

Listen to the excerpt from a psychology class lecture.

심리학 수업에서 강의의 일부를 들으시오.

듣기 스크립트&해석

Ⓜ Children learn that their actions have consequences. An action or behavior that results in a positive consequence is often repeated while an action that results in a negative consequence usually discourages a person from continuing to repeat that same action.

Let's consider parenting as our example to describe how to modify children's behavior through what is called "positive reinforcement." For example, a child might take out the trash, clean his or her own room, do all his or her homework

Ⓝ 아이들은 그들의 행동이 결과를 동반한다는 것을 배웁니다. 긍정적인 결과를 불러일으키는 동작이나 행동은 자주 반복됩니다. 반면에 부정적인 결과를 불러일으키는 동작은 보통 똑같은 행동을 반복하지 못하도록 막습니다.

긍정적 강화라고 불리는 기법을 통해 아이들의 행동을 수정하는 방법을 설명하기 위해서 양육을 예로 들어보겠습니다. 예를 들어, 한 아이가 쓰레기를 갖다 버리거나 자기의 방을 청소하거나 모

without being told, etc. The parents would want to reward the child with extra TV time, a later curfew or bedtime, or an allowance that would encourage the child to continue showing good behavior.

However, children can also pick up some bad habits that the parents would want to weed out. So what kind of consequences should exist to discourage misbehaving children? We call this modifying technique positive punishment. If a child decides to come home and watch TV all day without doing his or her homework, what should the punishment be? What about if the child ignores his or her 7 p.m. curfew and comes home at 10 p.m.? If positive punishment is used, such as taking away their TV privileges, being grounded for several days for breaking curfew, or going to sleep without dinner, the child should logically conclude that these behavior patterns lead to negative consequences.

든 숙제를 하라는 말 없이도 알아서 합니다. 부모는 이 아이에게 이런 좋은 행동을 계속할 수 있도록 격려해 줄 수 있는 추가 TV 시청 시간, 조금 늦춰진 통금 시간, 혹은 취침 시간, 용돈을 상으로 주길 원할 겁니다.

하지만, 아이들은 부모가 제거하고 싶은 나쁜 습관을 배울 수도 있습니다. 잘못 행동하는 아이들을 막을 수 있는 어떠한 종류의 결과가 존재할 수 있을까요? 우리는 이러한 행동 수정 기법을 긍정적 처벌이라고 부릅니다. 만약 아이들이 집에 늦게 오고, 숙제 안 하고 온종일 TV를 보면 어떤 처벌이 존재할 수 있을까요? 만일 그 아이가 7시 통금을 어기고 10시에 집에 들어온다면 어떨까요? TV 시청 권한을 빼앗는 것, 통금을 어긴 것에 대한 며칠 동안의 외출 금지, 혹은 저녁을 먹지 않고 취침하는 것과 같은 긍정적 처벌 기법이 사용되면, 아이는 이러한 행동 패턴이 부정적인 결과를 초래한다고 논리적으로 결론을 내리게 됩니다.

듣기 노트 정리 예시

주제	an action resulting in a positive consequence → repeat an action resulting in a negative consequence → x repeat	긍정적인 결과를 불러일으키는 행동 → 반복됨 긍정적인 결과를 불러일으키는 행동 → 반복되지 않음
소주제 1& 구체화	positive reinforcement – Children: take out trash, do H.W. without being told – Parents: give them extra TV time, later curfew It encourages to continue good behaviors.	긍정적 강화 기법 아이들: 쓰레기를 가져다 버림, 숙제를 하라는 말 없이도 알아서 함 부모: 그들에게 추가 TV 시간, 늦춰진 통금 시간을 제공함으로써 그들이 좋은 행동을 계속하게 한다
소주제 2& 구체화	positive punishment – Children: watch TV without HW, ignore curfew – Parents: take TV privileges, ground several days → Children: conclude lead to negative consequences	긍정적 처벌 기법 아이들: 숙제를 안 하고 TV를 봄, 통금 시간을 어김 부모: TV 권한을 빼앗거나, 며칠 동안 외출 금지를 함 → 아이들: 부정적인 결과를 초래한다는 결론을 내림

어휘 consequence **n** 결과 ㅣ behavior **n** 행동 ㅣ discourage **v** 좌절시키다 ㅣ weed out 제거하다 ㅣ misbehaving **adj** 행동이 올바르지 못한 ㅣ repeat **v** 반복하다 ㅣ modification **n** 수정 ㅣ reward **v** 상을 주다 ㅣ allowance **n** 용돈 ㅣ punishment **n** 처벌 ㅣ be grounded 외출 금지 당하다

Describe the two different behavior modification techniques for children that are mentioned in the lecture. Use specific points and examples to back up your answer.

강의에서 설명된 아이들을 위한 행동 수정의 두 가지의 다른 기법들을 묘사하시오. 당신의 답변을 뒷받침하기 위한 요점들과 예시들을 사용하시오.

According to the lecture, the professor talks about behavior modification techniques for children. There are two different techniques to explain this. The first one is called positive reinforcement. To be more specific, when children do something good, their parents give them rewards. For example, when they take out the trash or do homework without being told, the parents give them extra TV time or a later curfew. It encourages them to continue showing good behaviors. The second one is called positive punishment. Specifically speaking, when children spend long time on watching TV without doing their homework or ignore the curfew, the parents take away their TV privileges or ground them for several days. So, the children conclude that their misbehaviors lead to negative consequences.

강의에 따르면, 교수는 아이들을 위한 행동수정 기법들에 대해 말하고 있다. 이것을 설명하는 것에는 두 가지 기법들이 존재한다. 첫 번째는 긍정적 강화라고 불린다. 좀 더 구체적으로 말하면, 아이들이 뭔가 좋은 것을 하게 될 때, 부모는 그들에게 상을 준다. 예를 들어, 그들이 쓰레기를 가져다 버리거나, 숙제를 하라는 말 없이도 알아서 하게 되면, 부모는 그들에게 추가 TV 시간이나 늦춰진 통금 시간을 제공한다. 이것은 그들이 좋은 행동을 계속 보이도록 돕는다. 두 번째는 긍정적 처벌이라고 불린다. 구체적으로 말해서, 아이들이 그들의 숙제를 안 하고 오랜 시간 동안 TV만 보거나 통금 시간을 어길 때, 부모는 그들에게 TV 권한을 빼앗거나, 며칠 동안 그들을 외출 금지시킨다. 그래서 아이들은 그들의 잘못된 행동들이 부정적 결과들을 초래한다는 결론을 내리게 된다.

Speaking Tip

행동수정 기법이라고 하는 이 훈육 방법은 교육학의 전공 기초 교과에 들어가는 기본적인 개념이며 자주 출제된다. Positive reinforcement(긍정적 강화 기법)는 아이들이 좋은 행동을 했을 때 상을 줌으로써 그 행동을 극대화시키는 기법을 말한다. 그 반대 의미의 기법인 Positive punishment(긍정적 처벌 기법)는 아이들이 잘못된 행동을 했을 때 벌을 줌으로써 그 행동이 다시 발현되지 않게 끊어주는 기법이다.

어휘 consequence ⓥ 결과 | discourage ⓥ 낙담시키다 | take out the trash 쓰레기를 버리다 | curfew ⓝ 통금 | privilege ⓝ 특권

04

Listen to part of a lecture in a biology class.

생물학 수업의 강의 일부를 들으시오.

듣기 스크립트&해석

Ⓦ Many animals live in regions where seasonal changes cause them to hide underground and enter a state of inactivity called hibernation.

A great example of a traditional hibernator is the Arctic ground squirrel. The summer is extremely short, and the growing season for plants only lasts an average of about 60 days. These mammals spend the entire summer consuming all of the plants that they can find. Then, their internal clocks tell them that winter is approaching, and they go into hibernation. Once they enter hibernation, they will not awaken until their internal clocks tell them that the summer has come, even if it is already warm outside.

Other animals like the pocket mouse enter hibernation because their food has become scarce. Pocket mice live in desert regions, so there is rarely a large supply of food. They do hibernate in the winter, but only when all of the food is gone. They will also hibernate in the middle of the summer if there isn't enough food.

Ⓦ 많은 동물들은 계절적 변화가 그들로 하여금 땅 속으로 숨게 하거나 동면이라 불리는 무활동 상태로 들어가게 만드는 지역에 살고 있습니다.

전형적인 동면 동물의 좋은 예는 북극 얼룩다람쥐입니다. 여름은 매우 짧고, 식물이 자라는 계절은 평균 60일 정도밖에 되지 않습니다. 이 포유 동물은 자신들이 찾을 수 있는 모든 풀을 먹는 데 보냅니다. 그리고 나서, 그들의 생체 시계는 겨울이 다가오고 있다는 것을 알려주고, 그들은 동면에 들어갑니다. 일단 동면에 들어가면, 그들은 생체 시계가 여름이 왔다고 알려주기 전까지는 밖의 날씨가 따뜻해도 깨지 않습니다.

주머니쥐와 같은 다른 동물들은 먹이가 부족해지기 때문에 동면에 들어갑니다. 주머니쥐는 사막 지역에 살기 때문에 먹이가 많지 않습니다. 그들은 겨울에 동면을 하지만, 먹이가 완전히 사라질 때만 그렇게 합니다. 그들은 한여름에도 충분한 먹이가 없다면 동면을 하게 됩니다.

주제	seasonal changes causing ani. to hibernation	동물들을 동면에 들게 하는 계절적 변화
소주제 1& 구체화	the Arctic ground squirrel spend summer consuming plants internal clocks tell – winter approaching, go into hibernation once enter hibernation, x awaken til internal clock tell summer come	북극 얼룩다람쥐 식물을 먹으면서 여름을 보냄 생체 시계가 겨울이 다가오고 있다고 알리면 동면에 들어감 일단 동면에 들어가면, 내부 시계가 여름이 다가왔다고 그들에게 말해주기 전까지 일어나지 않음
소주제 2& 구체화	pocket mice live in desert regions enter hibernation – food become scarce live in desert x enough food hibernate only all food → gone hibernate in summer if x enough food	사막 지역의 주머니쥐 식량이 부족해지기 때문에 동면을 함 사막 지역에서 삼 그곳에는 충분한 식량이 없음 모든 음식이 소진되면 동면에 들어감 만약 충분한 음식이 없다면, 여름에도 동면에 들어감

어휘 underground **n** 지하 ㅣ extremely **adv** 극도로, 극히 ㅣ last **v** 지속하다 ㅣ internal **adj** 내부의 ㅣ rarely **adv** 드물게 ㅣ supply **n** 공급 ㅣ
seasonal change 계절 변화 ㅣ inactivity **n** 무활동 ㅣ Arctic ground squirrel 북극 얼룩다람쥐 ㅣ pocket mouse 주머니쥐

Using points and examples from the lecture, describe two different forms of hibernation.

강의의 요점과 예시를 활용하여, 동면의 두 가지 다른 형태를 묘사하시오.

The professor explains different forms of hibernation by giving two examples. First, the animals mentioned in the first example spend the entire summer eating plants. They enter hibernation when their internal clocks tell them winter is coming. Once they enter hibernation, they will not be awaken until their internal clocks tell them the summer has come. Second, the animals mentioned in the second example enter hibernation because their food has become scarce. They live in desert regions, and there isn't enough food there. They hibernate only when all of the food is gone. They also hibernate in the summer if there isn't enough food.

교수는 두 가지 예를 들어 동면의 각기 다른 형태를 설명한다. 첫째, 첫 번째 예시에서 언급된 동물들은 여름 내내 식물을 먹으면서 보낸다. 그들은 생체 시계가 겨울이 다가오고 있다고 알리면 동면에 들어간다. 그들은 일단 동면에 들어가면 생체 시계가 여름이 다가왔다고 그들에게 말해주기 전까지 일어나지 않는다. 두 번째, 두 번째 예시에서 언급된 동물들은 식량이 부족해지기 때문에 동면을 한다. 그들은 사막 지역에서 살고, 그곳에는 충분한 식량이 없다. 그들은 모든 음식이 소진되면 동면을 한다. 또한 만약 충분한 음식이 없다면, 여름에도 동면을 한다.

Speaking Tip

동물이 나오는 강의에서 해당 동물의 이름이 언급될 때, 동물의 이름을 정확하게 기억할 필요는 없다. 첫 번째 예시에 등장하는 Arctic ground squirrel(북극 얼룩다람쥐)를 예로 들어보자. 이 동물들의 이름을 정확하게 기억하려다가 정작 중요한 이들이 하는 행동과 상황을 놓치지 않아야 한다. 해당 동물의 정확한 이름이 기억나지 않더라도, The animals mentioned in the first/second example(첫 번째/두 번째 예시에서 언급된 동물들) 등으로 대신 받을 수 있으니, 동물의 이름에 집착하다가 중요한 내용을 놓치지 않도록 한다. 또한, only last for 60 days(60일 정도만 풀이 자란다)에서 60 days(60일)는 문맥상 짧은 시간을 의미하므로 이 부분을 답변으로 말할 때는 정확한 숫자 대신 a short time(짧은 시간) 정도의 표현으로 대신해서, only last for a short time(짧은 순간에만 풀이 자란다) 정도로 표현하면 된다.

어휘 hibernation **n** 동면 ㅣ mention **v** 언급하다 ㅣ scarce **adj** 부족한

Actual Test 1

본서 | P. 170

Question 1

Some pupils study a broad range of subjects while others choose to specialize in fewer subjects. Out of these two options, which approach do you think is better? Support your opinion and give examples.

어떤 학생들은 다양하고 폭넓은 과목을 공부하는 반면에 다른 학생들은 소수의 과목에 전문화되는 것을 선택한다. 이 두 가지 선택지 중에서 당신은 어떤 것이 더 낫다고 생각하는가? 당신의 의견을 뒷받침하고, 그에 대한 예시를 드시오.

노트 정리 예시

선택	focus on one subject	한 과목에 집중
이유&구체화	1. **easier to succeed** - get a good score - reduce amount of time to study + minimize stress 2. **be confident in one subject** - choose enjoy most → be confident - advantage over others that x specialized in one area	1. 성공하기 더 쉬움 - 좋은 점수를 받아야 함 - 공부에 필요한 시간을 줄이고 스트레스를 최소화함 2. 한 과목에 자신감이 생김 - 가장 좋아하는 과목을 선택 → 자신감을 갖게 됨 - 한 분야에 전문화되지 않은 학생들보다 더욱 장점을 갖게 됨

말하기 예시

I strongly believe that students should focus on one subject in school because it will be easier for them to succeed and they can be confident in that subject. To succeed in school, you have to get good scores. Focusing on one subject reduces the amount of time students need to study and minimizes their stress. Secondly, the students can choose a subject they enjoy most and become confident in that area. It can also give them an advantage over students that don't specialize in one subject. These are the reasons I think it is a good idea to prioritize one subject.

나는 학생들이 학교에서 한 과목에 집중해야 한다고 생각한다. 왜냐하면 그들이 성공하기에 더 쉽고, 해당 과목에 더 자신감을 가질 수 있기 때문이다. 학교에서 성공하려면, 당신은 좋은 점수를 받아야만 한다. 한 과목에 집중하는 것은 학생들이 공부에 필요로 하는 시간의 양을 줄여주고 스트레스를 최소화해준다. 두 번째로, 학생들은 그들이 가장 즐기는 과목을 선택할 수 있고, 그 과목에 자신감을 가지게 된다. 이것은 또한 한 분야에 전문화되지 않은 학생들보다 이점을 줄 수 있다. 이것이 내가 한 과목을 우선순위에 두는 것이 좋은 의견이라고 생각하는 이유들이다.

Speaking Tip

첫 번째 이유인 학업적인 면에서의 성공을 언급하고, 이유에 대한 근거로 좋은 점수를 받아야 하고, 공부에 필요한 시간과 스트레스를 줄여준다는 점을 꼭 언급하자. 두 번째 이유인 한 분야에 집중하는 것이 어떻게 자신감을 불어넣어 주는지에 관한 구체화의 문장을 적어도 하나 이상은 꼭 포함시키도록 한다.

어휘   focus **V** 집중하다 ㅣ succeed **V** 성공하다 ㅣ reduce **V** 줄이다 ㅣ minimize **V** 최소화하다 ㅣ confident **adj** 자신에 찬 ㅣ advantage **n** 이점, 장점

Question 2

The school is planning on limiting the period during which students can live on campus. Read the notice for 45 seconds. Begin reading now.

학교는 학생들이 캠퍼스 내에 거주할 수 있는 기간을 제한하려고 계획하고 있다. 공지를 읽는 데 45초가 주어진다. 이제 읽기 시작하시오.

Update to Campus Housing Rules

A new policy is going to limit the period during which students can live on campus due to the heightened demand for housing on campus. The limit will be three years as this is the usual time it takes to complete a normal undergraduate degree. The demand for housing on campus has almost doubled due to the growing enrollment rate. If students wish to continue with graduate studies, there are other accommodation options, such as separate postgraduate apartments and nearby rental options.

캠퍼스 거주 방침에 관한 변경 사항

새로운 방침은 캠퍼스 내의 숙소에 대한 수요의 증가로 인해 학생들이 캠퍼스에서 거주할 수 있는 기간을 제한할 것입니다. 이 제한은 정규 학사 학위를 받는 데 일반적으로 걸리는 3년이 될 것입니다. 등록률 증가로 인하여, 캠퍼스 안의 숙소에 대한 수요가 거의 두 배가 되었습니다. 만약 대학원 공부를 계속하기를 원한다면, 대학원생들의 독립된 아파트나 근처의 숙소 대여와 같은 숙박 옵션들이 있습니다.

어휘 limit ⓥ 제한하다 | demand ⓝ 요구 | undergraduate degree 학사 학위 | enrollment ⓝ 등록 | accommodation ⓝ 거처, 숙소 | postgraduate ⓝ 대학원생

Now listen to two students discussing the notice.

공지에 대해 논의하는 두 학생의 대화를 들으시오.

Ⓦ I think it's so unfair that we won't be able to live on campus anymore. It's difficult and expensive to find alternatives.

Ⓜ Yeah, I agree. I'm disappointed because it will be inconvenient, but I think I understand. There isn't enough housing for all the new students these days.

Ⓦ I am aware of that, but why should it affect us?

Ⓜ Well, we're older and wiser. We are already familiar with the university and area. Living on campus is necessary for freshmen because they need to adjust.

Ⓦ I still think it's unfair. A time limit is a bad idea.

Ⓜ Only graduate students or part-timers need more than three years and most of them live off campus anyway. The policy is a good idea because the benefits outweigh the disadvantages.

Ⓦ 우리가 더 이상 캠퍼스에서 거주하지 못한다니, 이건 너무 공평하지 않아. 대안을 찾는 건 너무 어렵고 비용이 많이 들어.

Ⓜ 그래, 나도 동의해. 이게 매우 불편할 거라서 실망스럽기는 하지만, 나는 이해가 돼. 요즘 신입생들을 위한 숙소가 충분하지 않아.

Ⓦ 나도 알고 있어. 그런데 왜 이 방침이 우리한테 영향을 주는 건데?

Ⓜ 글쎄. 우리가 더 나이가 있고 현명하잖아. 우리는 대학교와 지역에 이미 익숙해져 있잖아. 신입생들은 적응해야 하니까 캠퍼스 안에 사는 것이 그들에게는 필요해.

Ⓦ 나는 여전히 이건 공평하지 않다고 생각해. 시간 제한이 있는 건 좋지 않은 생각이야.

Ⓜ 대학원생들이나 파트타임 학생들만 3년 이상이 걸리고, 그들은 대부분 캠퍼스 밖에서 살아. 이 방침은 장점이 단점보다 더 크니까 좋은 생각인 것 같아.

주제	a 3-year limit for on-campus accommodation	캠퍼스 내에서의 3년 주거 기간 제한
의견	M: agree	남: 찬성
이유&구체화	이유 1&구체화 **too challenging for 1, 2 students to search for housing off campus** - experienced students: familiar with the university and surrounding area → find alternatives more easily 이유 2&구체화 **fewer students affected by the change**	1, 2학년 학생들이 학교 밖에서 주거 공간을 찾는 것은 어려움 학교에 오래 다닌 학생들: 학교와 주변 지역에 대해 친숙함 → 대안을 찾기 쉬움 변화의 영향을 받는 친구들은 소수임

어휘 alternative **n** 선택 가능한 것, 대안 | housing **n** 숙소, 주거 옵션 | affect **v** 영향을 주다 | adjust **v** 적응하다 | unfair **adj** 불공평한 | outweigh **v** ~보다 더 크다

Now get ready to answer the question.

The man expresses his opinion of a notice. State his opinion and explain the reasons he gives for holding that opinion.

이제 질문에 답하시오.

남자는 학교의 공지에 대한 자신의 의견을 표현하고 있다. 그의 의견을 진술하고 그 의견을 뒷받침하는 이유들을 설명하시오.

말하기 예시

The man defends the new policy of a three-year limit for on-campus accommodation. His first reason is that new students struggle to get on-campus housing. The man says that it is too challenging for first and second-year students to search for housing off campus. More experienced students are familiar with the university and surrounding area, so they can find alternatives more easily. He also says that it's a good idea to limit the eligibility of students to three years because fewer students will be affected by the change.

남자는 캠퍼스 내의 주거를 3년으로 제한한다는 새 방침을 옹호한다. 그의 첫 번째 이유는 새로운 학생들은 캠퍼스 내의 숙소를 구하는 데 고생할 것이기 때문이다. 남자는 1, 2학년 학생들은 학교 밖에 위치한 주거 옵션을 구하는 것이 너무 힘들 것이라고 말한다. 학교에 오래 다닌 학생들이 학교와 주변 지역에 더 친숙하고, 그래서 그들은 대안을 쉽게 찾을 수 있다고 본다. 그는 또한 학생이 3년 동안 살 수 있는 자격에 제한을 두는 것이 소수의 학생들에게만 영향을 미칠 것이기에 좋은 생각이라고 본다.

Speaking Tip

[3년의 주거 제한] 대부분의 미국의 대학교는 전 세계에서 학생들이 오는 곳이기 때문에 대부분의 학교 내에 주거 공간이 부족하다. 3년이라는 주거 기간의 제한을 두는 이유는 1학년생들에 대한 배려다. 1, 2학년보다는 3, 4학년 학생들이 학교와 주변 지역에 더 익숙하기 때문에, 신입생에게 공간을 양보하기 위해 고학년들이 자리를 비켜주곤 한다.

어휘 defend **v** 옹호하다, 수비하다 | accommodation **n** 숙박시설 | struggle **v** 고군분투하다 | on-campus housing 학교 내의 주거 시설 | challenging **adj** 힘든 | be familiar with ~에 친숙하다 | surrounding area 주변 지역 | alternative **n** 대안 | eligibility **n** 적격

Question 3

Read a passage about carrying capacity. You have 50 seconds to read. Begin reading now.

환경 수용력에 관한 지문을 읽으시오. 지문을 읽는 데 50초가 주어진다. 이제 읽기 시작하시오.

읽기 지문&해석

Carrying Capacity

Due to competition for resources, any given habitat can only support as many animals as the resources allow. If there are no disruptions or imbalances in the relationship between the animals and the habitat, carrying capacity stays stable. But be aware that carrying capacity can change. Due to certain factors like the invasion of new species, climate or natural disasters, the habitat's capacity will probably change.

환경 수용력

자원들에 대한 경쟁 때문에, 어떤 서식지라도 자원들이 허용하는 만큼만 많은 동물들을 먹여 살릴 수 있습니다. 만약 동물들과 서식지가 가지고 있는 관계에서의 방해나 불균형이 존재하지 않는다면, 환경 수용력은 안정적으로 유지됩니다. 하지만 환경 수용력은 변할 수도 있다는 것을 알아둡시다. 새로운 종들의 침입이나, 기후, 자연재해와 같은 특정 요소들 때문에 환경 수용력은 아마도 변화할 것입니다.

어휘 competition **n** 경쟁 | resource **n** 자원 | habitat **n** 서식지 | imbalance **n** 불균형 | invasion **n** 침입

Now listen to part of a lecture in a biology class.

이제 생물학 강의의 일부를 들으시오.

듣기 스크립트&해석

M Alright, so let's begin with what takes place with a black-and-red moth, one kind of insect which we can find in

남 자, 한 종류의 곤충인, 우리가 유럽에서 볼 수 있는 검붉은 나방에게 어떤 일이 일어나는지와 함

Europe. These moths mostly eat ragwort, a type of plant, and they live close to where this plant grows. As an example, let's follow one group of moths and their habitat. Everything was stable until one year when it did not rain as much as usual, so fewer ragwort plants grew. This meant that the moth population starved, and many died. The moths that survived laid fewer eggs too. The number of moths in the field matched the amount of food available. The next year, when rainfall was normal, the ragwort and the moths both thrived. The moth population and the available resources increase and decrease together.

께 시작해 보자. 이 나방들은 대부분 식물의 한 종류인 금방망이를 보통 먹고, 이 식물이 자라는 곳 가까이에서 산다. 한 예시로, 한 나방 그룹과 그들의 서식지를 따라가 보자. 평상시와 같이 비가 내리지 않아서 금방망이 식물이 거의 자라지 못했던 한 해까지는 모든 것이 괜찮았다. 이것은 나방 집단이 굶게 되고 많은 나방들이 죽게 되었다는 것을 의미한다. 살아남은 나방은 거의 알을 낳지 못하기도 했다. 그 장소에서의 나방의 숫자는 구할 수 있는 음식의 양과 일치했다. 그 다음 해에 강수량은 정상으로 돌아왔고, 금방망이 식물과 나방들은 양쪽 다 번성하였다. 나방의 숫자와 구할 수 있는 자원은 증가하고 감소하기를 같이 한다.

읽기&듣기 노트 정리 예시

주제	x disruption → x change Natural disaster → change	x 방해 → x 변화 자연재해 → 변화
예시& 구체화	moth eat Ragwort – year – x rain 　　Ragwort plants x grow 　　moth – starved + died 　　laid fewer eggs – next yr, rainfall – normal 　　Ragwort + moths both thrived 　　moth + resources increase + decrease together	나방은 금방망이 식물을 먹음 – 어느 한 해 – 비가 내리지 않음 　금방망이 식물은 자라지 못했음 　나방은 굶어 죽게 됨 　더 적은 수의 알을 낳음 – 다음 해. 강수량이 정상으로 돌아옴 　금방망이 식물과 나방 둘 다 번성하게 됨 　나방과 그 자원들은 증가와 감소를 같이 함

어휘　take place 일어나다. 발생하다 ㅣ moth ⓝ 나방 ㅣ stable 죄d 안정적인 ㅣ population ⓝ 수. 인구 ㅣ starve ⓥ 굶어 죽다 ㅣ thrive ⓥ 번성하다 ㅣ insect ⓝ 곤충 ㅣ population ⓝ 인구. 개체 수 ㅣ survive ⓥ 살아남다 ㅣ match ⓥ 일치시키다 ㅣ available 죄d 이용 가능한

Describe the idea of carrying capacity through the story of ragwort and the moths.

금방망이와 나방의 이야기를 통해서 환경 수용력이라는 개념을 묘사하시오.

말하기 예시

According to the lecture, the professor talks about carrying capacity. The professor takes the story of ragwort and the moths as an example to explain this. The moths mentioned in this example eat ragwort. One year, it didn't rain much, so ragwort plants couldn't grow well. The moths starved, and many of them died or laid fewer eggs than before. The next year, rainfall was normal, so ragwort and the moths were able to thrive. The moths and the resources increase and decrease together.

강의에 의하면, 교수는 환경 수용력에 대해서 말하고 있다. 이것을 설명하기 위해 교수는 금방망이 식물과 나방 이야기를 예로 들었다. 이 예시에서 언급된 나방은 금방망이 식물을 먹는다. 어느 한 해, 비가 많이 오지 않아서 금방망이 식물은 잘 자라지 못했다. 나방은 굶게 되었고, 많은 나방들이 죽거나 전보다 더 적은 수의 알을 낳게 되었다. 그다음 해에, 강수량은 정상이 되었고, 금방망이와 나방은 번성할 수 있었다. 나방과 그 자원들은 증가하고 감소하기를 같이 한다.

Speaking Tip

모든 동물 종들은 살아남기 위해 물이나 음식과 같은 자원들을 가져야만 한다. 만약 자원에 안 좋은 영향을 미치는 기상 이변과 같은 일이 없다면, 환경 수용력은 항상 안정적으로 유지가 되겠지만, 장마나 홍수와 같은 기상 악후가 계속되면, 환경 수용력은 줄어든다. 즉, 자원도 적어지고, 이를 먹는

동물의 개체수도 줄어들게 된다.

어휘 moth **n** 나방 ㅣ starve **v** 굶주리다 ㅣ lay **v** 낳다 ㅣ rainfall **n** 강수량 ㅣ normal **adj** 정상인 ㅣ thrive **v** 번영하다, 번성하다 ㅣ resource **n** 자원

Question 4

Now listen to part of a lecture in a biology class.　　이제 생물학 강의의 일부를 들으시오.

M To most of us, sleeping is mainly just a way to relax, and we don't think much about it. As a matter of fact, we usually feel better and less stressed after a night of good sleep, right? But, for some animals, it's not so simple. They may risk death as sleeping can lower their defenses and leave them vulnerable to attack. So why do they sleep? What makes sleep this important? Many theories exist as to why sleep is so important. Today, we will explore two of them.

The first theory suggests that sleep is necessary for our body to function healthily. Studies show that young, healthy adults have a higher risk of developing health problems like diabetes, high blood pressure, and obesity when lacking sleep. In general, not getting enough sleep negatively affects our immune system. This can lead to the gradual deterioration of our health.

The second reason that explains our need for sleep relates to performance. We all know from experience that concentration, memory, and reaction times are impaired when we are tired. Our physical and mental ability is very dependent on the amount we sleep. In fact, a recent experiment on trainee surgeons revealed that errors increased drastically after not sleeping for 24 hours. They were also a lot slower. Furthermore, assessing their mood showed their stress levels had increased. This study worried many people and is another study which clearly demonstrates how critical sleep can be.

M 우리 대부분에게 잠은 주로 휴식을 취하는 방법이고, 우리는 이것에 대해서 깊이 생각하지 않습니다. 사실상, 우리는 항상 숙면을 취하고 난 다음에는 기분이 좋고, 스트레스를 덜 받습니다. 그렇지 않나요? 하지만, 어떤 동물들에게는 그렇게 단순한 문제가 아닙니다. 그들은 잠이 그들의 방어력을 약하게 하고 그들을 공격에 취약하게 만드는 위험을 감수하면서 잠을 자기도 합니다. 왜 그들은 잠을 잘까요? 무엇이 잠을 이렇게 중요하게 만들까요? 잠이 왜 중요한지에 관련한 많은 이론들이 존재합니다. 오늘, 우리는 그 이유들 중에 두 가지 이유를 자세히 살펴볼 것입니다.

첫 번째 이론은 잠이 우리 몸이 건강하게 작동을 하는 데 필수적이라고 말합니다. 연구 조사들은 젊고 건강한 성인들이 잠이 부족하게 되면 성인병, 고혈압, 비만과 같은 건강 문제가 발병할 위험이 높아지는 것을 보여줍니다. 일반적으로, 잠을 충분히 못 자는 것은 우리의 면역체계에 부정적인 영향을 미칩니다. 이는 우리의 건강에 있어서 점진적인 악화로 이어질 수 있습니다.

잠에 대한 필요성을 설명할 수 있는 두 번째 이유는 업무 수행과 연관이 있습니다. 우리의 집중력, 기억 그리고 반응 시간이 우리가 피곤할 때 손상받는다는 것을 경험으로부터 알고 있습니다. 우리의 신체적, 정신적 능력은 우리가 자는 잠의 양에 확실히 달려 있습니다. 사실상, 훈련 과정에 있는 외과 의사에 대한 실험을 보면 24시간의 무수면 후에 그들의 실수가 증가했습니다. 그들은 또한 훨씬 더 느려졌습니다. 게다가, 그들의 감정에 대한 평가는 그들의 스트레스 정도가 증가했다는 것을 보여주기도 했습니다. 이 연구는 많은 사람들을 걱정시켰으며, 잠이 얼마나 중요할 수 있을지를 보여주는 또 다른 연구이기도 합니다.

주제	sleep is important	잠은 중요함
소주제&구체화	소주제 1&구체화 **immune system and general health** – young + healthy people increase health issues if x get enough sleep	면역 체계와 일반 건강 – 젊고 건강한 사람들이 잠을 충분히 못 자면 심각한 건강 관련 문제가 증가함

소주제 2&구체화

sleep: critical to m aintaining conce ntration, mood, memory

- surgeons stayed awake longer than 24 hours slower + more mistakes

수면: 집중력과 감정, 기억력을 유지하는 데 중요함

- 24시간 이상 잠을 안 잤던 외과의사들은 업무 반응 속도가 느려졌고, 더 많이 실수함

어휘   risk ⓥ ~의 위험을 무릅쓰다 | exist ⓥ 존재하다 | diabete ⓝ 당뇨병 | obesity ⓝ 비만 | trainee ⓝ 연습생 | assess ⓥ 가늠하다, 평가하다

Now get ready to answer the question.

Using points and examples from the lecture, describe the two important functions sleep has on our bodies.

이제 질문에 답하시오.

강의에서의 요점과 예시를 이용해서 수면이 우리의 몸에 주는 두 가지 중요한 기능을 서술하시오.

말하기 예시

This section of a biology lecture is about the role of sleep. The professor says that many theories exist as to why we sleep and explains two of these theories. The first theory is related to our immune system and general health. Young and healthy people can increase their risk of serious health issues if they regularly don't get enough sleep. The other theory is that sleep is critical to maintaining our concentration, mood, memory, and reaction times. Scientists studied trainee surgeons that stayed awake longer than 24 hours and discovered their work was not only slower but also had more mistakes. So, overall, sleep is important for maintaining our health and performance.

생물학 강의의 이 부분은 잠의 역할에 관련한 것이다. 교수는 우리가 왜 잠을 자는지에 관련한 많은 이론들이 존재한다고 말하고 이 이론들 중에서 두 가지를 설명한다. 첫 번째 이론은 우리의 면역체계와 일반적 건강에 연관되어 있다. 어리고 건강한 사람들이 만약 규칙적으로 충분한 수면을 취하지 않을 경우 심각한 건강상 문제의 위험을 증가시킬 수 있다. 나머지 한 이론은 잠이 우리의 집중력, 기분, 기억력과 반응 시간을 유지하는 데 얼마나 중요한지에 관한 것이다. 과학자들은 24시간보다 더 길게 깨어 있었던 훈련 과정의 외과 의사들을 연구했고, 그들의 업무가 느려졌을 뿐만 아니라, 더 많이 실수했다는 것을 발견했다. 그래서, 전반적으로, 잠은 우리의 건강과 업무 수행을 유지하는 데 중요하다.

Speaking Tip

[잠의 기능] 충분한 수면은 우리가 생각하는 것 이상으로 정말 중요하다. 실제로 면역 체계와 일반적인 건강을 유지하고 회복하는 데 잠이 큰 역할을 하고 있고, 또한 우리의 업무 수행에도 크게 영향을 미친다고 한다. 학생들이 의욕에 앞서서 시험이 임박해서 밤을 새우게 될 경우, 다음 날 공부에 집중하기 힘든 것이 이것을 증명하는 간단한 예시라고 볼 수 있다.

어휘   be related to ~와 관련이 있다 | immune system 면역체계 | critical ⓐⓓⓙ 중요한 | reaction time 반응 시간 | trainee ⓝ 훈련생 | surgeon ⓝ 외과 의사 | stay awake 깨어 있다 | overall ⓐⓓⓙ 전반적인 | performance ⓝ 업무 수행

Actual Test 2

본서 | P. 176

Question 1

Some people insist on planning for their spare time in advance while others prefer to be spontaneous. Which of these two approaches do you prefer? Use examples to support your arguments.

어떤 사람들은 미리 자신의 여가 시간에 대해서 계획을 세워야 한다고 주장는 반면에 다른 사람들은 즉흥적이기를 선호한다. 당신은 어떤 접근 방식을 선호하는가? 당신의 주장을 뒷받침하기 위해서 예시들을 사용하시오.

노트 정리 예시

선택	x make plan - choose activity depending on mood	계획을 세우지 않고, 기분에 따라서 결정
이유&구체화	1. feel lively + energetic → outdoor - want to skate, hike	활기차고 에너지가 넘칠 때 → 아웃도어 활동을 선택 - 스케이트를 타거나 하이킹을 가고 싶을 때가 있음

2. x feel energetic	에너지가 넘치지 않을 때
– relax at café + stay at home – good	– 카페에서 쉬거나, 집에서 머무르는 게 좋을 때가 있음

I prefer not to make plans and to be flexible in my free time because I choose activities depending on my mood and the conditions. For example, when I feel lively, and the conditions are suitable for outdoor activities, I might want to skate or hike. Likewise, I might decide to do indoor activities if the weather is not good. On the other hand, if I'm not feeling energetic or in the mood to do anything, I probably want to just relax at the park or a café. Sometimes simply staying and relaxing at home is also a good way to spend my free time.	나는 내 기분과 상황에 따라서 활동들을 선택하기 때문에, 내 자유 시간에 관해 계획을 세우지 않고 유동적인 것을 선호한다. 예를 들어, 내가 활기차고 상황들이 실외 활동을 하기에 적합할 때, 나는 스케이트를 타거나 하이킹하기를 원할지도 모른다. 이처럼, 나는 만약 날씨가 안 좋을 경우는 실내 활동하기를 결정할 수도 있다. 반면에, 내가 에너지가 넘치지 않거나, 어떤 것도 하고 싶지 않은 기분이 들 때는, 아마도 공원이나 카페에서 휴식을 취하기를 원할지도 모른다. 때때로 집에서 머무르면서 쉬는 것이 내가 여유 시간을 보내는 좋은 방법이기도 하다.

Speaking Tip

기분과 컨디션에 따라서 움직이는 것을 두 가지로 나누어 설명한다. 에너지가 넘칠 때와 그렇지 않을 때를 나누어 아웃도어와 인도어 활동들을 구체화 표현으로 언급한다.

어휘 flexible **adj** 유동적인 | mood **n** 감정, 기분 | suitable **adj** 적합한 | energetic **adj** 에너지가 넘치는 | relax **v** 여유를 갖다

Question 2

The school is planning on moving the cafeteria TV to the recreation center. Read the notice for 45 seconds. Begin reading now.	학교는 구내식당 TV를 레크리에이션 센터로 옮기려고 계획하고 있다. 공지를 45초 동안 읽으시오. 이제 읽기 시작하시오.

Cafeteria TV Moving to Recreation Center	**레크리에이션 센터로 구내식당의 TV를 옮기기**
It has come to our attention that the projection TV in the main cafeteria is an unwanted distraction for students wanting to socialize and have meetings there. We have decided to move the TV to the recreation area on the third floor of Raleigh House. This move will help maintain a calmer atmosphere in the cafeteria and provide a new place for enjoying the projection TV comfortably.	메인 구내식당의 프로젝션 TV가 그곳에서 교제하고 모임을 갖기 원하는 학생들에게 원치 않는 방해물이라는 것을 알게 되었습니다. 우리는 TV를 Raleigh House의 3층에 있는 레크리에이션 센터로 옮기기로 결정했습니다. 이렇게 옮김으로써 구내식당 내에서 조용한 분위기를 유지하게 될 것이고, 프로젝션 TV를 편하게 즐길 수 있는 새로운 장소를 갖게 될 것입니다.

어휘 socialize **v** 사회화하다 | maintain **v** 유지하다 | atmosphere **n** 대기, 분위기 | decide **v** 결정하다 | distraction **n** 소란

Now listen to two students as they discuss the notice.	이제 공지에 대해 논의하는 두 학생의 대화를 들으시오.

🔲 Have you seen the notice about removing the TV from the cafeteria?	🔲 구내식당에서 TV를 없앤다는 공지를 본 적 있니?
🔲 Hmm. I like that idea. People often study or have meetings there.	🔲 흠. 난 그 아이디어가 좋아. 사람들은 종종 그곳에서 공부를 하거나 미팅을 가지기도 하잖아.

Ⓜ Hey, now, isn't the cafeteria a place for forgetting about schoolwork? It's not a place to study. We need somewhere with a comfortable environment to wind down. Eating lunch and watching TV should be an option.

Ⓦ I never thought of it like that. Good point!

Ⓜ We should have the option to watch TV while at the cafeteria to eat or meet friends; it's my only real downtime. There are so many places to study and have meetings, like the library or study hall. The cafeteria is the best place to talk or watch TV and the TV makes the atmosphere a lot more comfortable. I don't think it's fair to remove it. We should probably have a TV both in the cafeteria and the recreation area.

Ⓜ 근데 지금, 구내식당은 학교와 관련된 일들을 잊기 위한 장소이지 않아? 공부하기 위한 장소는 아니잖아. 우리는 긴장을 풀 수 있는 편안한 환경을 필요로 하잖아. 점심을 먹고 TV를 보는 건 좋은 선택일 수 있어.

Ⓦ 그것에 대해서 전혀 생각해 보지 않았네. 좋은 지적이야!

Ⓜ 우리는 구내식당에서 먹거나 친구를 만나는 동안에 TV를 볼 수 있는 선택권이 있어야 해. 우리의 유일한 휴식 시간이잖아. 도서관이나 독서실 같이 공부나 미팅을 할 수 있는 장소들이 엄청 많잖아. 구내식당은 대화를 하고 TV를 보는 최고의 장소야. 그리고 TV는 분위기를 훨씬 더 편안하게 만들어줘. 나는 TV를 없애는 것이 공정하지 않다고 생각해. 우리는 아마도 구내식당과 레크리에이션 공간에 둘 다 TV가 있어야만 할 거야.

읽기&듣기 노트 정리 예시

주제	remove TV from cafeteria	TV를 구내식당에서 없애는 것
의견	M: disagree	남: 반대
이유& 구체화	이유 1&구체화 **other places – study or have meetings** – ex) study hall or library 이유 2&구체화 **cafeteria is a place to unwind** – talk, watch TV – go somewhere else for quiet discussions	공부나 미팅을 할 수 있는 다른 장소가 있음 – 예) 자습 공간이나 도서관 구내식당은 긴장을 풀 수 있는 곳 – 대화를 하거나 TV를 보기 위한 장소 – 조용한 회의를 위해서는 다른 곳으로 가야 함

어휘 notice ⓝ 공지 | wind down 긴장을 풀다 | downtime ⓝ 휴식시간 | fair adj 공정한 | remove ⓥ 제거하다, 없애다

Now get ready to answer the question.

The man expresses his opinion of a notice. State his opinion and explain the reasons he gives for holding that opinion.

이제 질문에 답하시오.

남자는 학교의 공지에 대한 자신의 의견을 표현하고 있다. 그의 의견을 진술하고 그 의견을 뒷받침하는 이유들을 설명하시오.

말하기 예시

The man is disappointed by the notice to remove the TV from the cafeteria. He has two reasons to support his opinion. The first reason is that he thinks there are other places where people can study or have meetings, for example, the study hall or the library. The second reason is that he thinks it's unfair because the cafeteria is a place to unwind, and it's his only real downtime. People can talk, watch TV, or go somewhere else to have quiet discussions. Based on these points, the man is against the decision.

남자는 구내식당에서 TV를 없앤다는 공지에 실망한다. 그는 (공지에 반대하는) 자신의 의견을 뒷받침하는 두 가지 이유가 있다. 첫 번째 이유는 사람들이 공부하고 모임을 가질 수 있는, 예를 들어 독서실이나 도서관 같은 장소들은 따로 있다고 생각한다. 두 번째 이유는 그는 식당은 긴장을 푸는 장소이고, 이것이 학생들의 유일한 진짜 휴식 시간이기 때문에 구내식당에서 TV를 없애는 것은 불공평하다고 생각한다. 사람들은 그곳에서 대화할 수 있고, TV를 보거나 조용한 회의를 하기 위해 다른 곳으로 갈 수 있다. 이러한 이유들에 근거해서, 남자는 학교의 결정에 반대한다.

[식당의 TV] 대학교 구내식당에서 TV의 설치와 이동·제거에 관련한 문제는 항상 대학 생활에서 거론된다. TV를 설치하자고 주장하는 이유는 대부분의 학생들이 진정한 휴식을 원하기 때문이다. 반면에, 이동·제거를 원하는 대부분의 학생들은 식당이 그들의 가벼운 공부나 미팅을 하기 위한 공간이라고 생각하기 때문에 정숙한 분위기를 원한다.

어휘 downtime **n** 휴식시간 Ⅰ study hall 독서실 Ⅰ unwind **v** 긴장을 풀다 Ⅰ based on ~에 근거하여 Ⅰ discussion **n** 회의 Ⅰ cafeteria **n** 구내식당 Ⅰ remove **v** 없애다, 제거하다

Question 3

Read a passage about warning coloration. You have 50 seconds to read. Begin reading now.

경계색에 관한 지문을 읽으시오. 지문을 읽는 데 50초가 주어진다. 이제 읽기 시작하시오.

읽기 지문&해석

Warning Coloration

One way animals or insects can defend themselves from predators is by having patterns with bright colors such as red, yellow, or black to warn predators that they are dangerous to attack. This defense mechanism is referred to as warning coloration. As a result of several failed or fatal attempts, predators learn that these animals are often poisonous or aggressive and no longer attack them.

경계색

동물들이나 곤충들이 포식자들로부터 자신들을 방어할 수 있는 한 가지 방법은 빨강, 노랑, 검은색과 같은 선명한 색깔의 무늬를 가지고 포식자들에게 자신들을 공격하는 것은 위험하다고 경고하는 것이다. 이러한 방어 체제는 경계색이라고 일컬어진다. 몇몇 실패한 또는 치명적인 시도들 이후에, 포식자들은 이러한 동물들이 종종 독이 있거나 공격적이라는 것을 알게 되고 그들을 더 이상 공격하지 않는다.

어휘 defend **v** 수비 하다 Ⅰ attack **v** 공격하다 Ⅰ attempt **n** 시도 Ⅰ poisonous **adj** 독이 있는 Ⅰ aggressive **adj** 공격적인

You will now hear an excerpt from a biology lecture.

이제 이 주제에 대한 생물학 강의의 일부를 들으시오.

듣기 스크립트&해석

W The skunk is a great example of warning coloration. You are all aware of the small, furry mammal that is native to North America.

They have striking markings. Skunks have black bodies with two white lines running from their scalp to the tip of their fluffy tails. These markings make skunks easy to identify, even from far away.

They have these markings to warn potential predators about their ability to produce a smelly liquid from a gland below their tails. If a skunk is in danger, it raises its tail and sprays the liquid at the predator.

If a wolf is stalking a skunk, the skunk will raise its tail and spray the disgusting liquid on the wolf. This is not good for the wolf. Most wolves will run away and the skunk stays unharmed. Thanks to that experience, the wolf and other wolves that witness it will never approach something with black and white stripes.

여 스컹크는 경계색의 가장 좋은 예입니다. 여러분은 모두 북아메리카가 원산지인 작은 복슬복슬한 포유동물을 모두 알고 있을 것입니다.

그들은 눈에 띄는 표식을 가지고 있습니다. 스컹크는 검은색 몸체와, 그들의 두피에서 복슬복슬한 꼬리 끝까지 이어지는 두 개의 긴 흰색 선들을 가지고 있습니다. 이러한 표식들은 먼 거리에서 조차도, 스컹크를 쉽게 알아볼 수 있게 해줍니다.

그들은 꼬리 밑에 위치해 있는 분비샘에서 나오는 냄새 나는 액체를 만들어 내는 능력에 관해 잠재적 포식자들에게 경고할 수 있는 표식들을 가지고 있습니다. 만약 스컹크가 위험에 처하면 그들은 꼬리를 올리고, 포식자에게 이 액체를 발사합니다.

만약 늑대가 스컹크를 집요하게 따라오면, 스컹크는 꼬리를 올리고 역겨운 액체를 늑대에게 뿌립니다. 이는 늑대에게 좋지 않습니다. 대부분의 늑대들은 도망갈 것이고, 스컹크는 피해를 입지 않습니다. 이러한 경험 덕분에 그 늑대와 이를 목격한 다른 늑대들은 검은색과 흰색 줄무늬를 가지고 있는 무언가에게는 절대로 접근하지 않을 것입니다.

Actual Test 2

예시	several fails	몇 번의 실패들
	learn poisonous / aggressive	독성이 있거나 공격적이라는 것을 배움
구체화	skunk – striking markings	스컹크 – 눈에 띄는 표식
	have black bodies w/ 2 white lines	검은색 몸에 두 개의 긴 흰 선을 가지고 있음
	make easy to identify	눈에 띄기 쉬움
	produce smelly liquid	냄새 나는 액체를 만들어냄
	in danger, raise tail + spray liquid	위험에 처하면 꼬리를 올리고 액체를 발사함
	if wolf stalking skunk,	만일 늑대가 스컹크를 집요하게 따라오면
	raise tail + spray disgusting liquid on wolf	꼬리를 올리고 역겨운 액체를 발사함
	run away + skunk stays unharmed	늑대들 도망감, 스컹크는 해를 입지 않음
	wolf + others: x approach sth w/ black + white stripes	그 늑대와 다른 늑대들: 검은색 몸과 흰색 줄무늬를 가진 무언가에게는 절대 접근하지 않게 됨

어휘 be aware of ~를 인지하다 l furry **adj** 복슬복슬한 l scalp **n** 두피 l potential **adj** 잠재적인 l predator **n** 포식자 l unharmed **adj** 피해를 입지 않은 l be aware of ~를 인지하다 l mammal **n** 포유동물 l native **adj** 고유의 l fluffy **adj** 복슬복슬한

Show an example from the class of how the professor explains warning coloration.

교수가 어떻게 경계색을 설명하는지 수업에서 쓰인 예시로 보여주시오.

According to the lecture, the professor talks about warning coloration. The professor takes the skunk as an example to explain this. Skunks have striking markings. They have black bodies with two white lines, and these markings make them easy to identify. They can also produce a smelly liquid. When in danger, they raise their tail and spray the liquid. If a wolf is stalking a skunk, the skunk will raise its tail, and spray the disgusting liquid on the wolf. Most wolves will run away and the skunk stays unharmed. Thanks to this, the wolf and others that witness this will never approach something with black and white stripes.

강의에 따르면, 교수는 경계색에 관해서 이야기하고 있다. 교수는 이를 설명하기 위해 스컹크를 예로 들고 있다. 스컹크들은 눈에 띄는 표식을 가지고 있다. 그들은 검은색 몸체와 두 개의 흰색 선을 가지고 있고, 이러한 표식은 스컹크를 쉽게 알아볼 수 있게 해주고 있다. 그들은 또한 냄새나는 액체를 만들 수 있다. 위험에 처해 있을 때, 그들은 꼬리를 올리고 그 액체를 발사한다. 만약 늑대가 스컹크를 집요하게 따라오면, 스컹크는 꼬리를 올리고, 역겨운 액체를 늑대에게 발사한다. 대부분의 늑대들은 도망갈 것이고, 스컹크는 피해를 입지 않은 채로 머무르게 된다. 이 덕분에 늑대와 이를 목격한 다른 늑대들은 검은색과 흰색 줄무늬를 가지고 있는 무언가에는 절대로 접근하지 않을 것이다.

Speaking Tip

경계색은 피식자가 포식자에게 보여주는 신호이다. 포식자가 자신의 먹잇감을 건드렸을 때 예상치 못한 반응을 겪고 나면, 해당 경험은 포식자들에게 트라우마가 되는 경향이 있다. 이 시점으로부터 해당 피식자 자체가 포식자로 하여금 두려움과 경계의 대상이 되는 것이 아니라, 피식자가 띠고 있는 색깔이 포식자에게 트라우마를 주는 기억으로 자리 잡는다. 이러한 이유로, 이후에 포식자는 해당 피식자의 색깔과 몸의 형태를 보이고 있는 어떠한 동물이라도 그 색의 비슷함에 도망가게 된다.

어휘 warning **adj** 경고를 하는 l coloration **n** 색깔의 조합 l striking **adj** 눈에 띄는 l marking **n** 표시 l scalp **n** 두피 l liquid **n** 액체 l approach **v** 접근하다 l witness **v** 목격하다

Question 4

Now listen to part of a lecture in a United States history class.　　미국 역사 수업의 강의 일부를 들으시오.

듣기 스크립트&해석

Ⓦ Not many American families typically owned cars before World War II. In the post-war period, American industry began producing cars for the public instead of the army. The increase in supply led to a reduction in cost and meant more families could afford to buy one. Two major changes occurred in how people live and think following the surge in car ownership.

Several changes in people's lifestyles came with the spread of cars. Farmers were no longer isolated in the countryside and spent more time in cities. Likewise, people working in big cities no longer needed to live close to their workplaces and could commute from the suburbs. People also began to use public transport less frequently.

Cars also caused changes to family dynamics. After teenagers began to get driving licenses, they felt more independent. These youths spent more time with their friends, cruising around at night, and going to drive-in movie theaters. This new freedom meant they were less likely to view their parents as role models and more likely to be rebellious or have their own philosophy.

Ⓠ 많은 미국인 가정들은 보통 제2차 세계대전 이전에는 차를 소유하고 있지 않았습니다. 전후 시대에, 미국 산업은 군대 대신에 일반 대중들을 위한 차들을 생산하기 시작했습니다. 공급의 증가는 비용의 감소로 이어졌고, 이는 더 많은 가정들이 차를 구매할 여유가 있었다는 것을 의미했습니다. 자동차 소유의 급증과 관련해 사람들의 생활과 사고방식에 두 가지의 주요한 변화가 일어났습니다.

사람들의 라이프 스타일의 몇몇 변화는 자동차의 확산과 함께 일어났습니다. 농부들은 더 이상 시골에 고립되어 있지 않아도 되었고, 더 많은 시간을 도시에서 보내게 되었습니다. 비슷하게, 큰 도시에서 일하는 사람들은 더 이상 그들의 직장 근처에 살지 않아도 되었고, 교외 지역에서 통근을 할 수 있게 되었습니다. 사람들은 또한 대중교통을 덜 이용하기 시작했습니다.

자동차는 또한 가족 구성원들의 상호작용에도 변화를 일으켰습니다. 십대들이 운전면허를 따기 시작한 후, 그들은 훨씬 더 독립적이라고 느꼈습니다. 젊은이들은 밤에 돌아다니고, 자동차 극장을 가며 친구들과 더 많은 시간을 보냈습니다. 이런 새로운 자유는 그들이 그들의 부모를 롤모델로 볼 가능성이 더 작아졌고 반항적이게 되거나 그들 자신의 철학을 가질 가능성이 더 높아졌다는 것을 의미했습니다.

듣기 노트 정리 예시

주제	major changes occurred with the surge in car ownership	자동차 소유의 급증에 따른 큰 변화들
소주제& 구체화	소주제 1&구체화 travel easily from rural, suburban areas to and from cities → changed how people lived 소주제 2&구체화 younger got more freedom + began experimenting with new ideas without the supervision of their parents	시골과 교외 지역들에서 도시로 (또는 도시에서) 쉽게 이동할 수 있게 됨 → 사람들이 살아가는 방식을 바꿈 젊은이들은 더 많은 자유를 얻게 됨 + 부모들의 감독/관리 없이 독립적으로 새로운 생각을 가지고 (여러 가지를) 시도하게 됨

어휘　post-war **adj** 전쟁 후의 (구체적으로는 제2차 세계대전) ㅣ reduction **n** 감소 ㅣ surge **v** (재빠르게) 밀려들다 ㅣ suburb **n** 교외 (도심지를 벗어난 지역) ㅣ commute **v** 통근하다 **n** 통근 ㅣ rebellious **adj** 반항적인 ㅣ likewise **adv** 또한, 비슷하게 ㅣ suburban **adj** 교외의 ㅣ family dynamics 가족 간의 상호작용 ㅣ cruise **v** 돌아다니다 ㅣ drive-in 자동차 극장[식당] ㅣ rebellious **adj** 반항적인 ㅣ philosophy **n** 철학

Use the points given in the lecture to explain what changed as a result of car ownership after the Second World War.

강의에 제시된 요점들을 사용하여 제2차 세계대전 이후의 자동차 소유의 결과로서 무엇이 변했는지를 설명하시오.

말하기 예시

According to the lecture, after the Second World War, two major changes to society happened as a result of cars being more affordable. The first change was that people could travel easily from rural and suburban areas to cities. This changed how people lived. The younger generation also got more freedom and began experimenting with new ideas without the supervision of their parents. In short, cars had a huge effect on the society.

강의에 따르면, 제2차 세계대전 이후에 자동차를 좀 더 저렴한 가격으로 구입할 수 있게 되면서 두 가지의 큰 변화가 사회에서 일어났다. 첫 번째 변화는 사람들이 시골과 교외 지역들에서 도시로 (또는 도시에서) 쉽게 이동할 수 있게 되었다는 점이다. 이는 사람들이 살아가는 방식을 바꿨다. 젊은 세대는 또한 더 많은 자유를 얻게 되었고, 그들이 부모의 감독/관리 없이 새로운 생각들을 가지고 (여러 가지를) 시도하게 되었다는 점이다. 짧게 말해서, 자동차는 사회에 큰 영향을 미쳤다.

Speaking Tip

[자동차로 바뀌어 버린 사람들의 삶] 제2차 세계대전 이후에 일반 대중을 위한 차량의 생산과 공급이 많아지고 이는 사람들의 삶을 완전히 바꾸어 놓았다. 사람들의 통근이 쉬워지면서 집과 일터의 이동이 쉬워지고, 운전면허를 빠른 나이에 취득할 수 있게 되면서 젊은이들이 더 자유분방하고 반항적으로 행동할 수 있게 되는 계기가 되었다.

어휘   rural **adj** 시골의, 지방의 Ⅰ generation **n** 세대 Ⅰ freedom **n** 자유 Ⅰ effect **n** 효과, 영향

PAGODA
TOEFL
70+ Speaking